世界建築史論集

中川武先生退任記念論文集

日本・東アジア篇

中央公論美術出版

目次

西アジア・西洋・南アジア・カンボジア・ベトナム篇　目次

南アジア

西アジア

西　洋

巻頭言

中川武先生は、一九六七年に早稲田大学理工学部建築学科を卒業され、大学院博士課程を経て建築学科の助手に就任された。一九七七年に建築学科講師、一九七九年に助教授就任を経て、一九八四年に教授に昇任され、四〇年の長きにわたって早稲田大学の建築史研究を牽引された。そして満七〇歳を迎えられ、二〇一五年三月末を以て早稲田大学を退任されることとなった。

周知のように早稲田大学の建築史研究室は、田辺泰先生、渡辺保忠先生、中川武先生によって継承され、建築生産史や設計技術史・木割法の研究などが進められてきたが、とくに中川先生の時代に至り、それまでの研究領域であった日本建築史研究、西洋建築史研究、エジプト建築史研究に加え、近代建築史研究や現代建築批評とともに、広く南アジア、東南アジア、東アジアをフィールドとする調査研究や修復事業へと展開し、研究対象となる時空間は一挙に奥行きと広がりを見せることとなった。研究領域の展開は中川先生の主導のもとに、多様な機会を得た研究室出身者達によって、研究の深化と多くの成果をもたらすこととなった。

本記念論文集は、広く展開した研究領域を対象に、研究室出身者達による成果をとりまとめることで、先生の長きにわたる研究活動の輪郭を示し、記念とするものである。先生の学恩に報いることを願い、先生の今後ますますのご活躍を祈念する。

二〇一五年三月

中川武先生退任記念論文集刊行委員会　代表　溝口　明則

日本（古代・中世・近世）

面砕の研究

河津　優司

「住宅木割書」をとりあげ、その特異なる「面砕」について考究してきた。最大の関心事は「木砕（木割）書」の形成過程にあるのだが、以下はかつて日本建築学会大会で発表してきたものの一部を「面砕の研究」としてとりまとめたものである。

一　住宅木割書における面砕

一―一　柱面に関する従来の研究

住宅木割書内にみられる木割、特に柱面の変化を中世から近世にわたる住宅建築の変化と関係づけて考察した優れた論稿に内藤昌博士(1)のものがある。内藤昌博士は、第一期室町初期、第二期室町後期、第三期桃山期、第四期江戸期と大きく四期に分け、それぞれ七面取の『三代巻』の時代、七面取の『匠明』古法の時代、十面取の『匠明』当世法の時代、十四面取りの江戸時代木割書の時代とされ、その変化の素因を柱間・柱寸法の変化、畳割の発生と関連させ、住宅木割書が「時代の変化に即応する実質的なものであった」ことを指摘された。しかし、木割書自体が内包する、木割体系の変化に呼応した記述の対応の問題については更に考察する必要があるものと考える。

一―二　基準面と実柱面の分離

『三代巻』における柱及び柱面は〈柱太サ六七四十二分ニ可作……面ハ七分数ニ可臥〉と規定され、柱は四寸二分、柱面は七面取の六分となる。また『匠明』古法では〈六間七間四拾二坪之時其柱を七ツ割ニして是をもって木砕ニ可用〉と記されており、柱四寸二分、面は七面取の六分であることは『三代巻』に変わりないが、この面の寸法六分を木砕の基準とする基準面の考えが付加されている。『清水家伝書』古法も同様である。『三代巻』においては、この六分という寸法値は寸法規定の基準値であった。一方『匠明』当世法では〈柱太さ六寸又ハ間ニ付テ寸斗ニ〆面ハ十めんにとるへし〉と柱太さが六寸と大きくなり、面は十面取と変化している。しかしこの面の寸法値も六分と『三代巻』や古法の寸法値と同じである（もっとも、柱間の寸斗という方法をとればそうはならない）。次の『竹内家覚書』では〈柱四寸二分也是ヲ七ツニ〆一ツヲ両方ノメンニ用〉とし、実柱面は柱寸法の七分の一の半分すなわち十四面取となり、三分となる。ところが棚の寸法規定に用いられるメンは六分であって、実柱面と基準面の寸法値が異なった値を示すようになる。これは『新編武家雛形』でも『数寄屋工法集』でも同様である。『清水家伝書』当世法も同じであるが、実柱面の規定により明確に〈是（柱）ヲ七ツ半ニ割リテ七ツメント云〉と記す。〈七ツメン〉に関しては『建仁寺派家伝書』に〈柱の七ツめんを以てよろつの太サ割なり、七ツめんと云はたとへは柱の太サ四寸二分ある時是を七ツにわれは面一ツ六歩宛なり、何寸角の柱なり共それを七ツに割て用いるなり、まことの面ハ此七ツめんを弐ツに割て用いる也〉と述べ、寸法基準面〈七ツメン〉と実柱面（まことのめん）の区別を明確にしている。一方、『新編拾遺大工規矩尺集』では〈柱の太さ四寸五分　同めんのふとさ柱七ツに割その一分めんのとりおもてにするなり　木くだきこのめんより出申ものなり〉と、ほかの木割書とはその内容がやや異なる。すなわち、四寸五分の柱を七つに割った値を面表にあてる。従って面の見付でいえば約四分五厘となって、この『新編拾遺大工規矩尺集』では『匠明』当世法と同じように十面取になっている。又、建具の寸法規定の項には〈たて具の木くだきに柱四寸五分なれはめんハ六分半なり　此めんにてたてぐのふとさ極る〉と記され、柱寸法を七つに割った値六分半すなわち面表が寸法基準面になることがわかる。以上の各木割書について、柱寸法、観念的な基準面の寸法、実柱面寸法などを表1にまとめた。柱太さは『匠明』当世法の六寸、『新編拾遺大工規矩尺集』の四寸五分を除いてどれも『三代巻』以来の四寸二分を採用している。又基準面は、やはり、『新編拾遺大工規矩尺集』の六分半以外は伝統的な六分を用いる。そして、その対柱比は『匠明』当世法の十面取をのぞけば、どれも七面取になっている。実柱面も『新編拾遺大工規矩尺集』が三分の一・五倍なのに比してどれも三分の倍数（三分または六分）となっている。実柱面と寸法基準面とが分離する中でも、相互に似たような数値を保持してきていることは興味深い。その中にあって『新編拾遺大工規矩尺集』は特異であるということができる。

『三代巻』『匠明』『清水家伝書』古法において基準面と実柱面が一致している以外のものは、どれも基準面と実柱面がずれており、そ

表１　住宅木割書の各種規定

	三代巻	匠明 古法	匠明 当世法	竹内家 覚書	新編武家 雛形	建仁寺派 家伝書	数寄屋 工法集	新編拾遺大 工規矩尺集	清水家伝書 古法	清水家伝書 当世法
柱　太サ	4.2	4.2	6.0	4.2	4.2	4.2	4.2	4.5	4.2	4.2
実柱面	(1/7) 0.6	(1/7) 0.6	(1/10) 0.6	(1/14) 0.3	(1/14) 0.3	(1/14) 0.3	(1/14) 0.3	(1/10) 0.45	(1/7) 0.6	(1/14) 0.3
基準面	(1/7) 0.6	(1/7) 0.6	(1/10) 0.6	(1/7) 0.6	(1/7) 0.6	(1/7) 0.6	(1/7) 0.6	(1/7) 0.65	(1/7) 0.6	(1/7) 0.6
肘木　下バ	3.6		柱かた面おち 5.4	柱片メンヲトシ 3.9	かためんをとし 3.9	七ツめん六ツ 3.6	かためんおとし 3.9	柱のめん中へ合ル 4.05	柱ノメン中 3.6	メン六ツ 3.6
タケ	4.2		四方 5.4	柱一本 4.2	四方 3.9	四方 3.6	四方 3.9		四方 3.6	四方 3.6
メン						柱のめんほと 0.3				
桁　下バ	3.2		面うち 4.8	柱メン内 3.6	柱めんうち 3.6	七ツめん五ツ 3.0	柱めんうち 3.6	大めんの内に合 3.6	柱メン内 3.0	メン五ツ 3.0
タケ	3.8		柱かた面 5.4	柱ホト 4.2	柱ほど 4.2	面六ツ 3.6	はしらほと 4.2		4.2	柱ニ同 4.2
メン						柱の面程 0.3				
類型	C 型		A 型	A 型	A 型	B 型	A 型	A 型	A 型	B 型
長押　タケ	大面ニ作ル 3.0	柱ノ面うち 3.0	柱ノ面うち 4.8	柱ノメン内 3.6	はしらめんうち 3.6	七ツ面六ツ 3.6	めんうち 3.6		メンノ内 3.0	メン五ツ半 3.3
対柱比	0.71	0.71	0.80	0.85	0.85	0.85	0.85		0.71	0.78
鴨居　内法				60.0						63.0
鴨居　タケ				1.8						メン三ツ 1.8
敷居　タケ				2.0						メン四ツ 2.4
長押　内法	61.0	63.0	65.0	(63.8)	63.0				63.0	(67.2)
執筆または 出版年代	長享３ (1489)	慶長13 (1608)		寛永15 (1638) ～承応3 (1654)	明暦元 (1655)	延宝５ (1677)	貞享３ (1686)	元禄13 (1700)	宝暦末 (1760) ころ	

(単位：寸)

※　木割書の年次は内藤昌博士の御研究の成果に負うところが大きい。
※　鴨居タケ、敷居タケは長押内法の算出に必要な項目のみ記した。
※　類型は、図１を参照。

のことに起因する混乱は各木割書の処々に見ることができる。柱・肘木・桁のおさまりは、『匠明』等においては、柱面中・柱面内と納まるのであるが、『清水家伝書』においては〈ヒシキノ太サハメン六ツ四方、……桁の下ハメン五ツ〉と、実柱面の異なる『清水家伝書』当世法でも古法と同様に寸法指定するので、他の木割書の指定する納まりにはならない。又『新編武家雛形』においては、基準面は冒頭の書き出しに〈めんは七ツにわりて……〉と記し、六分であるのに反し、中に掲載の「納戸構」の図中、付書院脇の清楼棚の地の板の厚さの書き込みに〈あつさめん四ツ　但一寸六分八りん〉と書かれ、ここでいう〈めん一ツ〉は四分二厘となり、先の基準面寸法六分に矛盾する。又、『建仁寺派家伝書』の長押の寸法指定の項には〈口伝に長押の幅を面五ツと云木砕あり　是ハ細し　此事ハ木砕の書付に　長押ハ柱の両めんおとしと云事を悪敷心得て七ツ面を弐ツはつして面五ツなりと心得るなるへし　それは七ツ面壱ツを柱の両めんにわけたる両面のことなり　然共めん六ツの積り也〉と記しているが、それは基準面と実柱面とのずれから起る木割体系の保持の困難性の証左であり、又、基準面と実柱面との相違を明確に示してゆかねばならなかった住宅木割の現実的な対応でもあった。『建仁寺派家伝書』が実柱面と基準面との識別を詳細に記していた事は先に見たとおりである。同様の配慮は『新編拾遺大工規矩尺集』にもあることを指摘しておいた。又『新編拾遺大工規矩尺集』が建具の寸法指定に基準面を用いていながらも、そのすぐ後で実寸法で指定しなおし確認するのも、そのような対応の一つであると考えられる。又『数寄屋工法集』は、『新編武家雛形』に酷似した記述内容を持つのであるが、『新編武家雛形』が基準面で指定している箇所は『数寄屋工法集』では削除されている。又、『竹内家覚書』には、後の筆ではあるが、棚の寸法指定の項の基準面によるものに実寸法を書き加え、逆に実寸法による寸法指定に基準面による数を加筆しているものも基準面と実柱面との分離に起因するものであろう。

一―三　まとめ

住宅木割の基準となる寸法単位は、柱太さ・柱片面落・柱面内・柱面である。実柱面と基準面とが等しい時には、これらは何の矛盾ももちえなかった。しかし、一端、それら相互にずれが生じると様々な影響を木割書の上にもたらす事になった。つまり基準面・片面落・面内などの規定は相互に関連するのではなく、ただ柱片面落・柱面内・柱面中などは柱との具体的な納まりの形式として伝統的な技術の保守的役割を担うことになった。しかし、このような現象も例えば、実柱面が細すぎる時に、はたして、有効に機能し得るかという検討は残されている。また、基準面として、『建仁寺派家伝書』の補足〈何寸角の柱なり共それを七ツに割て用いるなり〉や『匠明』当世法の〈又ハ間にて寸斗〉、又、柱寸法の特異な『新編拾遺大工規矩尺集』以外の『三代巻』『匠明』古法『竹内家覚書』『新編武家雛形』『数寄屋工法集』『清水家伝書』古法・当世法のいずれもに、共通して六分という数値そのものの強い先行性が指摘される。住宅木割において基本的方法ではなく、特定の数値そのものに特有な意味付けを与えて、それを形式的に踏襲した時に硬直性があらわれるのだといえる。『新編武家雛形』の矛盾はこの上さらに『匠明』に直接習っているために派生したものであろう。

以上のような面砕を中心にした住宅木割方法の変遷を見た時、六分面、七つ割の形式的伝統性と現実の変化の両方に、柔軟に対応しようとした『新編拾遺大工規矩尺集』の方法は注目されるのである。

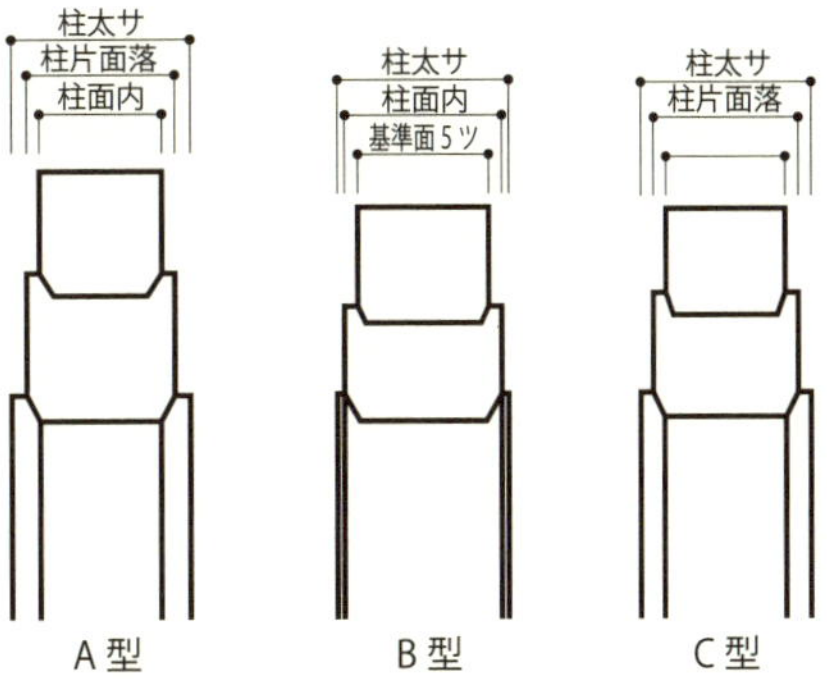

図1　柱─肘木─桁　納まり類型図

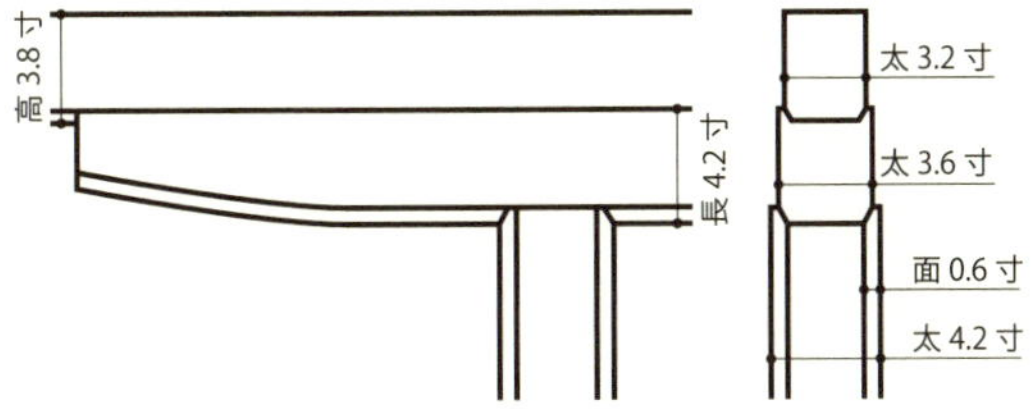

図2　『三代巻』による柱─肘木─桁の納まり図

二　住宅木割書における柱・肘木・桁の納まり

二―一　各木割書での納まり

柱・柱面（実柱面）・肘木・桁の寸法指定の一覧も表1にまとめてある。この表を見てみると、いずれも柱と〈ツライチ〉で納まるものは無く、どれも〈柱―肘木―桁〉の順で漸次細くなってゆく。そしてこれらは、〈柱面〉の関係で見ていったとき、〈柱太サ―柱片面落（柱面中）―柱面内〉と細くなってゆくA型と、〈柱太サ―柱面内―基準面五ツ〉となるB型、〈柱太サ―柱片面落―柱面と無関係〉となるC型の三種に分類することができる。それらの類型図（断面図）を図1に示した。

A型に属するものは『匠明』当世法、『竹内家覚書』、『新編武家雛形』、『数寄屋工法集』、『新編拾遺大工規矩尺集』、『清水家伝書』古法と表の中でも一番多く、木割システムの中でも安定した納まりといえよう。

B型に属するものは『建仁寺派家伝書』と『清水家伝書』当世法のふたつである。いずれも〈基準面〉を木割システムの根幹としたものである。このうち『清水家伝書』当世法の方は、寸法値を見るかぎり〈柱―肘木―桁〉と全く〈古法〉と同じで、ただ柱面のちがいのみが、これらの納まりの様態を変えていることがわかる。（当世法では　柱面は古法の二分の一）。

C型に該当するのは、「三代巻」のみである。〈柱―肘木〉の関係は、〈柱太サ―柱片面落〉とA型と同じで、柱面を媒介とするものであるが、〈桁〉の寸法値は柱面を媒介としないものである。

二―二　考察

表1から類型化された三種のパターンを見る限り、〈面砕〉を基本とする住宅木割体系の中において〈柱面〉と木割システム的に関係を持たない〈桁〉の寸法指定をもつC型が一番古い型で

あるといえよう。C型である「三代巻」は、実際これまでも一番古い木割書といわれて来たものである。すなわちC型は、いまだ住宅木割書として整序されない段階のものといえよう。その中でも〈面〉がより近接して関わってゆく〈柱－肘木〉の間に〈柱太サ－柱片面落〉の関係が萌芽していることは注目せねばならない（図2）。又、A型のものは〈柱－肘木－桁〉の関係が〈柱太サ－柱片面落（柱面中）－柱面内〉と〈柱面〉の大きさで統一されてシステム化され、木割体系のより完備した段階のものといえよう。その中でも『新編拾遺大工規矩尺集』の記述には注目すべきで、A型の他のものが『新編拾遺大工規矩尺集』と同じ〈柱片面落〉、〈柱メン中〉、〈柱メン内〉を使いながらも、柱・肘木・桁の個別寸法値を指定するという形をとるのに較べて、『新編拾遺大工規矩尺集』においては、肘木は〈柱のめん中へ合ル〉、桁は〈大めんの内に合〉と、具体的な納まりの中で寸法指定していることは他に類を見ない。一方、B型に類型づけられるものふたつはいずれも〈基準面〉を設定してすべての部材寸法値を指定する体系をもったもので、高度にシステム化された木割書といえる。しかし、『清水家伝書』当世法の場合、〈古法〉と各寸法値が全く同じで、実際の柱面を考える為に〈柱－肘木－桁〉の納まりが異なる結果となっていることは、同じ部材寸法値を固執するために納まり（形態）をも改変する結果であるのか、あるいは、新旧のシステム交換の際の誤謬であるのか検討を要する。又、同じシステムで納まる『建仁寺派家伝書』の場合は、木割全体にそれらの誤謬を極力避けるべく、様々な但し書が備えられているのであり、その中で〈柱－肘木－桁〉が〈柱太サ－柱面内－基準面五ツ〉と納まる方法をとっているのは、このような納まりのあり方が意図的に採用されていたとみることもできる。ことに、図1のB型でみるように、〈柱面〉が細くなっていったときに現像したと考えることも可能であろう。

二－三　まとめ

住宅木割に特有の方柱面取柱に接続する肘木・桁と柱との納まりに注目して、その納まりのシステムの変遷を見た。すなわち、面が相互に近接する〈肘木－柱〉にまず最初に面による統御がはかられ、それが桁にまで達するときに一つの安定が見られる。又、細い面が木割システムに採用されたときに、肘木が柱の面内に納まる形がとられたものと考えられる。

三　住宅木割書における内法長押

三―一　各住宅木割書に見える内法長押の大きさの指定

各住宅木割書に見える内法長押大きさの指定も表1にまとめた。大半の木割書が〈柱ノ面内〉という指定であることが分かる。即ち『三代巻』、『匠明』古法、『匠明』当世法、『竹内家覚書』、『新編武家雛形』、『数寄屋工法集』、『清水家伝書』古法がそれにあたる。これらと異なる指定の仕方をしているものは『建仁寺派家伝書』と『清水家伝書』当世法で、『建仁寺派家伝書』では〈七ツ面六ツ〉、『清水家伝書』当世法では〈メン五ツ半〉と指定がある。『建仁寺派家伝書』に見える〈七ツ面〉とは各部材寸法指定の際に基準となる〈面〉の大きさのことで、柱の大きさを七等分した、その一分の大きさをいう。実際の柱面はそれを半分の割ったもので、柱大きさの十四分の一となっている。又、『清水家伝書』当世法の〈メン〉も同様で、『建仁寺派家伝書』にいう〈七ツ面〉を指す。

各木割書の体系に従って、実寸法値で示してみると、『三代巻』、『匠明』古法、『清水家伝書』古法では三寸となり、『清水家伝書』当世法では三寸三分、『竹内家覚書』、『新編武家雛形』、『建仁寺派家伝書』、『数寄屋工法集』で三寸六分、『匠明』当世法で四寸八分となっている。

三―二　内法長押の大きさの変化

先にも述べたように、大半のものが〈柱ノ面内〉という同一指定方法を採っている。その同じ指定方法の中で、内法長押の寸法値は三寸から三寸六分、四寸八分へと大きくなる傾向を見せる。『匠明』当世法に於ける四寸八分は、他と比較して大きすぎるようではあるけれども、それは基準となる柱大きさが『匠明』当世法だけ六寸と、他の四寸二分のものと異なる為である。この変化は、同一木割指定方法を採用、墨守した為に起った、住宅木割体系自体に起因すると考えることもできよう。しかし、このように内法長押の大きさが変化してゆく原因が、それだけでないことは『清水家伝書』当世法に見える〈メン五ツ半〉という特異な木割指定を見ても分かる。『清水家伝書』古法と対応させてみると、『清水家伝書』当世法で〈柱メン内〉にあたるものは、〈メン六ツ〉となるべきものである。〈メン六ツ〉では三寸六分の寸法値となるが、敢えてそれを避けて、三寸三分という古法の三寸よりも大きく、当世法の柱メン内の三寸六分よりも小さい寸法値を意図的に採用した結果と考えられる。同じ〈七ツ面〉を木割体系の基準として採用する『建仁寺派家伝書』では、〈七ツ面六ツ〉

（三寸六分）となっているが、その際に「古伝に長押の幅を面五ツと云木砕あり　是ハ細し　此事ハ木砕の書付に長押ハ柱の両メンおしと云事を悪敷心得て七ツ面を弐ツはづして面五ツなりと心得たるなるべし　それハ七ツ面壱ツを柱の両面にわけたる両面の事也　然はめん六ツの積り也」と注記する。これは以前にも、面砕の考察の中で引用したところだが、ここでは〈是ハ細し〉という指摘に注目すべきであろう。『建仁寺派家伝書』で細いとする木割、すなわち、四寸二分の柱のとき、長押大きさを〈七ツ面五ツ〉すなわち、三寸と指定する木割は、『三代巻』、『匠明』古法、『清水家伝書』古法に見られるのである。『建仁寺派家伝書』が書かれた時点では、その寸法値ではもはや、長押は木細いと感じられていたことになる。その意味からも『清水家伝書』当世法の〈メン五ツ半〉（三寸三分）の指定は〈七ツ面五ツ〉から〈七ツ面六ツ〉への過渡期なもの、あるいは中間的な意味を有するものと位置づけることが出来よう。

三―三　内法長押の大きさの対柱比

一方、内法長押大きさの対柱比を見てみると、七面取の『三代巻』、『匠明』古法、『清水家伝書』古法の〈〇・七一〉、十四面取の『清水家伝書』当世法の〈〇・七八〉、十面取の『匠明』当世法の〈〇・八〉、十四面取の『竹内家覚書』、『新編武家雛形』、『建仁寺派家伝書』、『数寄屋工法集』の〈〇・八五〉へと、漸次、長押の大きさの柱に対する比率は大きくなっていくことがわかる。しかも〈〇・八〉、〈〇・八五〉という比較的きれいな値を示しながら変化しており、その意味からも、先に掲げた『清水家伝書』当世法の〈メン五ツ半〉が『匠明』当世法における対柱比〈〇・八〉に近い値を取ることは注目されよう。長押の大きさを〈柱の面内〉に指定する方法に固執していることは表の示す通りであるが、柱自体の大きさとの関係にも留意しなければならない。

三―四　長押内法の変化との対応

木割書に書かれた長押内法・鴨居内法を一覧表（表1）に掲げた。鴨居内法は、鴨居・敷居の厚さを加えて長押内法とすることができる。その変化を見てみると、『清水家伝書』当世法の六尺七寸二分はやや大きすぎるものの、『三代巻』の六尺一寸から『匠明』古法、『新編武家雛形』、『清水家伝書』古法の六尺三寸、『竹内家覚書』の六尺三寸八分、『匠明』当世法の六尺五寸へと、六尺三寸を中心として、漸次大きめに変化していることがわかる。このことは、『匠明』の古法の六尺三寸から当世法の六尺五寸へ、又、『清水家伝書』の古法の長押内法六尺三寸から当世法の鴨居内法六尺三寸への変化を見ても確認できる。しかし、長押大きさの変化と対応させてみても、容易には合致する訳ではないことがわかる。(2)

三―五　まとめ

住宅木割に於ける内法長押の位置は、柱頭に直接重なってゆく肘木、桁とは異なって、柱の側面に取りつくものであり、納まりの上からは、柱面とは比較的関係が薄いようにも考えられるが、内法長押はいずれも〈柱ノ面内〉という寸法指定の方法を固執してきていることは注目せねばならない。しかし、同時に内法長押の対柱比が大きくなり、柱に近づいていくかのような傾向が読みとれることも重要である。『清水家伝書』当世法に見られる〈メン五ツ半〉という特異な寸法指定もこの傾向と軌を一にするものであろう。長押内法の変化と必ずしも対応せずに変化してゆく内法長押が、柱大きさとの関連を内包していることは、長押大きさが柱面内を超える多くの遺構の存在を考えた時留意すべきであろう。

四　面砕と丸柱

四―一　面砕の適用範囲

住宅木割の体系的根幹をなす面砕であるが、面砕が木割書内で適用されるのは住宅に限ったものではない。『匠明』を例に抜き出してみても、社記集における向拝柱―大床柱―浜縁束や大床柱―脇障子柱の寸法決定、又、脇障子の各部材（「向妻作り壱間社」）、堂記集の縁束柱―擬法珠柱や御拝柱―縁束柱、擬法珠柱―擬法珠（「三間四面堂」）、塔記集の側柱―大斗（大塔）―九輪下ノ輪―上ノ輪（「密塔九輪砕之事」）、門記集の飛檐棰端下ハ、柱―雲肘木上の大斗、袖柱―破風腰幅、カマチ―橝幅、橝―八双幅、橝―関樌太サ（「四脚門」）、柱―冠木下ハ（「五間弐間平棟門」）、柱―冠木外端、柱―裏板厚サ（「向塀重門」・「唐門」）、棰下ハ―木舞下ハ（「御幸門」）等が、面砕の方法で各部材寸法の決定を行っている。ここで注目すべきことは、その面砕の基準となるほとんどの部材が角柱あるいは角材であって、予想されたこととは言いながら、改めて、面砕と実際に面を持つことのできる角柱（角材）との強い繋りを確認することができることであろう。しかし、この内、三間四面堂の擬宝珠柱と四脚門の柱の二例はいずれも丸柱であって、実際には面を持つことのできない丸柱にも面砕の方法が用いられていることは注意せねばならない。

四―二　八角の大面

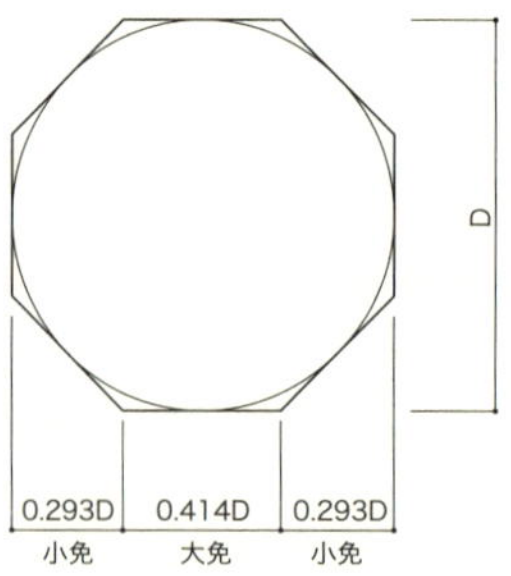

図3　八角柱

精力的に木割研究を継続してきた内藤昌博士は、中世木割書の研究においても多くの論稿を発表している。その内『古河新兵衛覚書』系本における木割の特質」[3]においては、永禄七年（一五六四）に記された『古河新兵衛覚書』に使われる〈面〉は五面取の面であり、そこに特記される〈四分の大面〉は、五面取の面とは異なった、『孫七覚書』（慶長二〇年・一六一五）の〈ハカクノ大メン〉、斎藤家旧蔵の木割書『木砕之注文』（永禄五年・一五六二あるいは天正二年・一五七四）の〈柱ノ大免〉に該当する、正八角形の面の大きさのことであり、このことは面取り法が一般化する慶長期以前の中世の木割を伝えるものである、と考定されている。これは、従来知られていた面砕の基準単位（面・片面落・面内等）以外に、面取が最大となる正八角柱の一辺（対柱径比〇・四一四）という基準単位が中世に存在したことを初めて指摘した注目すべき論稿といえよう。ここでは、その〈八角の大面〉の木割法上の意味を考えてみる。

さきに掲げた初期木割書の中で〈八角の大面〉が使用されている箇所に注目してみると、『古河新兵衛覚書』の〈四分の大面〉では、冠木門の冠木の広さの規定、大講堂の柱貫厚さの規定、虹橋の金法師（反り橋の擬宝珠）の柱の勢の規定の三箇所に見られ、『孫七覚書』〈ハカクノ大メン〉では、三重塔の九輪の記述の一箇所、又『木砕之注文』の〈柱ノ大免〉では、「木砕之注文」の項の肘木の高さの指定を初め、正八角柱の面の見付の大きさ（柱ノ小免対柱径比〇・二九三）による寸法指定箇所も含めると、実に四八箇所に及んでいる。その具体的な使用例を四八という最多の使用例のみられる『木砕之注文』を中心に見てゆくことにする。

四―三　斎藤家旧蔵『木砕之注文』に見られる〈柱大免・柱小免〉

四八例の使用例の多くが〈柱ノ大免〉、〈柱ノ小免〉と記すが、中には〈柱の八かくノ大免〉（「同三間社之木之勢」）、〈柱ノ八角ノ小免〉（「ゆたもさん仏殿」・「棟門の注文2」[4]）と明確に記述しているものもある。又、〈袖柱ノ勢　本柱ノ八角ノ小免ニツヲ勢ニ作也〉（「棟門の注文2」）や〈椽木厚さハはしら大免方中すミ〉（「日本様ノ木之勢」）に見られるように〈柱ノ大免〉や〈柱ノ小免〉が木割の基準単位として作用している例も多い。又、（「日本様ノ木之勢之事」）、（「日本様ノ木之勢」）、（「日本様ノ木作之事」）では、〈柱ぬきノ高さなけしぬきに免一ます　免ハ六分一なり　あつさハ柱ノ小免也〉（「日本様ノ木之勢之事」）のように〈柱ノ大免（小免）〉と〈免（面）〉が併用されているものもある。この場合の〈免〉は、（「日本様ノ木之勢之事」）、「日本様ノ木作之事」では六分の一面であり、「日本様ノ木之勢」では七分の一面となっている。又、〈日本様之物ハ柱ノ勢　間一尺ニ一寸五分ノけつ〱の柱ヲ平間ニ立候……〉（いずれも「木砕之注文」の項）のように、柱大きさは基準柱間に比例係数を掛ける方法（〈けつけつ・かかい〉）で指定するが、『匠明』で見られるような基準柱径に比例係数を掛けて部材寸法を決定する木砕の方法はみられない。すなわち、〈はりの高さ柱ノ勢を五ゝニして四ヲ高さニすへし〉（「同三間社之木之勢」）といった方法がとられており、柱の八分算という木割記述の方法はとられていない。この点、『孫七覚書』や『古河新兵衛覚書』では、〈ハシカクシハシラ八分カツヘ〉（『孫七覚書』「一間ヤシロノコト」）や〈貫木　柱貫木ノ勢ハモヤ柱六分結解也〉（『古河新兵衛覚書』「多宝塔之叓」）のごとくに用いられている。

四―四　丸柱―正八角柱―角柱

中世木割書に見られる〈八角の大面〉が使用される木割の最大の特徴は、その基準となる柱が丸柱であっても一向に構わずこの方法がとられていることであろう。むしろ丸柱であることの方が一般的でありさえする。これは、先に見た『匠明』の面砕の使用例では、三間四面堂の擬宝珠と四脚門の柱の二例にしかみられなかったことに較べて大きく異なっている。又、その丸柱に六分の一や七分の一の面が想定されていることも看過すべきでない。丸柱にとっては、六分の一や七分の一の面は本来存在するものではなく、正八角形による寸法割り付けも、具体的な柱の形状とは一見無関係な、抽象的な基準単位として存在するからである。しかし、この正八角柱は、最大の面取柱であると当時に、八角堂が円堂とも呼ばれたように丸柱とは関連の強いものである。正方形角柱から丸柱を作る場合には、まず最初に正八角形を削り出し、さらに正八角柱の稜を削り落して正十六角柱とし、順次、正三十二角柱、正六十四角柱、そして丸柱とする。建築遺構の丸柱が床下で正八角形や正十六角形となっている例が見られるのはその為である。又、建築用材の中には四角柱や丸柱の他に、八角堂には八角柱が用いられ、八角の垂木を使うものもある（『匠明』「宗輪塔」）。このように八角柱は丸柱と角柱とを結ぶ、その中間的な形状と機能を有した材といえよう。このことが丸柱に正八角柱による面砕を適用させる素因であったと考えられる。一方、実際には存在しない丸柱の面を六分の一の面や七分の一の面に設定して面砕を展開することも、比例関係の概念の導入であると同時に、角柱の面が次第に細くなってゆく過程で定着していった面砕の方法であり、これらが柱径に比例係数を掛けて寸法指定する木砕の方法を中心に木割が体系化されてゆくにつれて、やがて角柱のもののみに限定され、丸柱の中からは見失なわれがちになっていったものと考えることができる。

四―五　まとめ

近世に広く流布した木割書の中では、柱の転び（八ツ中墨ノ転）などにしか残らなかった正八角形を利用した木割法は、中世では広く活用された木割法であった。角柱を中心に展開する面砕と丸柱を軸に展開する木砕の両者に繋がるこの木割は、木割法の古層に位置付けることができると考えられる。

五　住宅木割の形成過程

五―一　『木砕之注文』に見られる木砕方法

前節で述べたように、正八角形柱を基準とする木割方法は『木砕之注文』の中でより広汎に展開されていた。しかし『木砕之注文』の中では、部材寸法を指定する方法はそれだけではなく他の方法も用いられている。それらの主なものを以下に取り上げてみる。[5]

（1）〈けつけつ〉　第一項目「木砕之注文」冒頭に出てくるもので、〈日本様之物ハ　柱ノ勢　間一尺ニ一寸五分　けつけつの柱ヲ平間ニ立候〉とある。この場合は柱大きさを柱間の〈百分の十五〉とすることを意味し、後々にまでこの方法は保持されてゆく。[6]『木砕之注文』の中では他の箇所でも用いられているが、多くの場合は柱大きさを定める場合に使われ、一例だけ〈そはの木の木ノソリハ上ハノ長さ一尺ニ三分つゝノけつけつ〉（「就鳥居丈間ニ木作之支」）と反りを指定するのに用いられている。[7]

（2）〈かゝい〉　上の文に続いて第一項目「木砕之注文」に〈から様之物ハ間一尺ニ一寸かゝいの柱ヲ角ニ立候〉とある。この場合も柱大きさを柱間の（百分の十）とすることが文意で、〈けつけつ〉と同様に用いられるが、〈柱ノ勢一尺ニ一寸かゝい也　上の口にて本ハ一尺二一分かゝいます也〉（「棟門ノ注文」）と、柱根元の増し分の指定にも用いられている。

（3）〈大免、小免〉　たとえば〈ひち木ノ高さハ柱ノ大めん〉（「木砕之注文」）とある。前節でも述べたように〈大免〉は正八角形柱の表面（おもてめん）をいい、〈小免〉は面の見付をいう。『木砕之注文』全般に頻出する。

（4）〈椽木ノ厚さハ柱ノ大免方中角　厚さハ三ニわりて一取て高さニそへて作也〉（「ゆたもさん仏殿」）。少し文意が取りにくいが、同様の〈たる木の厚ハ柱ノ大免方中すミ　高さハあつさヲ五ゝニして一そへて高ニすへし〉（「同三間社ノ木勢」）の場合、垂木の高さは厚さに、厚さの〈五分の一〉を加えることとなり、前者の場合も同様の操作で垂木の高さは厚さの〈三分の四〉を示している。同一部材内での比例を設定している。

（5）〈免〉〈袖柱ノ勢五寸六分四方　免七分〉（「棟門之注文」）・〈桁ノ高さ八寸うちハ九寸厚七寸　免アリ〉（「上土門之注文」）・〈袖柱ノ勢……免ハ九ゝヲ二取てつくるへし〉（「棟門ノ注文」）。これらは実際角柱に施される免（面）のことを言っている。

（6）〈免〉〈柱ぬきノ高さ　なけしぬきに免一ます免ハ六分一なり〉（「日本様ノ木之勢之事」）・〈柱槓ノ高さめん一ます　免ハ七分一〉（「日本様ノ木之勢」）・〈内殿ノ柱ハめん一ますへし　めん一ハ六分一こと也〉（「日本様ノ木作之事」）。これらは寸法の増分のことを示しているが、内殿の柱の場合は〈けつけつノ柱〉の〈六分の一〉を増すことがわかるが、柱槓の増し分の場合は柱の〈六分の一〉あるいは〈七分の一〉なのか、〈なげしぬき〉の〈六分の一〉あるいは〈七分の一〉なのか判然としない。[8] いずれにせよ（3）や（5）のものとは異なる〈免〉となっている。

以上主なものを掲げた。（1）、（2）は後の〈分算・寸算〉に該当するものであるが、後のものほどには多用されていない。例外はあるものの木割の基準となる柱間－柱大きさに限定されていることは注目される。（3）（5）（6）は〈免〉に関係したものだが、（5）の実際の柱面は後世の〈面砕〉のような木割基準となることはない。また（6）の柱槓の高さ規定の場合、〈免〉を柱の大きさの〈六分の一〉あるいは〈七分の一〉としたとき、「日本様ノ木之勢之事」のなげしぬきの広さは（3）の〈柱大免〉で規定されるから、（3）の操作と（6）の操作とが錯綜した寸法指定となる。むしろ同一部材の厚さと高さを比例で定める（4）の操作があることを思えば、柱槓の高さにその〈六分の一〉あるいは〈七分の一〉を増したものであり、その〈六分の一〉あるいは〈七分の一〉を〈免〉と呼んでいると考えることも可能である。

五―二　『古河新兵衛覚書』・『孫七覚書』の木割

右の『木砕之注文』に見られる木砕の方法がどのように展開しているのか検討する。『木砕之注文』と同様に〈結解（けつけつ）〉という用語を持つ『古河新兵衛覚書』では、先の（3）に該当する用語が〈四分之大面〉と変わり、使用頻度が少なくなる。それに比して〈かゝい〉という用語は使用されないが、〈結解〉が柱寸法の指定だけではなく各部材の寸法指定につかわれる。〈柱貫木ノ勢ハモヤ柱六分結解也〉（「多宝佛塔之叓」）の如くである。このことは『木砕之注文』と大きく異なっており、基準部材寸法に比例係数をかけて寸法を決定する木割の方法が多用されてゆく様を想起することができる。これは『木砕之注文』で〈柱ノ八角ノ大免〉と呼ばれていたものが〈四分之大面〉と呼びかえられていることにも現れている。〈八角ノ大免〉すなわち〈四分一厘四毛之大面〉（正八角形柱の大免は柱径をDとした場合〇・四一四Dとなる）を〈四分之大面〉と呼称した。同様のことが〈柱檟ノ岳も六分結解也厚サ四分ノ大面ナリ〉（『古河新兵衛覚書』「大講堂之叓」）が〈柱ノ岳モ六分結解ケツケ也柱貫木是檟同シ　厚サハ四分結解也〉（同「楼門之叓」）と〈四分ノ大面〉（〇・四一四D）から〈四分結解〉（〇・四D）へと変化していることにもうかがえる。

いまひとつの『古河新兵衛覚書』の木割の特徴は〈面〉の多用である。〈肘木ノ下ハゝ柱三分一ナリ　岳一面増ヘシ〉（「大講堂之叓」）・〈指鴨居ノ岳ハ柱一面半増ヘシ〉（同）等多く見られる。これは『木砕之注文』の木砕の方法の（6）に該当するもので、この場合の〈面〉は〈五分の一〉の比例値を意味しており、各々、肘木高さは下端大きさの一・二倍、指鴨居の高さは柱大きさの一・三倍となる。[9] このことは多用はされないながらも『木砕之注文』で（6）の〈免〉が〈六分の一〉あるいは〈七分の一〉の比例値を指し示すことが考えられるとき重要であり、又〈一面半増〉等の記述も看過できないように思われる。

一方、『孫七覚書』の場合でも〈分算・寸算〉は広範囲で見られ、〈ナケシワ六分カツヘ〉（「一間ヤシロ」）のように使われている。しかし、いわゆる住宅に関する記述では、実寸法値で寸法指定されており、整備された〈面枠〉はいまだ現れてはない。

五―三　まとめ

正八角形柱を基準とする木砕を用いている木割書を対象に、その各々の木割方法を概観したとき、〈柱ノ八角ノ大免、小免〉が使われなくなって、〈分算、寸算〉が多く用いられるようになってゆく傾向と、〈面枠〉が整備される以前から、〈面〉・〈免〉という用語で〈六分の一〉・〈七分の一〉・〈五分の一〉の比例数値を表わす方法がとられて来たことを指摘できる。前者はやがて〈分算、寸算〉で木割の体系が整備されてゆく傾向が優勢であることを示しており、後者は、いまだ方法的には距離があるものの、規定された〈七分の一面〉・〈十分の一面〉の倍数で統括される〈面枠〉につながることが考えられる。

六　「目本様棟門」（『鎌倉造営名目』）の木砕

六－一　『鎌倉造営名目』について

『鎌倉造営名目』は『鎌倉市文化財総合目録　建築物篇』（昭和六二年、鎌倉市教育委員会編）に、関口欣也先生の手によって紹介されたもので、「扇ガ谷河内家文書のうち、江戸初期の木割・規矩に関する目は室町時代末から江戸初期における鎌倉社寺建築の基礎史料であるため、その大部分を釈文して収録した」（凡例の項）とされている。その概要は「解題記－中世の鎌倉大工と造営名目－」に詳しいが、それによれば「河内家は建長寺の大工に次ぐ棟梁の家柄であ」って、「河内家文書の鎌倉造営名目は河内伝吉による寛永一〇年から同一五年（一六三三～三八）間の五冊（別綴一冊を含む）、河内吉左衛門による慶安二年から同五年（一六四九～五二）間の十冊、河内大蔵による延宝四年（一六七六）の一冊、「いせい」による延宝六年の一冊、年次・筆者未詳の二冊からな」っており、「これらの奥書で注意されるのは伝授・書写・聞書・調査・実績等の筆録経緯の明らかなものが過半を占めることで、最終筆録者以外にこれにかかわった先行の工匠名が知られ」、「鎌倉造営名目に現われる室町時代の工匠は（中略）三人または二人である」としている。この『鎌倉造営名目』で注目されるのは〈ヲリイ〉や〈よか〉・〈かゝい〉など『木砕之注文』に見られる用語が頻出することで、一見して中世的要素が残存していることが知られる。ここでは「目本用棟門（日本様棟門）」を取り上げ、それらの中世的要素の様態について考察する。

六－二「目本用棟門（日本様棟門）」

奥書に、慶安四年（一六五一）一二月二九日、河内吉左衛門「雪下かわちとのめうもくウツシ」とある。もととなった「雪下河内殿名目」がいつ成立したのかは不明。柱間が一丈八尺、柱太さ（柱せい）一尺八寸の規模の大きな棟門について記したもので、『鎌倉造営名目』の中では例の少ない実寸法による記述になっている。しかし、実寸法の後に木砕の用語が部分的に追記されているので、その用語の意味

表2 『鎌倉造営名目』「日本用棟門（日本様棟門）」木砕用語一覧

用語	No	用例	備考
柱の大めん	1	「からイシキたけ七寸二分、柱の大めんなり」	柱の大めんは7寸2分。柱せいは1尺8寸であるから柱の大めん／柱せい＝7.2／18＝0.4、柱の大めん7寸2分は柱のせいの0.4にあたることがわかる
	2	「ヱふりノ上一尺四寸、柱ノ大めん二つ」	
	3	「（マイヲイの）たけ七寸二分、柱大めんなり」	
かゝい	4	「ほうたてひろさ一尺二寸六分、これは柱ニ七分かゝい」	柱1尺8寸×0.7＝1尺2寸6分。（七分かゝい）は（七分掛かり）の意であろう。
かた中すミ	5	「（ほうたて）あつさ三寸六分、柱の大めんかた中すミ」	柱の大めんは7寸2分であるので、かた中すミは1／2を表すことになる。
	6	「キヲイノ下は四寸五分、ひち木ノたけかた中すミなり」	
	7	「こまい二寸三分、したはカタ中すミなり」	
	8	「内はりノ間桁中すミ九尺、これハといかた中すミ」	
	9	「キオイノ下は四寸五分、ひち木ノたけかた中すミなり、こまい二寸三分、下はカタ中すミなり」	
	10	「たる木ノ下は三寸六分、ひち木の下はかた中すミ」	
	11	「こまいノ下は三寸、ひち木ノ下かた中すミなり」	
	12	「□ノくびノたけとうノたけかた中すミ七寸」	
	13	「（懸魚の）□ノ長さハ上まいかた中すミなり」	
十分一	14	「けたノ下は五寸五分、これハひち木ノ下ヲ十分一ヲトしてなり」	肘木下端は6寸。したがって十分一落としは、6寸−6分＝5寸4分。5寸5分の寸法指定とはズレが見られる。
四分一	15	「（桁の）はなまし一寸七分、たけ四分一なり」	これも、桁のたけは7寸であり、その四分一は1寸7分5厘となりズレがある。
	16	「（マイヲイの）下ハ五寸四分、たけ四分一ヲトシて」	たけは7寸2分。7寸2分÷4＝1寸8分。7寸2分−1寸8分＝5寸4分。
五分一	17	「（茅負の）はなノマシ一寸三分半、たけ五分一なり」	茅負のたけは6寸8分÷5＝1寸3分6厘。
七分一	18	「（破風の）上ノマシとうノたけ七分一なり」	
三分一	19	「（かい桁の）ひろさ六寸、柱三分一なり」	1尺8寸÷3＝6寸。
	20	「戸ひらノカマちひろさ六寸、これハ柱三分一なり」	
三分二	21	「（扉框の）あつさ四寸、これハひろさ三分二なり」	6寸×2／3＝4寸。
七めん	22	「（桁の）下そり一寸、七めん一ツなり」	桁のたけは7寸、したがって七めんとは7つに割った1つということが分かる。
	23	「（茅負の）マイノふかさ六分半、七めん一ツなり」	
	24	「（飛檐垂木の）はな五分ヨリ七めん一ツこく」	茅負下端は4寸5分。4寸5分÷7＝6分4厘3毛。
メン	25	「（扉の）さんノおもてノひろさ五寸二分、タツカマチニメン一ヲトスヘシ」	

する内容を把握することが出来る。例えば〈柱の大めん〉の場合、「からイシキたけ七寸二分、柱の大めんなり」と記述されており、〈柱の大めん〉が七寸二分であることが判明すると同時に、柱せいが一尺八寸であるから、「柱の大めん／柱せい＝7.2/18＝0.4」となり、柱の大めんは柱のせいの〇・四を意味していることが分かる。それらの用語とそれが示す意味内容を表2にまとめた。

六―三　木割の特徴

この表よりすぐに認められることは、

（1）柱は丸柱であるのに〈柱の大めん〉が使われていること

（2）〈分算・分算〉に相当する木砕に〈かゝい〉ということばを使うこと

（3）〈かた中すミ〉を多用していること

等であって、これらの用語の使用はこの文書の性格をよく表わしている。これらの用語は初期木割書である『木砕之注文』にも見られたものであって、「目本用棟門」に中世的要素が残存していることをこれからも推測することが出来る。

次に総体的な木砕の特徴としては、

（4）八角柱の面のおもてを意味する〈柱の大めん〉が用

いられていること

（5）〈分算〉に該当するのは〈か丶い〉の一例だけ

（6）〈かた中すミ〉を入れれば、二分の一、三分の一、四分の一、五分の一、七分の一、十分の一と六分、八分、九分を除いた〈何分一〉

という木砕的方法が、実寸との間にわずかながらにしろズレをはらみながら多用されていること

等を挙げることが出来るが、木割の変遷過程を考える上では、〈柱の大めん〉が、柱せいの四分算を明確に意味していることに何よりも注目せねばならない。本来的な〈柱の大めん〉は八角柱の面のおもてを具体的に示すものであって、ある時期の木砕には必須の用語あるいは具体そのものであった。ここではその伝統的な〈柱の大めん〉という木砕の用語を保持しながら、意味内容はまったく違うものに置き換えられている。その意味で「目本用棟門」の木砕はその世界からはるかに脱却しているといえる。

六―四　まとめ

「目本用棟門」の〈柱の大めん〉に見られた傾向はすでに『木砕之注文』の〈四分之大面〉に胚胎していた。このことによって中世の木砕は〈分算〉や〈面砕〉で統括される近世の木割体系の方向へ大きく踏みだしたことになる。しかし一方で「目本用棟門」は、（6）に揚げたような木割的に未整序な状態にある。この未整序な様態の中に古い伝統と次の伸展が準備されている。近世の木割体系の形成過程を考究することは、その未整序な状態の未整序たる所以を、木割体系が本質的に有する志向性に照らして捕捉することでもある。

七　〈七めん〉について

七―一　初期木割書の〈七めん〉

木砕用語一覧表の中にも見られる〈七めん〉について考察する。〈七めん〉は『鎌倉造営名目』の「目本用棟門」では、

（1）（桁の）下そり一寸、七めん一ツなり

（2）（茅負の）マイノふかさ六分半、七めん一ツなり

（3）（飛檐垂木の）はな五分ヨリ七めん一ツこく

と3箇所の記述が見られる。（1）では桁の丈は七寸であるので、桁の下反り一寸は丈の七分の一、（2）でも茅負下端が四寸五分であるから、「4寸5分÷7＝6分4厘3毛（＝6分半）」となり、〈七めん〉はその部材の七分の一の大きさを示すことがわかる。

『鎌倉造営名目』の中には「日本用棟門」以外にも「壱間ヤシロノ事」[10]に、

（4）（桷束の）あつさハ下ニて七めん一ツ、上にて七めん二ツヲトスヘシ

（5）小柱ノせイハもやの柱ヲ七めん一ツヲトスヘシ

のように使用される。また、「壱間ヤシロノ事」には〈七めん〉の他にも、

（6）ゑんノつか柱ノせイハひさしノ柱せイヲめん一ツおとしてスヘシ、但五めん一ツ

（7）こかへひろさハ柱ノ五めん二ツなり

のように〈五めん〉が用いられており、この〈五めん〉も〈七めん〉と同様に部材の五分の一の大きさのことを指している。これら『鎌倉造営名目』に散見する〈五めん〉〈七めん〉の用法は、『木砕之注文』に見られる、

（8）柱ぬきノ高さなけしぬきに免一ます　免ハ六分一なり（「日本様ノ木之勢之事」）

（9）柱槓ノ高さめん一ます　免ハ七分一（「日本様ノ木之勢」）

（10）円殿ノ柱ハめん一ますへし　めん一ハ六分一こと也（「日本様ノ木作事」）

といった〈めん・免〉の用法を想起させる。『木砕之注文』での〈めん・免〉も部材の六分一や七分一の大きさを指しており、[11]〈五めん〉や〈七めん〉の用例にきわめて近いものだといえる。

七―二　住宅木割書に見られる〈七めん〉

〈七めん〉の用語は住宅木割書内にも散見される。『清水家伝書』の『廣間木摧』当世法には、

（11）是ヲ（柱を）七ツニ割テ七ツメント云

とあり、『建仁寺派家伝書』の『匠用小割　御所様小割之事』にも、

（12）ひち木ハ柱の七ツめん六ツ四方

のように使われている。『建仁寺派家伝書』の『匠用小割　御所様小割之事』では、

（13）柱の七ツめんを以てよろつの太サ割なり

と、肘木のみならず他の部材の大きさも〈七ツめん〉によって規定されている。また、（13）に続いて、

（14）柱のまことの面ハ此七ツめんを弐ツに割て用る也

と明記しており、（12）の〈七ツ半に割テ〉の内容が明確にされている。（11）（12）に見られる〈七ツメン（七ツめん）〉も『鎌倉造営名目』の〈七めん〉〈五めん〉と同様の内容を持ち、『木砕之注文』に見られる〈めん・面〉の系譜に繋がるものである。

七−三　七つに割ること

〈七めん〉という用語は直接には表れないが、住宅木割書では「七つに割ること」はどの木割書にも記されており、形を変えながらもいずれも体系の基幹に置かれている。『匠明』では、

（15）何れも面くたきかよし、四寸弐分ノ柱ヲ七ツニ割壱分ヲ面壱ツトせり（「中門之分」の項）

とし、『新編拾遺大工規矩尺集』では、

（16）めんのふとさ柱七ツに割、その一分めんのとりおもてにするなり、木くだき此めんより出申ものなり（「真言天台花厳律宗此宮殿目録」）

『新編武家雛形』でも、

（17）めんは七ツにわりて一分をりやうほうのめんにさだむべし（「ひろまの事」の項）

と巧みに「七つに割ること」を組み込んでいる。

表3はそれらをまとめたものだが、「七つに割ること」が重要な意味を持って扱われている様子がよくわかる。特に『三代巻』において〈屋ノ数ハ六分数〉と〈六分数〉を特定しているにもかかわらず〈面ハ七分数ニ可臥〉とあえて〈七分数〉を使うことは注目される。

表3　住宅木割書に見える〈柱の面〉の規定

木割書名	年次	柱の太さ	面	備考
『三代巻』	長享3年（1487）	間ハ七尺本、柱太サ六七四十二分ニ可㆑作る。	面ハ七分数ニ可㆑臥。	屋ノ数ハ六分数、三二一六五四目中ト打砕テ、以テ㆓是ノ分量ヲ㆒応ニ㆓許シ作ル㆒㆑家ヲ。
『匠明』　古法	慶長13年（1608）	六間、七間、四拾弐坪之時、其のままを斗て柱太サ四寸弐分ト云り。	其柱を七ツ割ニして、是をもつて木砕ニ可㆑用。（「主殿」冒頭）	何れも面くたきかよし。四寸弐分ノ柱ヲ七ツニ割、壱分ヲ面壱ツトせり。（「中門之分」の項）
『匠明』　当世法	慶長13年（1608）	当世大なる主殿にして、表拾六七間斗大小に仕候は、柱太サ六寸。又ハ間に付テ寸斗ニ〆。	面八十めんニとるへし。（「主殿」の項）	
『竹内家覚書』	寛永15年（1638）	柱四寸ニ分也。	是ヲ七ツニ〆、一ツヲ両方ノメンニ用。（「廣間之叓」冒頭）	同アツ柱ノメン三ツ、或拾メンニ〆四ツニモ。（「違棚之叓并圖）
『新編武家雛形』	明暦元年（1655）	六間に七間、六七四十二つぴ。その間をはかりて、柱の大さ四寸二分。	めんは七ツにわりて一分をりやうほうのめんにさだむべし（「ひろまの事」の項）	あつさめんツ。但一寸六分入りん。（「納戸構」指図）
『鎌倉造営名目』	延宝4年（1676）	柱ノせイハ六尺間四寸二分なり、壱尺ニて七分かゝいなり。	めんハ七分半なり。（「やの物」冒頭）	
『建仁寺派家伝書』	延宝5年（1677）	（たとへは柱の太サ四寸弐分ある時）（何寸角の柱なり共）	柱の七ツめんを以てよろつの太サ割なり。七ツめんと云はたとえは柱の太サ四寸弐分ある時是を七ツにわれは面一ツハ六歩宛なり。何寸角の柱なり共それを七ツに割て用るなり。柱のまことの面ハ此七ツめんを弐ツに割て用る也。（『匠用小割』「御所様小割之事」冒頭）	衆伝に長押の幅を面五ツと云木砕あり。是ハ細し。此事ハ木砕の書付に長押ハ柱の両めんおとしと云事を悪敷心得て七ツ面を弐ツはつして面五ツなりと心得たるなるへし。それは七ツ面壱ツを柱の両めんにわけたる両面の事也。然はめん六ツの積り也。（『匠用小割』「御所様小割之事」冒頭）
『数寄屋工法集』	貞享3年（1686）	六間に七間、六七四拾弐つほ、その間をはかりて、柱の大さ四寸弐分。	めんハ七つにわりて□ふんを両ほうのめんにきたむへし。（「書院之事」冒頭）	
『新編拾遺大工規矩尺集』	元禄13年（1700）	柱のふとさ四寸五分。	同めんのふとさ柱七ツに割、その一分めんのとりおもてにするなり。木くだき此めんより出申ものなり。（「真言天台花厳律宗此宮殿目録」冒頭）	たて具の木くだきに、柱四寸五分なれバめんハ六分半なり。此めんにてたてぐのふとさ極るなり。（「真言天台花厳律宗此宮殿目録」）
『清水家伝書』　古法	宝暦年間（1760頃）	柱太さ六間ニ七間掛六七の四寸二分四方。	メンハ七角一面。但、柱面ヨリ六分宛入テメンヲ割ナリ。（先出「廣間木摧」冒頭）	
『清水家伝書』　当世法	宝暦年間（1760頃）	六間七間此間ヲハカルコト一間ハ六尺五寸。柱太さハ六間七間ヲ以六七四寸二分ト定ム。	是ヲ七ツ半ニ割テ七ツメント云。（後出「廣間木摧」冒頭）	

七ー四　まとめ

住宅木割書に散見される〈七ツメン（七ツめん）〉は中世来の木砕を温存していると思われる『鎌倉造営名目』に見える〈七めん〉〈五めん〉と同様の内容を持ち、『木砕之注文』の〈めん・免〉に通ずるものである。その意味で住宅木割は古い木砕の方法を内包している。また、〈七めん〉の用語を持たないものでも、住宅木割書では「七めんに割ること」が重要な意味あるいは価値を持って踏襲されている。『三代巻』においてすら「面を柱の七分の一に取ること」はすでに制約された要件に見える。中世・近世を通じて整備されていった住宅木割書は、古層にとどく木砕の方法と規範とを制約としつつも、『匠明』や『新編拾遺大工規矩尺集』、『建仁寺派家伝書』の構成の違いに見るように、かえてダイナミックに展開していったもののように見える。

おわりに

以上「面砕」の派生とその変遷を考えてみた。

丸柱の中に八角柱の大面を見ることに始まり、角柱の実際の面を取り入れ、その面が細まるに従って変化を余儀なくされ、「七ツ面」のような抽象的な規準を設定するようになり、やがて実寸法値記載へと置き換わってゆく。「木砕」全体の形成過程とその消長を考えるとき、「面砕」のありようは大きな示唆を示しているように思われる。

註

1 内藤昌　一九六七『新桂離宮論』、鹿島研究所出版会。

2 古法と当世法を有する『匠明』、『清水家伝書』の中に見られる長押大きさ、長押内法の変化の様態に差違があること等を指す。これらの検討は、長押内法だけにとどまらないより総合的な矩計的計画の考察を必要とするものと思われるが、稿を改めて論ずるつもりである。

3 渡辺勝彦、岡本真理子、内藤昌　一九八五「『古河新兵衛覚書』系本における木割の特質」、日本建築学会論文報告集第三五二号。

4 『木砕之注文』中に（棟門の注文）と記された項目は2つある。ここでは便宜上、後に記載されている方の項目を（棟門の注文2）としておく。

5 新見貫次、永井規男　一九八一「洲本御大工斉藤家旧蔵の木割書について」、日本建築学会近畿支部研究報告集／渡辺勝彦、岡本真理子、内藤昌　一九八六「いわゆる『木砕之注文』（『寿彭覚書』）における堂・社・門の木割体系」日本建築学会論文報告集第三六二号。

6 新見貫次、永井規男　一九八一「洲本御大工斉藤家旧蔵の木割書について」、日本建築学会近畿支部研究報告集／渡辺保弘　一九八六「『孫七覚書』との比較による原本『大工斗墨曲尺之次第』鳥居木割の復原考察Ⅰ　検証の方法と冒頭部の考察」、日本建築学会論文報告集第三六六号。

7 渡辺保弘　一九八六「『孫七覚書』との比較による原本『大工斗墨曲尺之次第』鳥居木割の復原考察Ⅰ　検証の方法と冒頭部の考察」、日本建築学会論文報告集第三六六号。

8 先行研究（渡辺勝彦・岡本真理子・内藤昌　一九八六）でも、どちらかには決めておらず、留保しているように見うけられる。

9 〈面〉を五分の一とする考察は先行研究（渡辺勝彦、岡本真理子、内藤昌　一九八五）に詳しい。

10 「目本用棟門」と同一人物が筆録したもの。

11 渡辺勝彦、岡本真理子、内藤昌　一九八七「いわゆる『木砕之注文』（『寿彭覚書』）における木割体系の特質」、日本建築学会論文報告集第三七八号。

中門造の展開と進展　新潟県中越地方における民家の増改築と造形形成に関する考察

平山　育男

はじめに

民家の造形がどのように形成され今日に至ったのか。その問いには尽きない興味と探求心が煽られる。本稿においては、筆者が新潟県中越地方を中心に建築調査を実施した中門造の民家を中心として、それがどのように発展して今日に至るのか、その道程を示してみたい。

一　中門造の展開——増築の志向性

中門造とは日本海側の秋田県、山形県、福島県、新潟県などを中心に分布する民家の形式である。一般には直家となる主屋に対し、中門とよばれる角屋状の突出部を付加する。典型的と言われる中門はいわゆる前中門で、先端部分に入口として玄関の設けられる点が特徴となる。外観としては岩手県の曲家と類似するが、こちらでは入隅部付近に入口となる玄関が設けられる点や、主屋に対する曲家部分に広く馬屋の機能は配される点が異なる。なお、中門造では建物背面に設けられる中門を裏中門などと呼称する。ところで、中門造の成立自体、本来直家の主屋に中門部分が付加されることによって成立したものと考えられているように、増築が特色ある形式の成立要因となっている点は見落とすことはできない。(1) 以下では、先ず典型的な中門造を概観し、そこでは前中門に加え、どのような増改築が行われ、最終的にはどのような形式に収斂したのか、実例を追いながら見て行きたい。

A　魚沼市大栃山　手仕事手ほどき館（旧浅井家住宅、旧入広瀬村民俗資料館）主屋(2)

著者は平成二二（二〇一〇）年、手仕事手ほどき館に対し改修及び国登録有形文化財のため建築的調査を実施し、この建物は典型的な中門造が後の改造を受けた形式を有することを見出した。先ずはこの建物の典型性を述べてみたい。

概要：この建物は新潟県南部、いわゆる魚沼地方と呼ばれる冬期に極めて多い積雪を記録する魚沼市大栃山、JR只見線の入広瀬駅前に位置する。建物は昭和四八（一九七三）年に浅井家から当時の入広瀬村へ寄付され入広瀬村民俗資料館とされたため保存状態はよく、平成二一（二〇〇九）年における魚沼市への合併を契機に活用を条件として敷地と建物を手仕事手ほどき館（代表森田徳幸）へ譲渡し、現在は宿泊施設を兼ねた施設として用いられている。建物は内部を中心とする改修を経て、平成二三（二〇一一）年五月に開館し、平成二四（二〇一二）年二月には国の登録有形文化財とされた。主屋は中門造の形式で東面し右勝手となる前中門と、裏中門が取り付く。本屋部分は寄棟造茅葺鉄板被覆、前中門は寄棟造のいわゆるかぶと造茅葺鉄板被覆、裏中門は寄棟造鉄板葺とする。

平面：主屋は前中門妻面がゲンカンとなる。傍らが物置で下手に小、大便所が取り付き、大戸を挟んで幅一間のトオリを進むと下手にはマヤが残る。式台を上がると板敷のニワで、南西に偏り戸棚前に囲炉裏が切られ、下手に物置が造られる。この上手が一七帖半のチャノマで天井は張らず表しとする。更に上手は一四帖のザシキで背面に床の間、仏壇を構える。なお、チャノマ及びザシキ正面から南側にかけて下屋で物入、板敷のガンギが設けられる。裏中門はニワ背面が、ダイドコロ、ユドノで、チャノマ背面に下手から、ウラチュウモン、オリバ（織場）とする。

二階は前中門上へはニワから梯子階段で登るワラニカイ、更にニワとザシキ上を小屋裏とする。裏中門二階へはウラチュウモンから箱階段で登り、廊下を挟んで下手から和室六帖、和室一〇帖がいずれも表側に床の間を構え、和室一〇帖裏側は幅二尺の板の間とする。

構造：本屋の構成を見ると内部に立つ柱は七寸角が二本で、外周の柱は四～五寸角、部屋境に立つ柱などに一部ごひら材が散見される。前中門はゲンカン際に五寸角の独立柱があり、他と裏中門は四～四・五寸角程度の柱材とする。小屋組は本屋が前後の側柱間を一気に架け渡す扠首組で、中央に水平の梁を渡す。前中門は下屋造りとする合掌材であるが、先端は片持ちで下屋梁となるせがい梁が合掌下先端を受けない。なお、裏中門は和小屋組とする。

建築年代：この建物は昭和四九（一九七四）年度に実施された新潟県の緊急民家調査では第一次調査対象として入広瀬村（当時）から入

広瀬民俗資料館として資料が提出されたものの、第二次調査は実施されなかった。このため民家緊急調査報告書『越後の民家　中越編』において建物の沿革、概要の記載はあるが、内容は簡易で写真、図面は添付されないが、同書ではこの建物の建築年代を「間取や柱のたち方をみると十九世紀であろう」と判断している。著者らの調査でも建築年代を記す資料は見出されなかったが、各所で和釘の使用が認められ、少なくとも明治時代中期以前の建築と判断された。一方、本屋部屋内に独立柱はなく、部屋境に二本の七寸角材を配する構成を根拠に『越後の民家　中越編』でも建築年代を一九世紀としたのであろう。なお、当住宅の当初平面は近隣の市内旧守門村佐藤家住宅主屋の一九世紀中頃とされる第二次改造時平面に極めて類似する(4)。特に前中門におけるうまや、便所、とおりの配し方や正面妻面の柱配置はほぼ同一で、近い時代を想定できる。以上から旧浅井家住宅主屋の建築年代は佐藤家住宅主屋の第二次改造からやや下る一九世紀中期頃と判断できる。

復原：本屋の部屋境などに大きな改変は見られない。前中門は番付が本屋と一体のため当初のものと判断された。但し、ザシキ床の間及び平書院が改造で、部屋の長押も洋釘止めのため中古の改造で、二階窓も中古で、裏中門は聞取りによれば昭和戦前期の建築とされた。なお、主屋背面には当初一・五尺程で下屋が取り付いたと考えられる痕跡が残り、ザシキ部分では中古に拡張を受けたが、他は当初においては棚程度の利用で、裏中門が当初は存在しなかったと判断できた。

このように、手仕事手ほどき館主屋の当初形式は典型的な中門造の形式を示すが、建築後八〇年程経って裏中門を増築して現状の形式になった。このような改造は既に述べた国指定重要文化財旧佐藤家住宅でも行われ、この後に挙げる小千谷市真人若栃のおっこの木（旧細金家住宅）主屋においても全くといってもよい程に類似する改造を見ることができる。

改造は何のため、またどのような志向性の元になされたのであろうか。次には、改造の在り方と類例を見ることでその志向性を探ってみたい。

B　小千谷市真人若栃　おっこの木（旧細金家住宅）主屋(5)

おっこの木は小千谷市真人、若栃に位置する。建物は現在、地域住民が改装して運営する農家民宿として活用されている。筆者は平成

写真２　おっこの木 全景　田村収撮影

写真１　手仕事手ほどき館 全景　田村収撮影

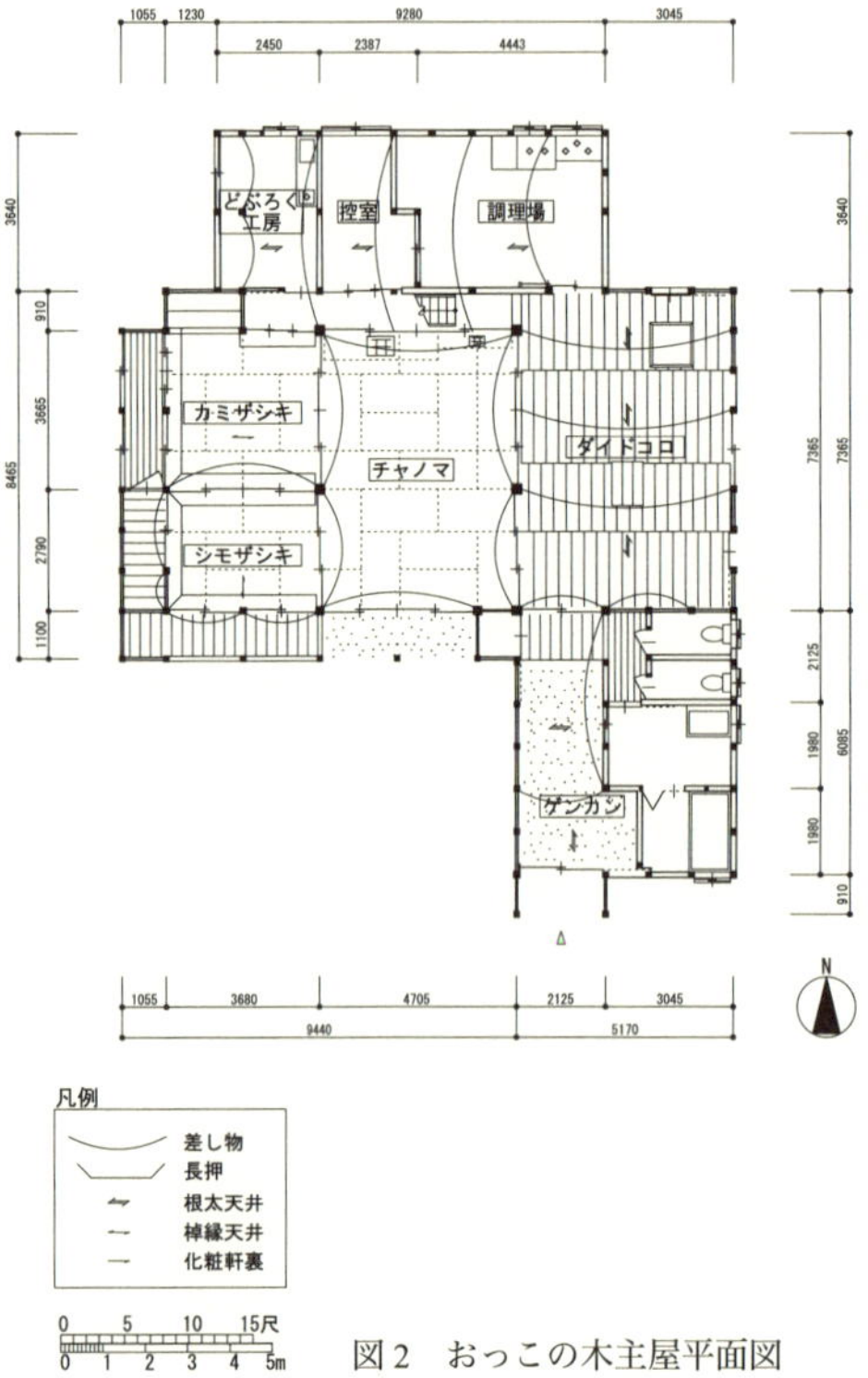

図２　おっこの木主屋平面図

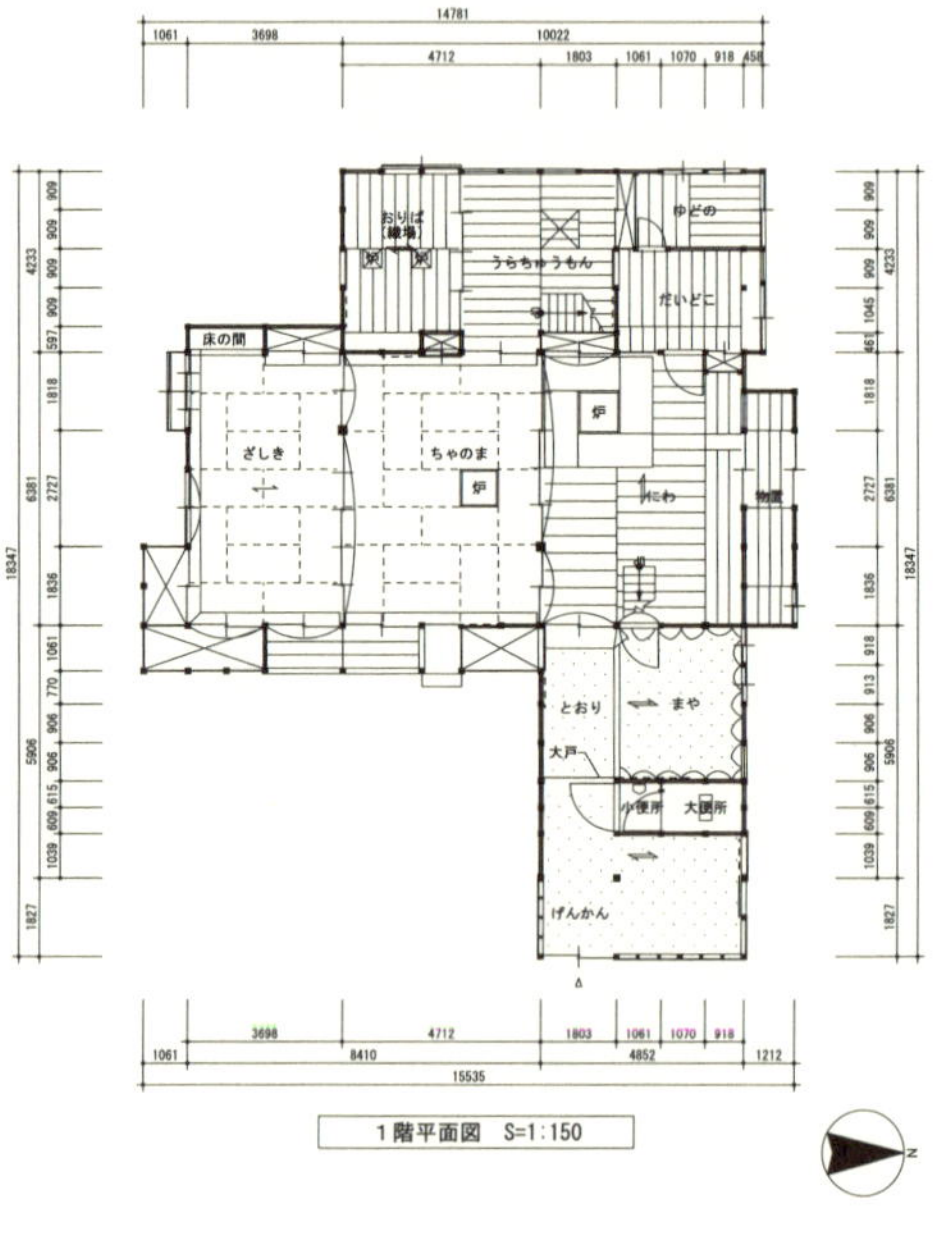

図１　手仕事手ほどき館主屋平面図

二四（二〇一二）年に建築的調査を実施し、平面、構成ともに前述の手仕事手ほどき館に類似することを確認した。

概要：若栃には三九世帯、人口一三三人が住まい、「細金」姓が全体の三分の一程を占め、(6) その本家が元々おっこの木を営み、屋号を津《つ》武《ぶ》羅《ら》家《や》と号した細金家となる。ところで、この地は中越地震において甚大な被害を受けた中山間地の一つで、震災後、地域では将来を見据え「とちわか未来会議」を有志が立ち上げ、集落の未来像を模索し、その一環として平成二二（二〇一〇）年に農家民宿としておっこの木を開業させた。建物は県道五六号小千谷大沢線からやや西側の丘陵に登った地に位置し、敷地内には主屋、東側に土蔵が配される。なお「おっこ」とはイチイ（一位）の異名で、当住宅の西側に三本のイチイの庭木を見ることができる。

平面：主屋は中門造で右勝手となる前中門から入る。前中門の上手一間が土間となるゲンカンで、下手側は便所、洗面所、風呂とされる。本屋の下手が板敷で間口二間半、奥行四間のダイドコロで奥に炉が切られる。上手が小屋組を表しとする一七帖半のチャノマ、奥は二間続きの座敷で床の間付きで八帖の客室一と続き間で六帖の客室二とする。なお、チャノマ、客室二の正面には半間幅の縁となるガンギがあり、この庇が回り込み客室二西側では収納、客室一西側では入側となる。裏中門へはチャノマ、客室一の背面に半間幅の階段室を挟んで接続する。ダイドコロから行き来する一〇・五帖分で土間コンクリートの調理場、四帖半の控室を挟み五帖分の機械室を兼ねたどぶろく工房とする。

二階はダイドコロ上と両中門上に設けられる。前中門へはダイドコロに設けられた階段から上がる。前中門部分先端は奥行一間がニワトリゴヤ、残りはマンソラ、ダイドコロ二階はキジリニカイで収納に用いる。裏中門はチャノマ裏の階段室に置かれる箱階段から登る。二室続きの座敷で上手を八帖のトコノマノニカイ、下手を続座敷で八帖のニカイとする。なお、カミザシキとオクノヘヤには平書院が取り付き、建具には凝った造形が施される。

構造：本屋部分には独立柱はなく、チャノマ周囲に大振りの柱を配する。また、チャノマ、客室二周囲は内法を一・六尺〜一・八尺程の材寸をもつ差物で固める。小屋組は全体として上屋-下屋の構成となるが、この境の柱列は本屋背面に限られる。正面側は下屋柱を内法の差物が受け、側面ではチャノマ部屋境から伸びる下屋梁が受け、全体としては発達した形式となる。扠首組はほぼ一間間隔で配され、屋根は本屋部分が茅葺上に金属板を被覆し、前後の中門部は金属板葺とする。

建築年代：建築年代を直接示す資料は未見であるが、聞き取りでは築一六〇年、即ち一九世紀中期頃の建築とする。なお小屋裏からは表面に「転読大般若経六百軸家内安全病魔退散祈所」、裏面に「慶応三丁卯三月廿三日紐解哲宗代建立当所　細金中兵衛ノ代」とする木札が見出された。釘止めの痕跡はないが、これが建築年代を示す資料と見ることもできよう。

建築の平面は手仕事手ほどき館（旧浅井家住宅）主屋、旧守門村の国指定重要文化財佐藤家住宅主屋の一九世紀中頃とされる第二次改造時平面に極めて類似する。但し、両者に対してこの建物は独立柱がない点や、チャノマにおける梁高さが五ｍを越えるなどやや発達した形式と見ることができる。

復原：材を見るとダイドコロ二階は中古で、裏中門も主屋背面下屋を大規模に改めた改造と判断される。なお、前中門は本屋南東隅の隅木が当所から取り付いた仕口がなく、建物東側の出桁が一材となることから前中門自体は当初からのものと判断された。但し、前中門表側の一間は出桁などが継がれ、最近の改造による増築である。全体としては一九世紀後期に前中門の取り付いた中門造として建築後、早い時期に裏中門が増築され、改造前の姿に至ったものと判断される。

おっこの木も典型的な中門造として一九世紀後期に建築されたものの、間もなく手仕事手ほどき館主屋と同様に、裏中門を付加する改修が行われている。典型的とされる中門造では裏中門は付かないものが多い。それでは、一九世紀後期以後、裏中門は中門造においてどのように対応されて行ったのであろうか。その一つの在り方を一九世紀後期、明治一七（一八八四）年建築の三島《さんとう》郡出雲崎町国安家住宅主屋で検証してみたい。

C　出雲崎町　国安家住宅主屋(7)

国安家は出雲崎町田中にし、現在は国登録有形文化財となり、季節民宿として活用されている。筆者は平成一八（二〇〇六）年に国登録有形文化財登録のための調査を実施し、この建物の建築年代や当初形式についての考察を実施した。

概要：国安家住宅は島崎川支流の田中川が流れる谷合にあり、やや小高い丘の中腹に位置する。建物は加藤家住宅として建てられたが、建物は平成一四（二〇〇二）年に国安家の所有となり、現在は季節民宿を営む。主屋は中門造の形式で東面し、右勝手となる前中門、背面に下屋が付く。本屋部分は寄棟造茅葺、前中門は切妻造妻入の金属板葺とする。

平面：玄関は主屋桁行のほぼ中央部に切妻妻入の形式で正面二間程の規模で取り付く。下手一間程が土間に取り付き、上手はチャノマに接続する。土間下手には下屋で水廻りを置く。土間奥が板の間で、現在はここを居間とする。床上は中廊下置いて四室の構成とする。下手表側がいわゆるチャノマで、桁行三間、奥行二間半となる一二帖半の広さで、土間側にやや寄ってイロリが設けられ、上手裏側には押板状の簡易的な床の間が設けられる。この部屋は特に天井が高く、井桁状に組んだ梁組を見せる。半間幅の中廊下を挟んだ裏側は一〇帖広さの部屋で下手に押入を置き、上手二室の上手側に床の間、棚等が配される。表側は一〇帖の広さ、裏側は八帖の広さで、背面側に廊下を廻す。

構造：本屋部分には独立柱はなく、チャノマ周囲に大振りの柱を配する。また、チャノマ、居間周囲は内法を一・六尺〜一・八尺程の材寸をもつ差物で固める。小屋組は全体として上屋−下屋の構成となるが、この境の柱列は本屋背面に限られる。正面側は下屋柱を内法の差物が受け、側面ではチャノマ部屋境から伸びる下屋梁が受け、全体としては発達した形式となる。屋根は扠首組がほぼ一間間隔で配され、扠首の中間高さに水梁を入れる。

写真 3　国安家住宅主屋

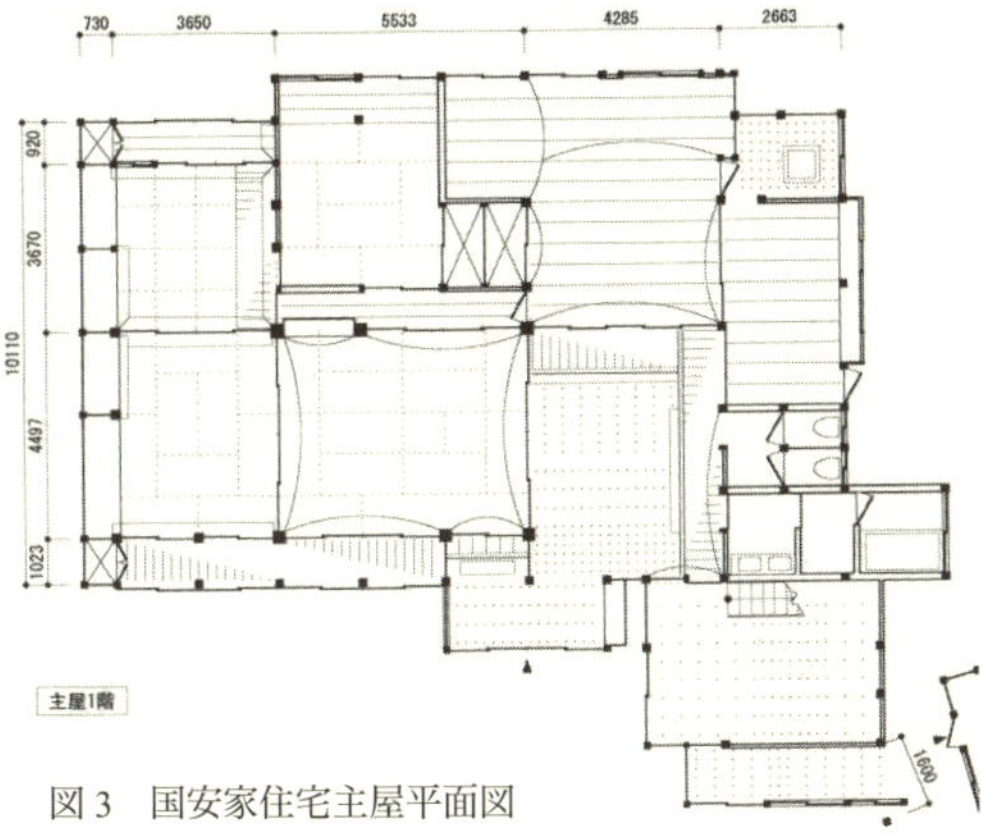

図 3　国安家住宅主屋平面図

建築年代：建物は小屋裏に残る和釘止めされた棟札が残されていた。二枚からなり、杉材、台鉋仕上げであった。一枚目表には「御棟札」の三文字を確認し、裏面には「明治十七申三月廿八日」「大工棟梁当邑野中藤吉正広　同脇梁別山村高橋源右ヱ門　木挽棟梁田中村加藤忠太郎　同脇棟梁当村加藤勘治郎　建主加藤所三郎」などの記載があり、二枚表には「奉謹請　手置帆負命　天思兼尊彦挟知命」、一枚目裏は煤けていたが、赤外線カメラにより「御棟札」の三文字を確認した。これらより、主屋の建築年代は明治一七（一八八四）年で、大工は田中村の野中藤吉正広らによるものと判明した。

復原：主屋の断面を見ると、上屋の梁行は三間半で前後に半間の下屋が取り付き、これが軒の部分でせがい梁となる。ところが背面の下屋の裏側一〇帖では束の切断された痕跡があり、中古、背面側へ下屋に増築したことは明らかであった。一方、下手側で現在台所となる下屋と主屋境の柱筋では、悉く梁行方向に貫穴が確認され、当初下手妻側には下屋が取り付かず、この部分は土壁と考えられた。また、現在床上の中廊下は天井が裏側一〇帖とつながり、中古であることは明らかである。主屋に残る痕跡についてこのような大まかな情況を踏まえ、以下、各時代における主屋の平面を復原して概要を示したい。

先ず、明治一七（一八八四）年当初、主屋は梁行三間半の上屋前後に半間の下屋が取り付く形式であったと考えられる。但し、現状では裏側一〇帖、八帖では柱に添板があるため、この部分における正確な復原は難しい。下手側の下屋は当初にはなく、土壁で仕切られていたと考えられる。一九〇〇年代に入り背面側下屋の増改築と下手側下屋の増改築が想定される。そして戦後になって前中門が改められ、一階を物置、二階に居室が設けられた。また、材質から判断して床上の中廊下が設けられたのもこの時期と考えられる。そして、平成一二（二〇〇〇）年頃、加藤家から所有が移り、下手側水回りの整備が行われ、更に平成一四（二〇〇二）年以後、裏側一〇帖が國安家の所有となり季節民宿を営むに当たり整備が行われたとする。

以上のように、明治一七（一八八四）年建築の国安家においては中古、裏側への増築は認められるものの、当初の建築部分において、一九世紀中期建築のおっこの木までに見られた裏中門における座敷の増築部分は主屋内に取り込み、いわゆる四ッ間取の平面形式として問題解決を図っていることが分かる。つまり、一九世紀中期に始まった裏中門への座敷増築は、主屋の中に取り入れ、四ッ間とすることで定型化するに至ったと言えるのである。

この中門造における裏中門の増築は、本屋上手側における続座敷の形成により、上手裏側にかつて配されたいわゆるネマの新たな配置に対しての試行と見なすことができる。続座敷の形成は、上層民家である長岡市の国指定重要文化財旧長谷川家住宅などでは別座敷を設けることで早くからの対応が見られる。しかし、より数量が多く経済的にゆとりの少ない中層民家においては、続座敷の形成を後追いするものの、犠牲となるネマは増築で対応せざるを得ず、それを最終的には四ッ間という形で定型化したと判断できよう。

このように見て来ると、民家における増築とは以下のように概観することができる。つまり、先ず既存の住宅において増築が行われる。増築は社会的な契機に基づく場合、各住宅における個別的な問題に起因する場合など、その要因は様々なものとなる。しかし、その要因が多くの住宅で共有される場合、増築は定型化し、最終的には形式として確立されるのである。

その面で、増築とは次の時代における志向性を内包し、その可能性は全ての住宅において等しく備えるものと考える。即ち、全ての住宅において行われる建築――新築、増築の全てを含む――は、新しい形の模索と見なすことができるのである。

二　中門造の進展――増築が生み出す新たな造形

増築は人びとが持つ問題に起因するとすれば、建築行為は欲求、欲望の具象化となる。

それでは中門造において獲得された形式がどのように進展を見るのか、以下では醸造家の住宅を通して見て行きたい。

D　長岡市摂田屋　機那サフラン酒造本舗吉澤家住宅主屋(8)

長岡市摂田屋に位置する機那サフラン酒造は、鏝絵の施された事務所棟蔵で著名である。サフラン酒は薬用酒で、本舗は吉澤仁太郎が明治時代中期頃から製造及び販売を行った。仁太郎は海外にまで製品の販路を伸ばして財をなし、田畑の購入を進めるとともに、摂田屋の地に大看板、主屋、鏝絵蔵を始めとする建物群を造り、昭和一六（一九四一）年に没した。筆者は平成二五（二〇一三）年、主屋、衣装蔵、離れ座敷の建築調査を実施した。

概要：敷地は摂田屋の地を南北に縦断する県道二七〇号線に東面し、間口一〇〇m、奥行五〇m程の広さとなる。県道に面した敷地には境には高さ一m程の石垣が築かれ、入口正面に主屋と事務所棟の鏝絵蔵、上手に衣装蔵、背面に離れ座敷が配され、衣装蔵から離れ座敷前にかけて数々の灯籠を備えた庭園が広がる。主屋は東面し、木造一部二階建で、入母屋造桟瓦葺妻入の形式で、正面梁行八間、桁行九間の規模とする上屋の正面に二階建桟瓦葺切妻造妻入の形式で、北側に寄って正面梁行四間、桁行二間の入口部分が取り付く。

平面：主屋は東面し、事務室棟上手に「機那サフラン酒本舗」の大きな看板を掲げた玄関となる。玄関は二間四方で正面に下屋を持つ土間で、上手の八帖は区切られた部屋となる。通ドマが背面へ通じ、床上は大きく前後に分けて見ることができる。表側は梁行に三室、桁

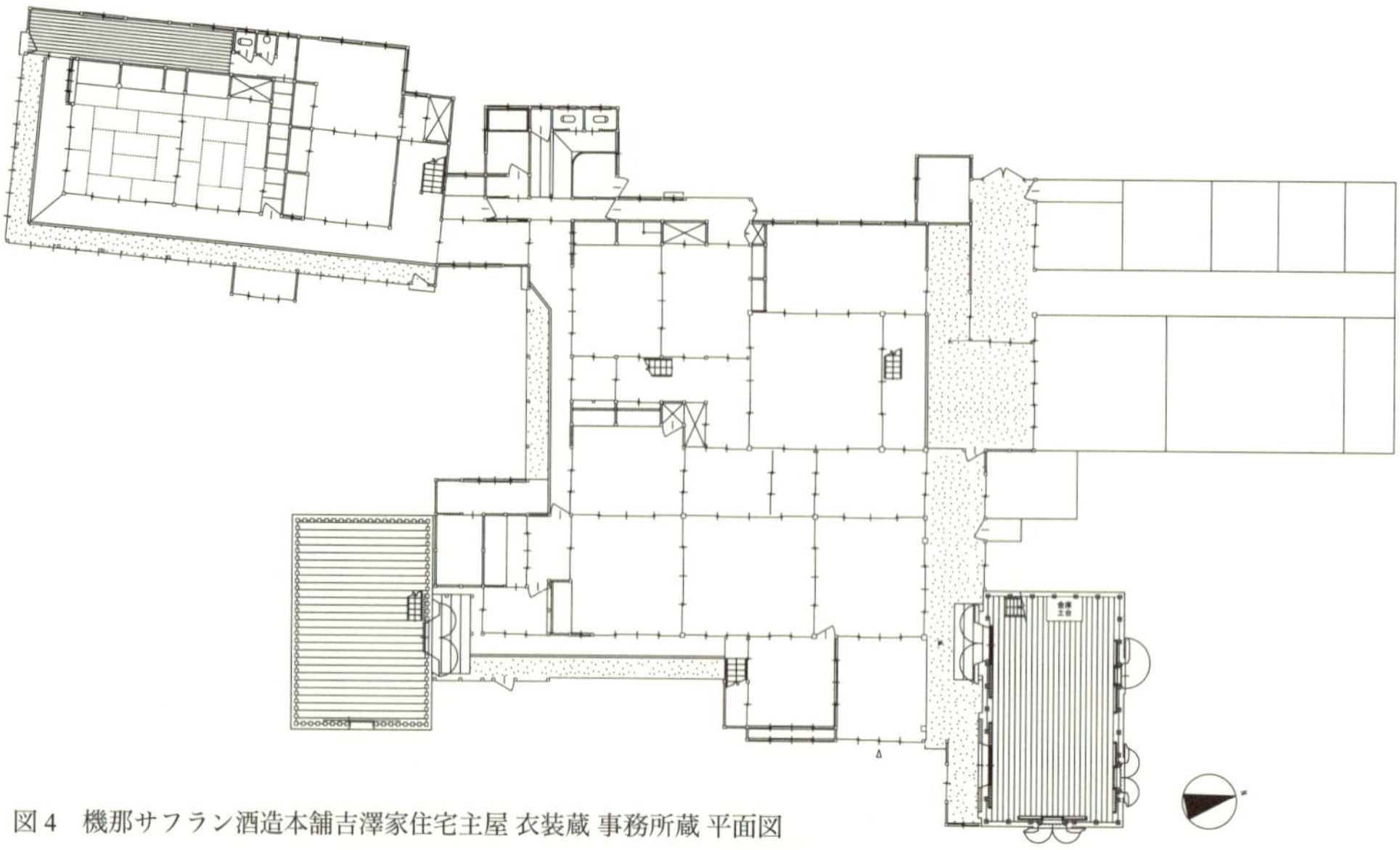

図4　機那サフラン酒造本舗吉澤家住宅主屋 衣裝蔵 事務所蔵 平面図

写真5　旧平澤家住宅主屋 松籟閣 田村収 撮影

写真4　機那サフラン酒造本舗吉澤家住宅主屋 田村収 撮影

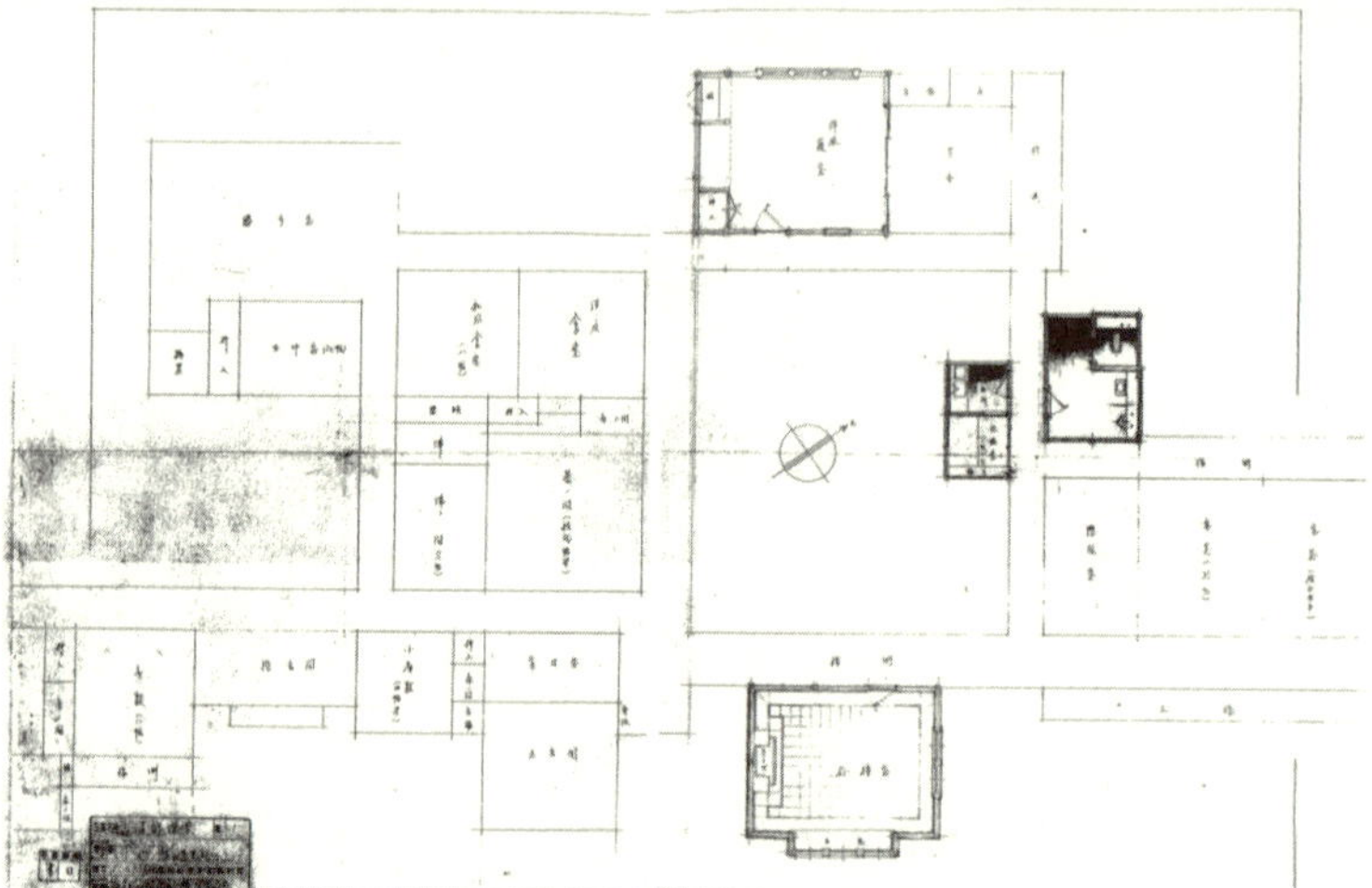

図5　松籟閣平面図 昭和9（1934）年清水組製図

行に二列、裏側は三間四方の一八帖と中廊下を挟んで台所を含み梁行に三室を配する。階段は正面と中廊下、通り土間に面した場所の三ヶ所に配される。

二階は玄関上、上手及び背面の三ヶ所に分けられる。玄関上には表側縁側横に配された階段から昇り、八帖二室がある。上手は中廊下の階段から上がり一〇帖二室となる。そして背面は板の間三室で、その他正面側は物置となる。

構造：主屋では表側下手の主要室内法に差物を廻す。小屋組は前後でやや架構が異なる。表側四間では、一階部屋境に梁を渡し、この上に一間間隔で敷梁を配する。この先端が正面側妻面で手摺の持ち送りとなり、この上にせがい梁を一間奥まで入れて配する。側面はせがい梁が一間半奥の小屋束まで延びる。背面側は二階天井上で敷桁をほぼ一間間隔で配し、先端をせがい梁とし、この上に二ヶ所に梁を渡す。そしてこれらの上に和小屋とする小屋組を一体として掛け渡すものである。なお、梁組などはいずれも折置組である。

建築年代：建物からは建築年代を記す一次資料は見出されなかったが、小屋裏からは長さ二・五尺、無記名で洋釘止めの幣串が見出された。加えて、五節で長さ三・三七尺、五節で四・一二尺とする竹製の幣串が小屋内に洋釘止されていたが、後者は下部先端が斜めに切断されていた。恐らく竹製の二本は地鎮祭に際して使用されたものであろう。更に小屋組背面両隅木側面からは、年号を記さない祈祷札二枚洋釘止めの状態で見出された。ところで、この住宅からは明治四五（一九一二）年から大正二（一九一三）年における資料類が複数発見された。これらは建築調査から得られた知見と矛盾するものではないため、この資料群が主屋の増築工事に関わるものと考えられ、大正二（一九一三）年の増築と判断された。つまり、資料の読解から、工事は明治四四（一九一一）年に建築された大看板を手掛けた金安栄吉に翌年に見積を依頼したものの、最終的には長岡市浦の西脇浜吉が工事を受け継ぎ完成させたことが明らかとなった。

復原：玄関部分は一、二階、小屋組とも他の本体部分とは独立して、部材もやや木細い。ところで明治四一（一九〇八）年刊『新潟県官民肖像録』[9]に掲載される吉澤家主屋の写真を見ると、主屋は現状の玄関部分のみが写るだけで、背面に位置する本体部分は存在しない。一方、大正八（一九一九）年刊『絵画北越商工便覧』[10]においては玄関部分背面に本体の取り付く現状の主屋を確認することができる。仁太郎が摂田屋の地に出たのは明治二七（一八九四）年とされることから、この後に間もなく先行して主屋の玄関部分を含む旧主屋の建築があり、次いで大正二（一九一三）年になってその一部を解体して、背面側へ増築したものが現状の主屋と考えることができよう。[11]

つまり現状で見る吉澤家主屋の形態は、明治時代中期に建築された旧主屋背面に大規模な増築を行い、旧主屋は入口部として扱われた結果、中門造を髣髴させる現在の形態となったと見ることができるのである。醸造家の住宅は平面を見ると、通り土間を背面まで通し、上手に床上を配する町家を基本としたものであるが、中門造において獲得された本屋と前中門にからなる形式に準じた形態を結果として持つに至ったと言える。

それでは、機那サフラン本舗主屋で獲得されたこの形式は、以後、どのように発展継承されるのであろうか。それを同じ醸造家である朝日酒造の旧平澤家住宅主屋、松籟閣において探ってみたい。

E　松籟閣（旧平澤家住宅）主屋(12)

松籟閣は長岡市朝日に所在する朝日酒造の旧社長宅である。建物は同社工場増築工事に伴い七〇m程の曳家移築が行われ、それに際して筆者らは国登録有形文化財へ向けて門、主屋、応接棟、寝室棟の調査を平成一四（二〇〇二）年に行い、翌年登録を受けた。

概要：朝日地区の東側は、信濃川支流の渋海川が形成した河岸段丘で、中腹の朝日神社から湧き出る神水を用い、同社では江戸時代中期から酒造を行っている。移築後の敷地は南面し段丘に面して門を開き、その正面に桟瓦葺の屋根が重層する主屋棟、東側に応接室棟、背面に寝室棟を配する。

平面：主屋は入母屋造妻入の形式で、正面下手に正面玄関となる入母屋造妻入形式の車寄を配する。主屋は食い違えて床上四室を配する。寄付の正玄関を介して一二帖半の茶ノ間、下手に六帖の仏間とする。背面は上手が板敷の洋風食堂、下手が八帖の和風食堂となる。なお、正玄関の下手に四帖半の小座敷を介し内玄関、八帖座敷、御母堂室などが続き、和風食堂脇に女中室、勝手室が配される。また、正玄関上手は客溜まりを通じ、応接室棟、更に廊下があり広間棟にかつては続いたとされる。寝室棟は主屋上手背面に配され、洋風寝室と八帖から構成される。なお、二階は板敷の洋室二室が配される。

構造：主屋は京呂組の和小屋組により、正面側は巨大な入母屋妻入の屋根を形成させる。

建築年代：建物自体に建築年を示す資料は見出されなかったが、登記は昭和九（一九三四）年とされ、聞き取りによれば和室を中心とする部分は当家に出入りである小千谷市片貝の安達工務店が工事に携わったとされる。また、応接室、洋風寝室部分は清水組（当時）設計部による図面が残り、これによれば訂正も含め製図は昭和九（一九三四）年四月から七月の日付を確認できることからこの年の建築と判断される。

復原：建物の主要部分における改造は極めて少ない。但し、下手の御母堂室はかつて風呂場であったものを、戦後、風呂を勝手室に移し改造したとされる。

松籟閣は、茶ノ間と仏間が、これ以前にあった平澤家における旧主屋にも確認され、これらが住宅の中心として継承されたことは明らかである。そして、これらの周囲に食堂、寝室、勝手など生活に必要な諸室を設け、応接室や大広間など会社経営に関係する部屋を配したと言える。

ところで門を入り松籟閣の主屋に正対すると、やや東側によって配される正玄関の寄付と、これを背後から覆うような入母屋造の屋根の景観に圧倒される。この造形は社寺、城郭をも連想させる容姿ではあるが、何に基づくものであるのだろうか。

機那サフラン酒造本舗主屋の調査を終えて数週間経った時、突然、両者の造形が類似することに気付いた。巨大な入母屋造の屋根の前に取り付く中門とも言えないような玄関部分。先ず大工の系譜を見ると、機那サフラン酒造本舗吉澤家主屋を手掛けた大工は長岡市に合併した越路の浦に居住する西脇浜吉である一方、松籟閣は小千谷市片貝の安達工務店であった。地名だけを並べると位置関係は明らかではないが、浦と片貝は隣同士の町で、両者の直線距離は二km程でしかなかった。しかも両者に共通する点は建物に限らない。醸造家という職業もだ。特に戦前期、全国に先駆け中越地方の醸造家が琺瑯樽をいち早く取り入れ、内部で貯蔵する種類の品質管理に努め、醸造物の減量を防いだとするが、その琺瑯容器を扱った会社を通じての関係が両者にはあったとする。つまり、吉澤家、平澤家の両者は醸造業という職業上の結びつきもさることながら、両家の主屋を建築した大工は極めて近い位置関係にあったことが判明した。

吉澤家の主屋が中門造を意識したものであるのかは定かではないが、結果としてその形式を髣髴させるものとなっていたのは、農家の出であった仁太郎の出自を投影するものとも言えよう。松籟閣の平面と吉澤家の平面を比べると全く異なるものの、両者の外観が驚くほど共通する点、それは吉澤家において確立された中門造を進展させた巨大な入母屋妻入建物妻面の片側に寄って玄関を設ける形式が、確実に松籟閣に継承された結果と言えるのだろう。

その造形は吉澤家主屋における増築の結果、たまたま獲得されたものではあった。しかしこの造形は越後における系譜を正しく反映させるものであったため、松籟閣において発展継承されるに至った見るべきであろう。

さいごに

新潟県中越地方を中心に中門造民家について増築の観点から考察を試みたが、最後にまとめとして箇条的に列挙すれば以下のようになるであろう。

（一）一八世紀中期には、佐藤家住宅主屋に見られるような前中門を備える形式として確立された中門造は、一九世紀中期には裏中門を付加する増築が目立った。

（二）裏中門の増築は、一九世紀後期の国安家住宅主屋では四ッ間形式による整備解消がみられた。

（三）大正二（一九二七）年の機那サフラン酒本舗吉澤家主屋の増築では中門造を意識した増築が確認された。

（四）昭和九（一九三四）年の旧平澤家住宅主屋松籟閣の建築では、機那サフラン酒本舗主屋で獲得された形式を用いた造形の進展が確認された。

註

1　一九九三『建築大辞典第二版』彰国社、一〇六六頁。

2　山口賢俊　一九七七『大白川新田と大栃山など付近の民家』高志路二四四・二四五合併号、三一～五二頁。
平山他　二〇一四『新潟県魚沼市大栃山　手仕事手ほどき館（旧入広瀬民俗資料館・旧浅井秋雄家住宅主屋）と間数組合番付、先端が片持ちとなる扠首組について』日本建築学会技術報告集四四、三四九～三五二頁。

3　新潟県教育委員会　一九七九『越後の民家　中越編　新潟県民家緊急調査報告Ⅱ』一〇、六八頁。

4　重要文化財佐藤家住宅保存修理委員会　一九八〇『重要文化財佐藤家住宅保存修理工事報告書』二四～二五頁。

5 西澤哉子、平山、小千谷市真人 二〇一三『農家民宿おっこの木おもやについて 小千谷市歴史的建造物調査研究その三』日本建築学会北陸支部研究報告集五六、三六二〜三六五頁。

6 わかとち未来会議事務局 二〇一一『わかとち物語』三頁。数字は平成二一（二〇〇九）年四月一日現在のもの。

7 平山他 二〇〇七『出雲崎町 國安家住宅の建築について 國安家住宅の研究一』日本建築学会北陸支部研究報告集五〇、二八九〜二九二頁。平山他 二〇〇七『出雲崎町 國安家住宅主屋の平面の変遷について 國安家住宅の研究二』日本建築学会北陸支部研究報告集五〇、二九三〜二九六頁。

8 平山 二〇一四『長岡市摂田屋機那サフラン酒造本舗吉澤家住宅主屋の建築年代と工事関係者、主屋増築の経緯について 長岡市摂田屋機那サフラン酒造本舗吉澤家住宅の研究（一）』長岡市歴史的建造物悉皆調査（二五）、日本建築学会北陸支部研究報告集五七。平山 二〇一四『長岡市摂田屋機那サフラン酒造本舗吉澤家住宅主屋について 長岡市摂田屋機那サフラン酒造本舗吉澤家住宅の研究（二）』長岡市歴史的建造物悉皆調査（二六）、日本建築学会北陸支部研究報告集五七。

9 遠藤永吉 一九〇八『新潟県官民肖像録』二九六頁。

10 坪井政太郎 一九一九『絵画北越商工便覧』。

11 脱稿後の調査において、地上からは望見できない鬼瓦台背面に〝大正二年才八月吉吉澤へ〟の箆書を確認したため、同年の増築が確定した。

12 平山 二〇〇三『松籟閣とその建築年代について 松籟閣の研究その一』二〇〇二年度日本建築学会関東支部研究報告集。

増上寺三解脱門の建立年代をめぐって

米山　勇

はじめに

増上寺三解脱門は、東京に現存する江戸時代の三門として貴重な遺構であり、国の重要文化財に指定されている。同建築は、五間三戸二階二重門の壮麗な形式をとり、江戸時代から今日まで、多くの絵画や舞台などにとりあげられてきた。一方、増上寺三解脱門の建築的特質を考察した先例はほとんどなく、建立年代についても元和七年[1]（一六二一）、元和八年[2]（一六二二）の両説が混在しているのが実情である。

本論は、増上寺三解脱門の建立年代について考察し、従来の説に疑念を提起するものである。

一　五間三戸二階二重門の三門と知恩院・増上寺

現存する主な「三門」「山門」（国宝・国指定重要文化財）のうち、五間三戸二階二重門の規模を持つものを、表1に示し比較してみる。表1からも明らかなように、五間三戸二階二重門の三門（山門）は、知恩院、増上寺、善光寺を除くと、いずれも臨済宗寺院の堂宇である。五間三戸二階二重門の三門は、東福寺以来、とくに臨済宗寺院において継承・発展した形式と考えられる。

一方、無宗派の善光寺はともかくとして、知恩院の三門が臨済宗のそれを踏襲した五間三戸二階二重門の形式を採用した背景としては、徳川家・京都菩提寺の門として、同じ京都に建つ他寺院の堂々たる三門にひけをとらないよう、宗派を超えた造営が命じられたのだと考えられる。前述したように、知恩院の七年後に竣工した南禅寺三門において、相国寺と並んで知恩院の三門が参考にされた事実は、当時

表1　現存する五間三戸二階二重門の三門（三門）（国宝及び国指定重要文化財）

建造物名	建立年代	宗派	所在地（都道府県）	山廊	組物（概略）
東福寺三門	応永 12 年（1405）	臨済宗	京都	有	大仏様三手先挿肘木
大徳寺山門	天正 17 年（1589）	臨済宗	京都	有	禅宗様三手先詰組
妙心寺山門	慶長 4 年（1599）	臨済宗	京都	有	禅宗様三手先詰組
知恩院三門	元和 7 年（1621）	浄土宗	京都	有	禅宗様三手先詰組
増上寺三解脱門	元和 8 年（1622）	浄土宗	東京	有	禅宗様三手先詰組
南禅寺三門	寛永 5 年（1628）	臨済宗	京都	有	禅宗様三手先詰組
善光寺三門	寛延 3 年（1750）	無宗派	長野	無	和様三手先

※三（山）門ではないが、形式的に五間三戸二階二重門の形式を備えたものに、仁和寺二王門、金剛峯寺大門（どちらも真言宗）がある。

最先端の技術を投じて建設されたであろう知恩院三門が、その後の規範となり得る建築として、臨済宗寺院にまで影響を及ぼしたことを語っていよう。同様のことが増上寺三解脱門についても考えられる。徳川家菩提寺の三門を再建するにあたり、豪壮かつきらびやかな五間三戸二階二重門が形式として選ばれたとすれば、浄土宗寺院における先例であり、増上寺とは本寺・末寺の関係にある知恩院の三門が参考にされたと考えるのは自然であろう。

そこで問題となるのが、両門の建立年代である。知恩院三門は元和七年（一六二一）の建立、増上寺三解脱門が同七年ないし八年の建立であるとするのが今日の共通見解であり、工事期間等を考えると、知恩院三門を参考に増上寺三解脱門が建設されたとは考えにくいのが実情である。

二　建立年代に関する既往の見解

増上寺三解脱門について建築史的に論じた文献は、甚だ少ない。そうしたなか、建立年代について言及したものに、内藤昌著『江戸図屏風　別巻　江戸の都市と建築』と『重要文化財増上寺三解脱門及び南北繫塀南北山廊保存修理報告書』がある。両者の刊行はそれぞれ昭和四七年（一九七二）一二月と同四九年三月だが、保存修理工事自体は昭和四六年八月から行われている上、互いの引用が見られないため、影響関係は不明である。

『江戸図屏風　別巻　江戸の都市と建築』は、広義の江戸図屏風に描かれた建造物を素材としながら、江戸を都市史的・建築史的に論じた労作である。ここで内藤氏が手がかりとしているのは、『東武実録』の以下の記述である。

元和七年八月三日　東國台風吹テ増上寺ノ山門破レ倒ル

是日（元和八年十月十五日）　増上寺ノ山門御再興成テ供養執行アリ

これを受け内藤氏は、「これが現存する朱塗りの本瓦葺入母屋造五間三戸二階二重門である」と断定している。『徳川実紀』も『東武実録』を引用し、「(八月）三日大風。増上寺門を吹倒す」「(十月）十五日　増上寺山門再興によて供養行はる」と記しており、元和八年一〇月に増上寺三解脱門が再建された可能性は低くない。しかし、それが「現存する朱塗りの本瓦葺入母屋造五間三戸二階二重門である」と断言する根拠はどこにあるのだろうか。

一方の『重要文化財増上寺三解脱門及び南北繋塀南北山廊保存修理報告書』は、増上寺三解脱門について論じる際に必ず参照される第一文献である。これによれば、昭和四六年四月八日の解体作業中、一階通路上の西側台輪下板壁に打ちつけられた檜板の棟板が発見され、下記の墨書が確認された。

特別保護建造物慶長十年建立寛永元年改造元禄九年修覆爾来数度修繕を加え、近く明治四十四年大修繕を施こし大正四年三月二十六日特別保護建造物に指定せらる

四月二六日の解体作業ではさらに、二階頭貫より「元和七年酉三月吉日」の墨書が発見された。これに基づき、報告書は下記のように論じている。

三解脱門も現在まで慶長一〇年建立と信じられていたが、今回の自費工事による解体（昭和四六）で、二階頭貫上端に「元和七年酉三月吉日」（一六二二《ママ》年）の墨書があったところより見ると、漆塗装に依る日時等を考慮して元和八年末（一六二三《ママ》年）と建立時を改めるのが至当と考えられる。

つまり、昭和四六年に行われた解体修理工事までは、現在の三解脱門が慶長一〇年、中井正清によって整備された増上寺伽藍以来の遺構と考えられていたが、修理工事で発見された墨書により、その後、元和七年～八年にかけて再建されたのが現在の三解脱門であるという見解であろう。しかし、ここで提示される元和八年建立という年代が、基本的に解体修理時に発見された一墨書のみに依存しているのは問題があろう。そもそも、別の日に発見された棟板に元和年間の記載がないのはなぜであろうか。そのことについてまったく言及していないのは、まことに不完全といわざるを得ない。(3)

さらにいえば、「元和八年末」という時期も不自然である。元和八年は徳川家康の七回忌にあたる年だが、家康の七回忌祭儀は同年四月一七日、日光東照宮において、公家衆・諸門跡・諸大名参集のうちにとり行われた。徳川家の菩提寺において、五間三戸二階二重門という前例のない規模と形式をもつ華麗な三門を建設するのであれば、七回忌に間に合うよう工事が行われるのが自然ではないか。

内藤氏は文献史料的裏付けをもって、元和八年に増上寺山（三解脱）門が建設された「事実」を明らかにしている。しかしながら、その建物が現存する三解脱門と同一である証明にはなっていない。保存修理報告書は、建築の修理工事で発見された墨書に基づき、独自の考察を加えながら、やはり元和八年説を導き出している。だが、墨書が書かれた頭貫財が旧建築から転用された可能性がないとは言い切れないし、そもそも「墨書」を有力な史料とするなら、棟札との矛盾をどう考えるのか。

文献史料、墨書による考証結果からは、元和八年当時の増上寺三解脱門がどのような「すがた」であったのかを導くことは不可能なのである。そこで次節では、考証の手がかりを絵画史料に求めてみたい。

三　二つの屏風絵――「江戸図屏風」（歴博本）と「江戸名所図屏風」（出光本）

黒田日出男氏も指摘するように、明暦の大火以前の江戸に関する史料は少ないが、「江戸図屏風」と総称される都市図屏風は、初期の江戸のすがたを知る上で、きわめて重要な史料である。(4) それらの中でもとりわけ重要な屏風絵が、国立歴史民俗博物館所蔵の「江戸図屏風」（六曲一双。以下、歴博本）(5)、出光美術館所蔵の「江戸名所図屏風」（八曲一双。以下、出光本）(6)であろう。

制作年代は、歴博本が寛永一一年（一六三四）～一二年(7)、出光本が寛永八年（一六三一）～慶安四年(8)（一六五一）とされている。どちらも増上寺伽藍の様子をはっきりと描いており、本論において有効な史料となり得る。

表2　現存する増上寺三解脱門と『江戸図屏風』（歴博本）、『江戸名所図屏風』（出光本）における描写の比較

	現存の増上寺三解脱門	歴博本	出光本
構造形式	五間三戸二階二重門	三間一戸二階二重門	三間一戸二階二重門
袖塀	有り	無し（門と山廊が直結）	無し（門と山廊が直結）
山廊の規模	三間	二間	二間
花頭窓	有り	無し	無し
二階への階段	外部	山廊内	山廊内
組物	詰組	柱上のみ	不明
朱塗	有り	無し	無し

景観年代については、内藤昌氏の前掲著『江戸図屏風　別巻　江戸の都市と建築』に詳しい論考がなされている。それによれば、歴博本が「上限は、第二次安国殿入仏あった寛永一〇年一二月一七日、下限は翌一一年二月の駿河大納言邸上野忍岡移築」であり、出光本が「寛永一〇年一月二四日までには竣工したと考えられる増上寺圓山山上の五重塔で定まる。下限は、寛永九年五月中橋南の歌舞伎芝居の吉原西禰宜町移転が重要な意味をもっていると思われるが、同八年四月二日炎上の浅草寺堂宇で規される。僅かではあるが下限が上限をさかのぼり、復原表現のケースに相当」する。

このように、歴博本と出光本はほぼ同時代の江戸を描いたものといって差し支えない。ここで、両者に描かれた三門のすがたと現存する増上寺三解脱門を比較し、表2に示してみよう。

表2から明らかなように、両屏風に描かれた三門の姿は、現存する三解脱門と大きく異なる。いわゆる禅宗三門の特徴である五間三戸の規模、花頭窓、詰組といった要素は両屏風の描写には一切見られず、浄土宗寺院の門として適当な和様の二重門となっている。また、門と山廊をつなぐ袖塀はなく、門の山廊が壁を共有して直結し、二階への階段も山廊内部に収められている。

興味深いのは、現存建物に見られる朱塗がほどこされていない点である。両屏風とも、寛永寺、浅草寺、上野東照宮、湯島天神、神田明神、愛宕社、徳川家廟五重塔には、ことごとく朱塗が表現されているから、増上寺伽藍の建物に朱塗がないのは、描画上の省略ではない。

以上のことから考えられるのは、歴博本・出光本に描かれた増上寺三門は、現存する増上寺三解脱門とは別の建物であるということだ。

寛永期の江戸を描いた絵画史料に現存する建物が描かれていないとすれば、現存の増上寺三解脱門の建立年代が元和期に遡ることはあり得ない。『東武実録』に記された「山門の再建」は現存する三解脱門ではなく、歴博本・出光本に描かれた増上寺三門、すなわち現在の三解脱門の前身建物についての記述であったと考えられるのである。

四　既往言説の検証と疑念の整理

「江戸図屏風」（歴博本）、「江戸名所図屏風」（出光本）に描かれた増上寺三門のすがたを現存する三解脱門と比較して論じた例はきわめて少ないが、たとえば波多野純氏は、出光本について次のように述べている。

増上寺は、浄土宗の盛んな三河出身の家康の帰依をえ、江戸城内から慶長三（一五九八）年芝に移され、堂宇が整備された。今も元和八（一六二二）年に再建された壮大な三解脱門が遺る。本屏風の三解脱門は、間口三間に描かれるが、実際には五間あり、うち三間が出入口となっている。しかし二階二重門の形式は一致しており、描画上の省略であろう。[9]

また、濱島正士氏は両本を比較しながら、次のように論じている。

増上寺は、歴博本では徳川家の各霊廟を詳細に描き、出光本では霊廟関係は五重塔だけしか描いていないが、本堂・山門・鐘楼については両者の描き方はよく似ている……（中略）……山門は左右に山廊をもった三間一戸の二重門として描かれており、元和七年（一六二一）建立の現三門と比べると、規模は異なるものの形式はよく似ている。歴博本は徳川家霊廟についてはかなり正確に当時の状況を写したものの、増上寺伽藍にはさほど力を注がず類本を参考にして描いたものではなかろうか。その類本は出光本であったのかもしれない。[10]

両者とも、絵画史料における写実性への疑念を前提にした「省略説」である。朱塗がほどこされていない点が省略でないことについてはすでに述べたが、本論では、それ以外の点でも省略説を否定したい。

まず、歴博本の性格を考えるならば、水藤真氏が内藤昌氏の考証に依拠しながら述べるように「生まれながらの将軍家光が父秀忠の隠居をうけて将軍となったその日から、名実ともに将軍となったその日、即ち寛永一一年正月二四日台徳院霊廟に参詣するその日までの事績が描かれたもの」であり、[11]「三代将軍徳川家光の事績が描かれていることについては、諸説一致している」。[12]また、樋口州男氏は下記のように述べている。

家光もしくは幕府との関係に留意しつつ描かれた寺社を見ていくならば、まず最初に注目されるのは、将軍家菩提寺の増上寺であろう。

……つまり父の霊廟に参詣中の家光一行が描かれているのであり、より具体的にこれを寛永一一年正月二四日の秀忠三回忌の場面で、家光が名実共に天下を掌握したことを内外に示す出来事であったとする推定もなされている。(13)

このように、増上寺は歴博本においてもっとも重要な描画対象であり、その三門が五間三戸二階二重門というそれまでの江戸に存在しなかった壮麗な建築として、徳川幕府の威信を示すものであったとするならば、「家光の事績」をテーマにした同本においてそれを省略する理由は考えられない。

さらに、黒田日出男氏が指摘するように「両本の江戸を描く姿勢や建物の描き方には大きな違いがある」ことを重視しなければならない。手法的に大きく異なる両者において、増上寺三門に限り、「まったく同じ省略の仕方をした」と考えるのはあまりにも不自然である。二階への階段を山廊内におさめ、小窓越しに見せる描写に至っては、省略どころではなくむしろ緻密な表現とすらいえるだろう。なお、両本において同一の描かれ方をされているのは三門のみであり、本堂をはじめとする他の堂宇は少なからず異なったすがたで描かれている。したがって、濱島氏の「類本説」も否定される。(14)

以上、述べてきた増上寺三解脱門の建立年代に関する疑念を整理すると、以下のとおりである。

①現存する増上寺三解脱門の建立年代は元和七年ないし八年とされる。
②「江戸図屏風」（国立歴史民俗博物館蔵）、「江戸名所図屏風」（出光美術館蔵）に描かれた増上寺三門のすがたは、現存する同門と異なっている。
③両屏風に描かれた三門のすがたは同一といってよい。

④両屏風の景観年代は、寛永期である。
⑤したがって、両屏風に描かれた三門は現存する三解脱門とは異なる（前身）建物である。
⑥増上寺三解脱門の建立年代は元和期ではない。

おわりに

これまで増上寺三解脱門は、元和七〜八年の建立とされてきたが、実際にはそれより下る建築であろう。具体的な建立年がいつであったかについては本論の目的を超越した大きな問題であり、ここで言及すべきものではない。いずれにせよ、当該建造物については、美術史・建築史の双方、そして文献史からもさらなる考究を蓄積する必要があるのではないか。

［本稿は、『東京都江戸東京博物館紀要　第三号』に掲載された論文「増上寺三解脱門の建立年代に関する一考察」から要点を抽出・再構成し、新たな知見を加えたものである］

註

1　たとえば、文化庁「国指定文化財等データベース」。
2　たとえば、内藤昌　一九七二『江戸図屏風　別巻　江戸の都市と建築』毎日新聞社。増上寺復興事務局　一九七四『重要文化財時増上寺三解脱門及び南北繋塀南北山廊保存修理報告書』。
3　なお、慶長一〇年とされた伽藍整備が、実際は同一六年に下るという見解が今日では有力である。
4　黒田日出男　二〇一〇『江戸図屏風の謎を解く』角川学芸出版。
5　http://www.rekihaku.ac.jp/education_research/gallery/webgallery/edozu/index.html
6　http://www.idemitsu.co.jp/museum/collection/introduction/painting/genre/genre03.html
7　黒田日出男　一九九三『王の身体　王の肖像』平凡社。
8　小木新造・竹内誠編著　一九九二『江戸名所図屏風の世界』岩波書店。

9 前掲、小木・竹内編著『江戸名所図屏風の世界』。
10 国立歴史民俗博物館編 一九九一『描かれた江戸』。
11 水藤真 一九九一「『江戸図屏風』製作の周辺——その作者・製作年代・製作の意図などの模索——」『国立歴史民俗博物館研究報告』第三一集。
12 水藤真・加藤貴編著 二〇〇〇『江戸図屏風を読む』東京堂出版。
13 前掲、水藤・加藤編著『江戸図屏風を読む』。
14 二階部分の表現において、僅かな相違が見られる（清水重敦氏のご教示による）。

紀州橋本町における一八世紀の町家建築について

御船　達雄

はじめに

土地区画整理事業と復原調査

町家建築研究は現存遺構の調査と史料研究を基礎に、おおむね近世以降の変遷や地域性が明らかになってきたといえ、大場修氏の『近世近代町家建築史論』[1]はこれまでの町家研究を総括する大きな成果といえよう。ところで、昭和三〇年代より興った復原編年調査によって、一定の地域的枠組み内で復原調査を行い、建築年代の明らかなものを基準に遺構群を編年する手法は、改造の少ない建築であれば有効であるが、改造が大きいと不明点が多く、史料にはならない。年代を経る毎に、建物が取り壊され史料群の数が減少するうえ、残った建物は改造されていく可能性も高いことから、復原編年調査を基礎とする民家研究の環境は年々厳しくなっている。

筆者らは和歌山県橋本市中心市街地において、「橋本の町と町家の研究会」[2]を結成し、近世、近代の町家や宗教建築、近代建築などの建物調査を、平成一〇年より実施している。[3] ここは橋本市の施行する中心市街地土地区画整理事業の対象地域であり、歴史的建造物と街路は一掃され、区画整理後に新たな町並みが生まれていっている。そのことの是非はここではふれない。しかし、それがゆえに、建物の取り壊しのさいに、改造の大きな町家であっても、内装材等をはがして痕跡調査をし復原考察を行うことが可能となっている。このことは、全国域で研究者によって行われてきた町家調査、町並み調査とは大きく異なる点である。

これまでに実施した調査により、橋本には一八世紀に建築された町家が、多数残ることが判明し、享保、宝暦期の建築年代の明らかな町家も存在していた。奈良県橿原市の今井町などを除くと、一八世紀の町家は、現存する遺構群の中ではもっとも古いほうの群に分類されるだろう。本稿では、橋本において徹底した復原調査をなしえた一八世紀の町家群を取り上げ、特徴や編年指標について考察する。

橋本町と一八世紀の町家

橋本市は和歌山県の東北端に位置し、北は大阪府河内長野市、東は奈良県五條市に接する。市の中心市街地である旧橋本町は、高野山の南麓にあって、紀ノ川の北岸に位置する。町は天正一三年（一五八五）に高野山の応其上人によって町建てされ、永代諸役免除と、塩市開催の独占権、紀ノ川舟運の舟継ぎ権を与えられ、高野参詣の宿場町のみならず、交通、交易の拠点としても大いに栄えた。

一八世紀の町家は、一一棟が現存していたが、一棟以外は全て大和（伊勢）街道沿いに残っていた。街道沿いに有力商家が軒を連ねており、この一八世紀の遺構群もまた、当時の塩問屋などの有力商家である。注目されるのは、棟札や鬼瓦銘によって、建築年代の明らかな、火伏医院、池永家住宅、牲川家住宅の三遺構である。前二者は筆者らの働きかけもあって登録有形文化財となり、区画整理後も残され、曳屋・修理のさいに徹底的な復原調査を実施した。後者は残念ながら取り壊しとなって、取り壊しのさいに、柱などの被覆材をはがして復原調査を実施した。これに併せて、編年上同時期に位置づけられる山本家住宅について、次章で述べていく。

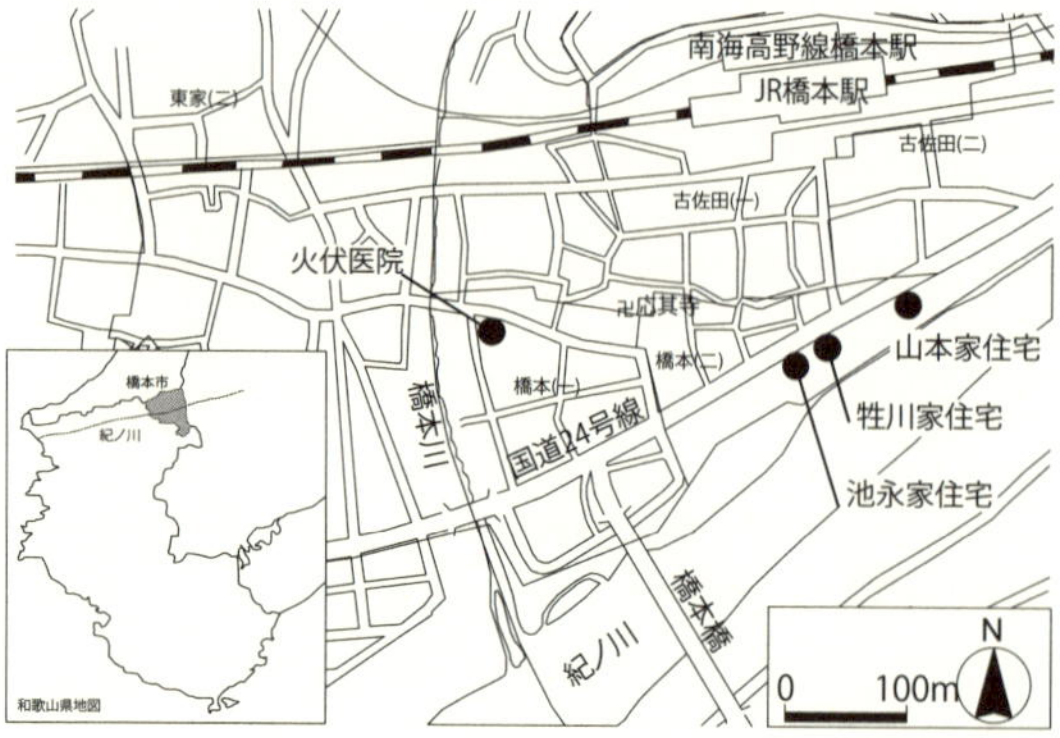

図１　橋本町と調査遺構の位置

一　町家の復原調査

一―一　火伏医院

一―一―一　沿革

具体的な事例の最初は、この家からとしたい。

火伏医院は、橋本一丁目に所在する内科医院である。火伏家は、もとは社家であったと伝え、橋本開町以降に橋本に移り住んだ。江戸時代は池田屋を名乗り、塩問屋を営んだ。橋本は塩市開催の免許地であったため、塩屋が多く塩市仲間が形成されていたが、当家はその構成員であった。二代前の火伏郁造が、大正六年（一九一七）に病院を開院し、現在に至る。

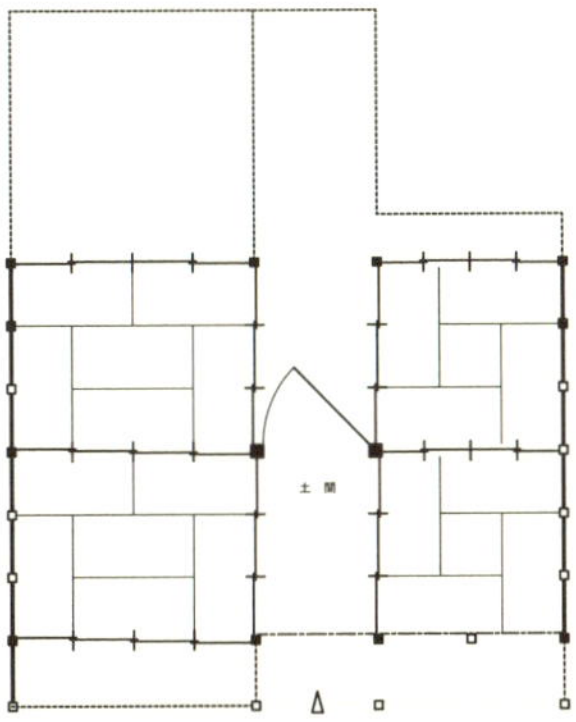

図２　火伏医院主屋復原平面図　1/300

写真１　火伏医院正面外観

大和街道の南側に接し主屋と病院棟を建て、その背後に座敷棟、居住棟などを建て、レンガ塀で囲んだ屋敷が構えられていた。主屋、病院棟は登録有形文化財に登録され、区画整理事業に伴い平成二四年に主屋、病院棟とレンガ塀の一部が曳屋され、根本的に修理がなされた。その他の建物は区画整理で取り壊された。

一―一―二　建築年代と復原

主屋は享保六年（一七二一）に建築されたことが棟札より知られる。棟札の記載より建築年代のほか、池田屋松兵衛が六四才の時に建設したことがわかる。年代の明らかな町家建築としては、和歌山県内最古のものである。[4]また主屋に接して建つ病院棟は大正一〇年（一九二一）に建設された洋風意匠の病院で、洪水対策のため高床に造った独特の構えである。

主屋は桁行八間半、梁間三間半、切妻造桟瓦葺（一部本瓦葺）、ツシ二階建の町家建築である。大和街道に北面して建ち、東側を上手、西側を下手とする平面構成で、西側には病院棟が接して建つ。東側三間半は屋根が落棟になっており、ここが座敷部となる。一階正面は格子窓が並び、二階は大壁で虫籠窓を開いた伝統的な町家の姿が良く残る。内部は西側に入口を開き、通り土間を挟んで、下手が病院棟への階段と薬局、上手が正面側に四畳半、六畳の仏間、八畳を並べ、四畳半の背面側に六畳をとるものであった。この六畳は中廊下を挟んでそのまま座敷棟へ繋がっていた。

平成二四年から二五年にかけて実施された曳屋に伴う修理[5]によって各部を調査する機会を得た。これによって当初の姿とその後の変遷が明らかとなった。

主屋の改造の画期は二回あったものと見られた。まず、主屋上手の落ち棟となっている桁行三間半分は、増築されたことが取り合いから確認できた。この時期は不明であるが、和釘を用いることや、面取りの少ない竿縁形状より、江戸時代末期の増築と考えられた。この際全面的に屋根も葺き直されたようで、当初は本瓦葺であったのを、一部本瓦を再用しつつ、新たに桟瓦(6)で葺かれた。

次に大正から昭和時代初期が主屋改造の大きな画期であった。大正一〇年に病院棟を建て、昭和六年（一九三一）に座敷棟が主屋に隣接して建てられた。これによって病院棟を建てたさい、主屋の下手小屋組が造り替えられたほか、続く座敷棟の建設で、背面側に伸びていた角屋が切断された。

主屋の当初平面は中土間形式で、下手に二室、上手に二室を並べた。背面側には角屋が取り付いており、通り土間に沿って一列でさらに室列が背面側に伸びていた。角屋の痕跡は背面側外壁に屋根の跡が残っていたほか、角屋の母屋を支えた束が、そして柱には南へ延びる貫や回縁の仕口があった。注目されるのは取り合いとなる差鴨居に長押大入痕跡がある点で、主屋本屋では打たない長押を角屋では打つことから、角屋は書院座敷であった可能性がある。

また痕跡から正面側下手と入口は、揚戸構えであったことが判明した。また大黒柱とその対になる柱には、開戸の肘金跡と戸当跡があり、通り土間に中戸があったことが判明した。

小屋組は折置組の水平梁であったが、江戸時代後期頃に登梁に改造されていた。また中引梁も切断し、ツシ二階を有効に使えるように改造していた。

一―一―三　小結

火伏医院主屋の復原にかかる要点は次のとおりである。

一　享保六年に建てられた県内最古の町家
二　中土間形式の平面で、背面側には角屋があった
三　角屋には書院座敷があった可能性がある
四　正面は揚戸構であった
五　上屋梁は水平に掛け折置組で納めていた
六　屋根は本瓦葺であった

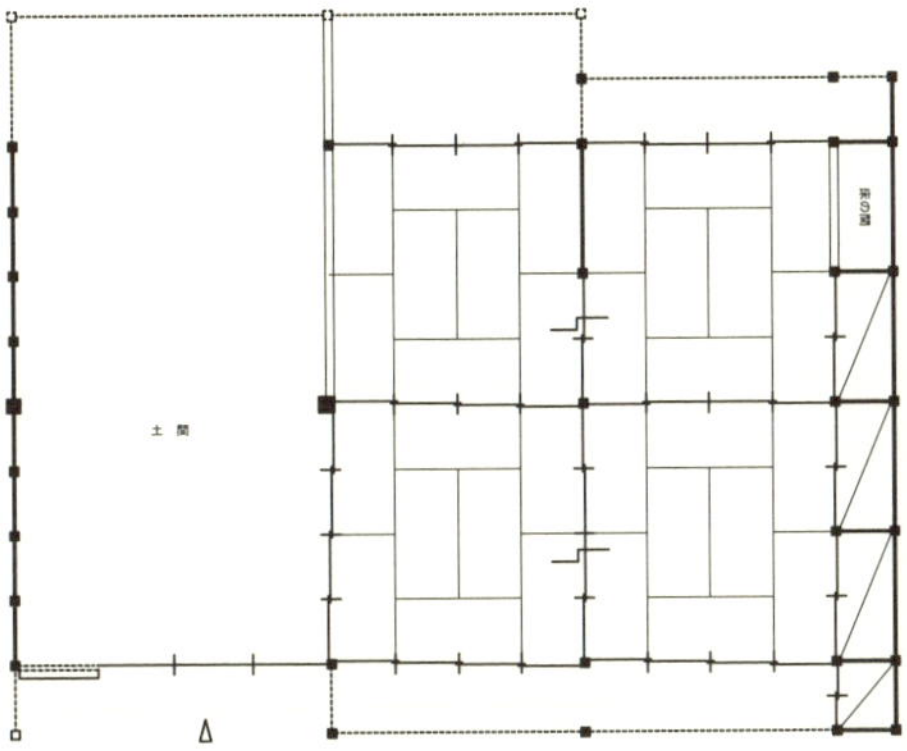

図 3　池永家住宅主屋復原平面図　1/300

写真 2　池永家住宅正面外観

一―二　池永家住宅

一―二―一　沿革

池永家は大和街道と紀ノ川に挟まれた土地に屋敷を構え、街道に面して主屋、門、土蔵を並び建てる。当家の東側には紀ノ川の河原へと下る小道があり、この道を挟んで、後述する牲川家住宅がある。小道を下りた先はバンドコと呼ばれた橋本の舟着き場で、小道を通じて舟運の物資が町に運び込まれていたのである。よって当家は、橋本町の中でももっとも良い場所に敷地を構えているといえるだろう。

池永家は有田郡の出身であったが、享保年間に現在の土地を取得し橋本町に移り住んだ。近世には油問屋を営んだいっぽうで、紀州藩地士に取り立てられ、橋本町の町年寄を務めていた。文化文政期には紀州藩の橋本本陣となり、藩主の来泊があった。主屋の後ろ側に建ち、紀ノ川に臨む離れ座敷は、藩主を迎えた建物である。

一―二―二　建築年代と復原

主屋の鬼瓦には、「壬申／宝暦二歳／三月吉日　和州五条新中町／瓦屋乃木伊兵衛」のへら書きがあり、このことから宝暦二年（一七五二）に建築されたことが判明する。その他に年代を示す史料は今のところ発見されていない。

主屋は桁行七間半、梁間五間半、入母屋造本瓦葺、ツシ二階建の町家建築である。旧大和街道（現国道二四号線）に北面して建ち、東側を上手、西側を下手とする。主屋西側に取り付く門があり、門をくぐると飛び石伝いに離れ座敷の玄関へと至る。

重厚な塗籠造の外観で、軒は出桁に造り、二階は虫籠窓を開くが、一階はシャッターを入れ、庇を軒切りするなど改造されていた。内部は、まず東側の旧土間部を車のガレージとし、新建材を張って改造されていた。また土間寄り付きの部屋も正面側は新建材を張って店舗にしていた。

上手の室列は座敷で、おおむね旧態を保っており、正面側に八畳、背面側に八畳を並べ、背面八畳に床の間を設けていた。背面側八畳から縁側を介して、離れ座敷への廊下が繋がる。

平成二六年に実施された曳屋に伴う修理[7]によって、復原調査をする機会を得た。主屋は曳屋のため、柱と壁を残し、新建材等はすべてはがされた状態であった。

主屋の当初平面は、整形四間取形式で、桁行二間半の広い土間に、土間境に大黒柱を建て、床上部を田の字に四室を並べたものであった。各室は八畳広さで明快な構成となるが、床高は一律ではなく、土間寄り付きの二室は、一八センチメートル低くされていた。

土間寄り付きの正面側の部屋は、土間に対し四本溝の鴨居を付けた目違と溝痕跡があり、いっぽう台所に相当する土間寄り付きの背面側の部屋は土間境を無目鴨居としており、土間に開放された部屋であった。この台所に相当する上手二室は床を上げて上手座敷と床高を揃え、土間境は一筋鴨居を入れて、雨戸のように板戸一本引き[8]で閉鎖する構えとしたことが痕跡より見て取れた。このような構えは、後述の牲川《にえかわ》家や山本家でも見られる。改造時期は不明であるが和釘を用いるため、江戸時代後期から明治時代中期までの仕事と思われる。

構造で特筆されるのは、土間の妻側に限定し、土台を用いる点である。また解体された土壁部分からは、柱にツタ掛け刻みがあることが確認でき、土蔵造のような本式の大壁であることが知られる。また壁貫は一五×三・六センチメートルと大きいものであった。

小屋組は折置組で、基本を水平梁としながらも、土間寄り付きのツシ二階は、部屋中央部を登梁としていた。

一―二―一　小結

池永家主屋の復原にかかる要点は次のとおりである。

一　宝暦二年に建てられた町家
二　整形四間取平面で、土間寄り付きの部屋は床を低くした
三　四本溝の建具構えが多用された
四　上屋梁は折置組で納め、一部に登梁を用いていた
五　中古の時期に土間境に板戸一筋を入れた

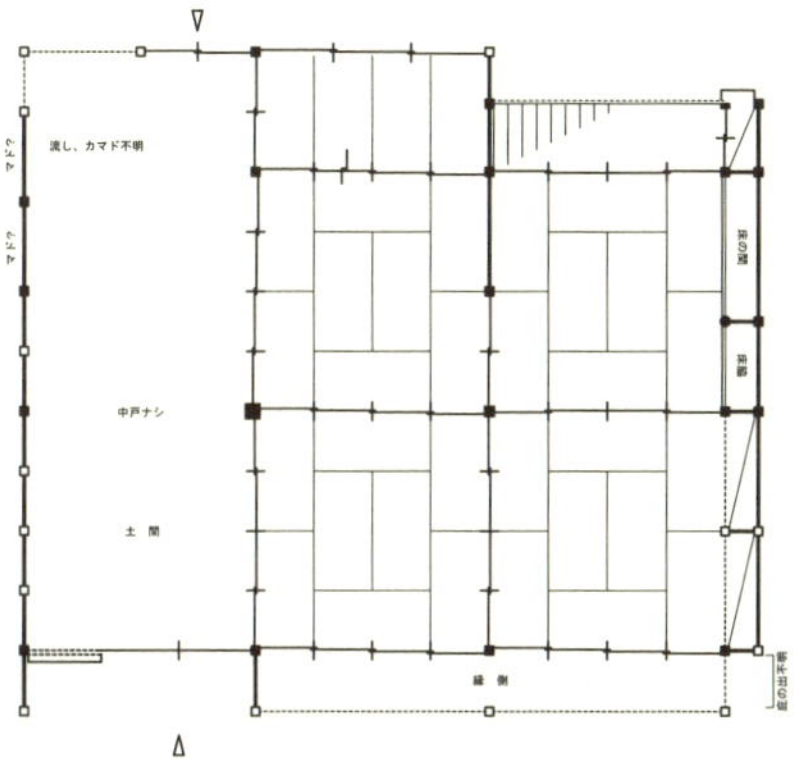

図４　牲川家住宅主屋復原平面図　1/300

写真３　牲川家住宅正面外観

一―三　牲川家住宅

一―三―一　沿革

牲川《にえかわ》家の屋号はマルニで、もとは橋本町の南西部である川原町において、塩屋を営んでいたが、明治三八年（一九〇五）に、現在の敷地へ移ったという。江戸時代に鎌倉屋を名乗り、近代以後は塩の販売、凍豆腐の卸売、石油の販売も手掛けた。ところで、牲川家が移る前のこの敷地は、別稿で述べたように(9)江戸時代の有力な塩問屋であった塩屋三十郎の屋敷で、よって主屋はこの江戸時代の塩問屋の遺構となる。

敷地は先の池永家の東側に小道を挟んでとられ、北を旧大和街道、南側を紀ノ川に接し、北側に北面して主屋を構え、南側には紀ノ川に臨む離れ座敷が配されていた。紀ノ川側はテラスを張り出し、当地区の特徴的な景観を創っていた。

一―三―一　建築年代と復原

主屋は鬼瓦に「甲宝暦四／戌卯月二日」のへら書があり、池永家より二年遅れた宝暦四年（一七五四）の建築であることがわかる。

主屋は正面にパラペットを立ち上げるが、隣家の池永家同様、軒先まで塗り籠めにした外観で、桁行六間半、梁間五間半、ツシ二階建、切妻造本瓦葺の町家である。東側が土間、西側が床上部で、土間の正面側はシャッターを入れ、背面側に物入や台所を設けていた。床上は主要五室よりなり、正面側の二室は低い板敷で下手からミセノヘヤ、応接室であった。背面側の下手は板敷の小部屋と、背面下屋まで取り込んだ十畳のチャノマ、そしてその上手が床の間を備えた八畳のオクザシキであった。

主屋は平成二四年八月に区画整理のために取り壊されることとなった。内外は改造され、差鴨居などが覆われ復原考察が出来なかったが、解体にさいし、これら不明箇所を剥がして調査を実施した。

復原すると当初平面は、整形四間取形式で、二年違いの隣の池永家と全く同じ構成である。しかし床高が全室同じ点や、広い床の間間口が異なっている。

土間正面入口の構えは、差物下に一本溝があり、下手には戸袋を設けたようで、樋端の切り欠きがあった。よって建具二枚を片引きで戸袋に引き込む大戸構えと判明した。正面側二室の下屋境の差物下端も、板を剥がすと四本溝であることがわかった。なお正面側二室の部屋境筋は二本溝であった。

チャノマは土間境鴨居が四本溝で、鴨居に建具のサル穴が確認できた。注目されるのは、土間境に一本溝の付鴨居が大黒柱まであり、背面下屋庇に戸袋が残されていた点である。付鴨居は不整があって取り付けられ、明らかに中古の仕事であるが、造作は和釘を用いる。中古の時期ではあるが、前述の池永家と同様、明治中期以前にこの雨戸構えのような柱間装置で土間境を仕切ったことが知られる。

土間境の大黒柱は二三センチメートル角で、土間側に真をずらして納めていた。小屋組は上屋梁間四間で、妻梁及び部屋境筋では水平に京呂組で上屋梁を掛け、土間寄り付き室の部屋中は登梁で、土間背面側は投掛け梁であった。母屋は二間三ツ割で配していた。

当主屋は平面形式が整形四間取に復原でき、池永家と良く似ているものの、床の間を広く取る点や、梁組が京呂組である点などが異なっている。

一―三―一　小結

牲川家主屋の復原にかかる要点は次のとおりである。

一　主屋は宝暦四年に塩問屋の塩屋三十郎によって建てられた

二　主屋は整形四間取であった

三　正面入口は大戸構えであった

四　部屋境の建具構えは四本溝が多用された

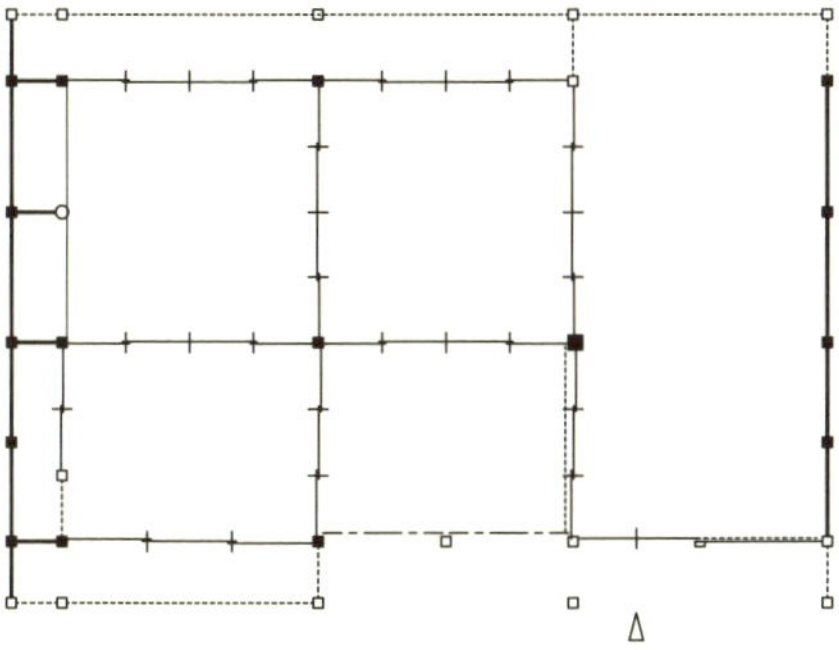

図 5　山本家住宅主屋復原平面図　1/300

写真 4　山本家住宅正面外観

一―四　山本家住宅

一―三―一　沿革

当家は前述の池永家、牲川家の敷地より、旧大和街道である国道24号線を一二〇メートルほど東へ行ったところに所在し、北面して屋敷地が構えられ、南側は紀ノ川に面していた。

山本家は当屋敷地に戦後に移り住み、衣料品店などを営んだといい、近年は住宅兼事務所として使っていた。橋本は塩問屋が多かったが、史料では当家の敷地に塩問屋の名を確認出来ず、よって住宅は塩問屋の遺構ではないと考えられる。

一―三―二　復原考察

主屋は桁行六間半、梁間四間半、ツシ二階建、切妻造桟瓦葺の町家である。建築年代を直接示す史料は残されていない。

解体前の現状は、内外が相当に改造されており、雰囲気としては伝統的な町家建築ではあったものの、当初材は実際ほとんど確認出来ず、大黒柱の位置すら不明であった。正面のほぼ中央に玄関を設け、その下手に車庫、上手には応接室を設けていた。応接室の背面側は八畳間のザシキで床の間があり、玄関の背面側は居間兼ダイニングであった。ダイニングの下手側は、六畳のシンシツであった。

当家も土地区画整理事業地区の範囲内で、平成二六年一月に住宅が取り壊されることになった。そのため山本氏の厚意により、柱や梁などの被覆材を解体し、詳細な痕跡調査を実施出来た。痕跡から考察すると、西側に土間をとった、整形四間取形式の平面に復原できた。

解体前は土間の位置さえ定かではなかったが、大黒柱をダイニングと車庫の境界壁内で発見した。大黒柱は栂材の一八×二一センチメートルのゴヒラ柱で、西側に真ズレさせていた。よってこの筋がかつての土間境で、西側が土間、東側が床上であったことがわかった。大黒柱で注目されるのは、面取が三ミリメートルほどしかなく、また中戸等の痕跡も見られなかった点である。

大黒柱の梁間方向正面側は、旧土間境となる三本溝の差鴨居が残っていた。その差鴨居の東面には、さらに一筋の付鴨居が一部残されており、雨戸のように一本引で、土間境を閉鎖出来る構えであったようである。(10)

旧土間境の正面側本屋柱は切断されていたが、桁行の差鴨居も残っており、旧土間側は一本溝、床上側は無目であった。土間側差鴨居は桁行二間いっぱいにドブ溝が突かれ、大戸が入ったと考えられる。中央に柱が建ち、袖壁が設けられたと考えられるが詳細は不明である。(11)

旧床上正面側の無目差鴨居は、二階床の際根太が付くが、根太は差鴨居から三センチメートルほど控えて打たれており、この構えからは揚戸が想定された。

ザシキは一見すると改造は少ないかに思えたが、こちらも大きく改造されていた。現状の根太天井は、差鴨居に後掘りで根太を入れて造られたもので、床構えの造作も中古のものであった。柱の二階部分には、天井回縁があり、ザシキの上手背面側の隅柱には旧床框の痕跡が残されていた。ここから、ザシキは当初は現状と同じように床の間を備えた接客座敷であったが、当初は天井を張っていたことがわかった。

構造は、土間妻側の柱筋に土台を確認したが、その他では使用されていなかった。上屋梁間は三間半で、上手半間間のみ折置組、その他は京呂組であった。中引梁を桁行に通し、二階部屋内は上屋梁を投げ掛けていた。折置組は床の間の部分にあたり、床の間を大屋根内に取り込んでいたことになるが、前出三棟が、庇形式で床の間を設け大屋根に取り込んでいないのと異なる。なお屋根は、元は本瓦であったが、現当主の代で桟瓦に全面葺き替えしたという。

一―三―三　建築年代の比定

当家建築年は不明であるが、編年指標としては、次の諸点が考えられる。

ア　上屋梁が京呂組

イ　屋根が本瓦葺

ウ　床の間が下屋でなく大屋根に取り込まれる

アについては、享保六年の火伏医院、宝暦二年の池永家は折置組だが、宝暦四年の牲川家は京呂組である。明和年間（一七六四〜七二）

に建設されたと考えられる服装百貨まるみ・稲垣洋品店[12]は京呂組である。よって一八世紀中期頃が折置組から京呂組への転換期と見られ、山本家は一部折置組を並置するため、一八世紀中期とするのが適当と考える。

イについては、火伏医院、池永家、牲川家が本瓦葺、服装百貨まるみ・稲垣洋品店が桟瓦である。以降これまで調査した一九世紀の橋本の町家は桟瓦である。よって本瓦葺の山本家は一八世紀中期とするのが適当と考える。

ウについては、先に述べたように前出三遺構にない構造である。明和期の服装百貨まるみ・稲垣洋品店では大屋根に床の間を取り込んでおり、一八世紀中～後期が床の間を庇から大屋根内に取り込む転換期であったと考える。

右記をまとめると山本家の建築年代は、一八世紀中期に遡るものと考えられる。柱面取が少ない、蹴込みでなく床付きの床框、土間境に板戸一筋構えを設ける、といった技法は、今後の指標作成の参考事例となるだろう。

一―三―四　小結

山本家主屋の復原にかかる要点は次のとおりである。

一　主屋の建築年は一八世紀中期に比定出来る
二　主屋は整形四間取、ツシ二階建、切妻造本瓦葺の町家
三　正面入口は大戸構え、床上部正面には揚戸構えがあった
四　土間境に板戸一筋を設け床上を閉鎖した
五　上屋梁は京呂組で、床の間を大屋根に取り込みそこは折置組とした

二　一八世紀における町家形式

二―一　平面形式

これまで報告した一八世紀の遺構群について、特徴を抽出したい。

平面形は、火伏医院が中土間形式で上手室列を角屋で一列に伸ばしたが、池永家、牲川家、山本家は、片土間の整形四間取であった。後三者の土間は広く、桁行二間～二間半あるが、火伏医院は一間である。火伏医院は町家的、後三者の広い土間空間は農家的ともいえる

写真5　火伏医院座敷（江戸末期増築）

写真6　池永家住宅の鴨居4本溝

写真7　山本家住宅の大黒柱

写真8　牲川家住宅土間境に残る戸袋

かも知れないが、橋本町の近隣農家とは座敷主室の位置が異なっており、農家系の平面とは即断できないだろう。

今回取り上げたのは四遺構のみであるが、他の既調査遺構にかんがみても、一八世紀の橋本における平面形は、一つの形式に収れんするようなものでなく、片土間や中土間が混在する状況[13]であったろう。

二―二　構造

土台の使用を考えると、火伏医院は土台を使用しないが、池永家は土間の一部で土台を使用し、山本家では土間の妻側壁すべてで土台を使用する。よって一八世紀中期より部分的にでも土台を用いるようになっていったと考えて良いだろう。

梁組は先にも述べたように宝暦二年から宝暦四年の間で、折置組と京呂組の違いがあり、こちらも一八世紀中期が転換期といえる。

二―三　屋根

瓦は享保期の火伏医院より採用されているが、宝暦期までは本瓦を用いたと見られる。以降一八世紀後期より桟瓦が採用されるようになり、土蔵などを除くと、本瓦は使用されなくなる。

二―四　柱間装置

土間正面の入口は、火伏医院が揚戸、池永家、牲川家、山本家が片引大戸であった。揚戸構えは明治期の遺構でも確認出来るが、片引大戸は不明である。

一八世紀の遺構群で注目されるのは、三～四本に突かれた多本溝の鴨居であろう。多本溝は一九世紀の遺構では今のところ確認していない。二間を四本溝とする構えは、鴨居幅が相応に必要となるわりに、メリットは開口幅が拡がる程度であるから、一八世紀までで用いられていた特徴的な技法といえるだろう。

土間と床上境の建具に、雨戸のように一筋で板戸を引き込む形式が見られた。池永家、牲川家は中古、山本家は当初と違いがあるが、特徴的である。これは明治一七年（一八八四）のみそや別館(14)にも痕跡として残されており、江戸時代後期より明治時代中期の間で、造られたものと見られる。

二―五　まとめ

このようにしてみると、一八世紀の町家といえば、町並みの中では古い群に入るが、梁の架構や屋根瓦など変化はあるものの、総じて近世町家としては既に完成の域に達しているといえるだろう。平面形はいうまでもなく、邪魔な上屋柱を抜く構造技術は既に確立されているのを確認出来る。二階正面を塗り籠めた瓦葺の町家が典型的な姿であるが、軒は低くツシ二階の利用は部分的なものに止まる。二階が居室化、座敷化するようになるのは、一九世紀に入ってからであった。

三　おわりに

三―一　明らかにした事項と今後の課題

橋本町に一八世紀に建てられた四遺構について、土地区画整理事業に伴う解体や、曳屋・修理に際して徹底した痕跡調査を行い、復原考察をした。このうち、建築年の不明である山本家住宅について、年代の比定を行った。続いてこれらによって得られた、平面形や構造、柱間装置等について、一八世紀の町家がどのようなものであったかを考察した。これらについては、さらに他地域の町家と比較が必要であるが、それは次の課題としたい。

一八世紀中期に遡る町家建築は、全国の町並みでもそれほど多く現存している訳では無い。橋本は土地区画整理事業により、このような文化財的価値の高い建物群を、その価値に気づくことなく失ってしまったことになる。

註

1 大場修　二〇〇四『近世近代町家建築史論』中央公論美術出版。

2 平山育男（長岡造形大学）、藤川昌樹（筑波大学）、御船のほか、梅嶋修、西澤哉子、田村収らによって構成する調査研究団体。

3 橋本の町と町家の研究会編　二〇〇二『橋本の町と町家　中心市街地伝統的町並み調査の記録 1999-2002』橋本市。

4 県内でこれより古いものに、享保三年（一七一八）建築（妹背佐太夫口上書）の旧名手本陣妹背家住宅主屋（紀の川市）がある。名手市場村の大和街道沿いの町場にあり、その点では町家だが、主屋は屋敷内に引き込んで建てた本陣建築で、街路に面して建つ一般的な町家建築ではない。よって街路に面する町家という点で、火伏医院は年代の明らかな県内最古の町家である。

5 移転後も同様に、住宅、病院として使い続けることから、今回の曳屋・修理では、復原は行わず現状修理となった。

6 この時の桟瓦には「東家／瓦与」の刻印がみられ、橋本町の隣村である東家で焼かれたことが知られる。

7 特に復原はせず、活用のために耐震壁が付加される予定。

8 土間境背面側の本屋柱西面に、著しい戸ズレ痕があり、背面庇に戸袋を造り、雨戸のように引き出していたようである。

9 御船他　二〇一三「橋本市橋本 牲川住宅主屋の復原 和歌山県橋本市中心市街地の町と町家の調査研究　その120」『日本建築学会近畿支部研究報告集』日本建築学会。

10 大黒柱より背面側は、差鴨居に付鴨居痕はなく、よって、雨戸構えは正面側だけであったと見られる。戸袋は不明である。

11 旧差物の下にさらに差物が入り、詳細に観察出来なかった。

12 註3文献所収。建築年は祈祷札による。名称は調査時に二戸一棟であったことによる。

13 樋下家住宅主屋（一八世紀後期、註3文献所収）のように、整形六間取で土間のない町家も存在した。

14 みそや別館主屋（旧谷口家住宅主屋、註3文献所収）。

大工技術書『鎌倉造営名目』に見る中国建築の影響——組物の構成と設計方法について——

坂本　忠規

はじめに

日本人が禅宗様建築という最先端の外来文化に触れたとき、それをどのように受け入れ、変質させたのかという問いは、日本建築史における核心的問題の一つである。先史における鉄器の導入、古代における仏教建築の伝来、幕末・明治期における西洋建築の受容、近現代におけるモダニズム建築の展開に見るように、日本建築は絶えず外来文化の受容とその変質を繰り返し、発達を遂げてきたからである。またこの問題は建築に限らず、禅宗の文化や技術が中世日本をどのように変質させたのかという問題に展開することもできよう。このように大きな射程を有しながらも、この問題についての研究[1]は、導入期から盛期（一三世紀中頃〜一四世紀）にかけての遺構の絶対的不足という困難の前に前進を阻まれている。

筆者はこの問題について、京都と並び禅宗文化受容の中心であった鎌倉において、室町末から江戸初期にかけて成立した大工技術書『鎌倉造営名目』を分析し、技術の展開を遡行的に検討することによって、その一部を解明できるのではないかと考えている。本稿はこのような視点に基づき、禅宗様組物の構成と設計方法に関して中国の二大建築技術書と比較し、その影響性を試しに論じたものである。

まず鎌倉における禅宗様建築の展開と史料の性格について整理する。禅宗様導入は建長五年（一二五三）の建長寺創建に始まる。五年の歳月を要して造営された仏殿の姿は伝えられていないが、長きにわたり形式的洗練を繰り返してきた和様建築とは一線を画す本格的な宋風建築であったと考えられる[2]。弘安五年（一二八二）には円覚寺が営まれ、これらの造営事業を契機に禅宗様建築の祖形が確立され、五山制度の展開とともに機構下の禅院の造営事業に多大な影響を及ぼした。しかし建長寺・円覚寺の殿堂は度々炎上し、灰燼に帰しては再建を繰り返した。南北朝期までは盛観を保っていたと見られるが、一五世紀に至って鎌倉公方が衰退し寺領が退転すると、寺観は著しく荒廃した。江戸時代に徳川家の援助を受け各殿堂は復興されたが、その間に時代の担い手は幕府や藩に登用された新興の大工集団に移り、鎌倉大工に往時のような影響力は失われていた。

今日、関東地方に残る中世禅宗様遺構は正福寺地蔵堂（一四〇七）や円覚寺舎利殿（一五世紀前半）のような裳階付三間仏殿が最大で、「建長寺元弘指図」（一三三一）に描かれた総間九丈四尺という雄大な五間仏殿を想像することは難しい。すなわち鎌倉における展開過程については、文献や図面の情報と各地に残る小規模遺構から類推せざるをえない状況にある。

このような状況において、一九八〇年代後半に鎌倉大工河内家に旧蔵されていた造営関係文書の存在が明らかになった。同文書は、技術関連文書を始め、普請帳や土地契約書など総計約六〇〇点の史料からなり、建築史の視点からは木割規矩関係文書が重要視され、これらは『鎌倉造営名目』と称された。本史料は従来の西国系とは異なり東国の鎌倉で成立したこと、室町末から江戸初期にかけての年記の古さ、木割の社・堂・塔・門・屋・調度に渡る多様性などから、全国的に見て屈指の大工技術史料と目されている（関口　一九八七：七五八）。特に着目されるのは、筆録に携わった人物が建長寺大工職を代々継承した河内家の分家に属することから、本史料に鎌倉五山の伝統を踏まえた正統な禅宗の建築技術が伝えられている可能性である。

筆者はこれまで本史料における木割（寸法決定法）の展開に着目し、禅宗様項目における寸法割付方式について分析と考察を加えてきた。本稿では前述の問題意識から、源流である中国の建築技術書『営造法式』と『工程做法則例』に示された組物の構成と寸法決定法に着目し、本史料との比較考察を行う。この二書と『鎌倉造営名目』を直接比較すること自体にかなりの手続きの省略があるが、まずは試論として問題点を抽出することで、今後の研究展開の一助とすべきと考えた。また組物に特化して論を進めるのは、禅宗様建築の最たる意匠的・技術的特徴が、明らかに見て取れるからである。

一　『鎌倉造営名目』の禅宗様組物とその設計方法

禅宗様組物に関する詳細な木割は「三間仏殿」（一六三二）、「五間仏殿」（一六三五）、「三門閣」（一六三四）の三項目に示されている。ここでは主となる身舎（庇）の三手先組物の構成について整理した（図1参照）。なお本史料の記述内容は元亀四年（一五七三）に作製さ

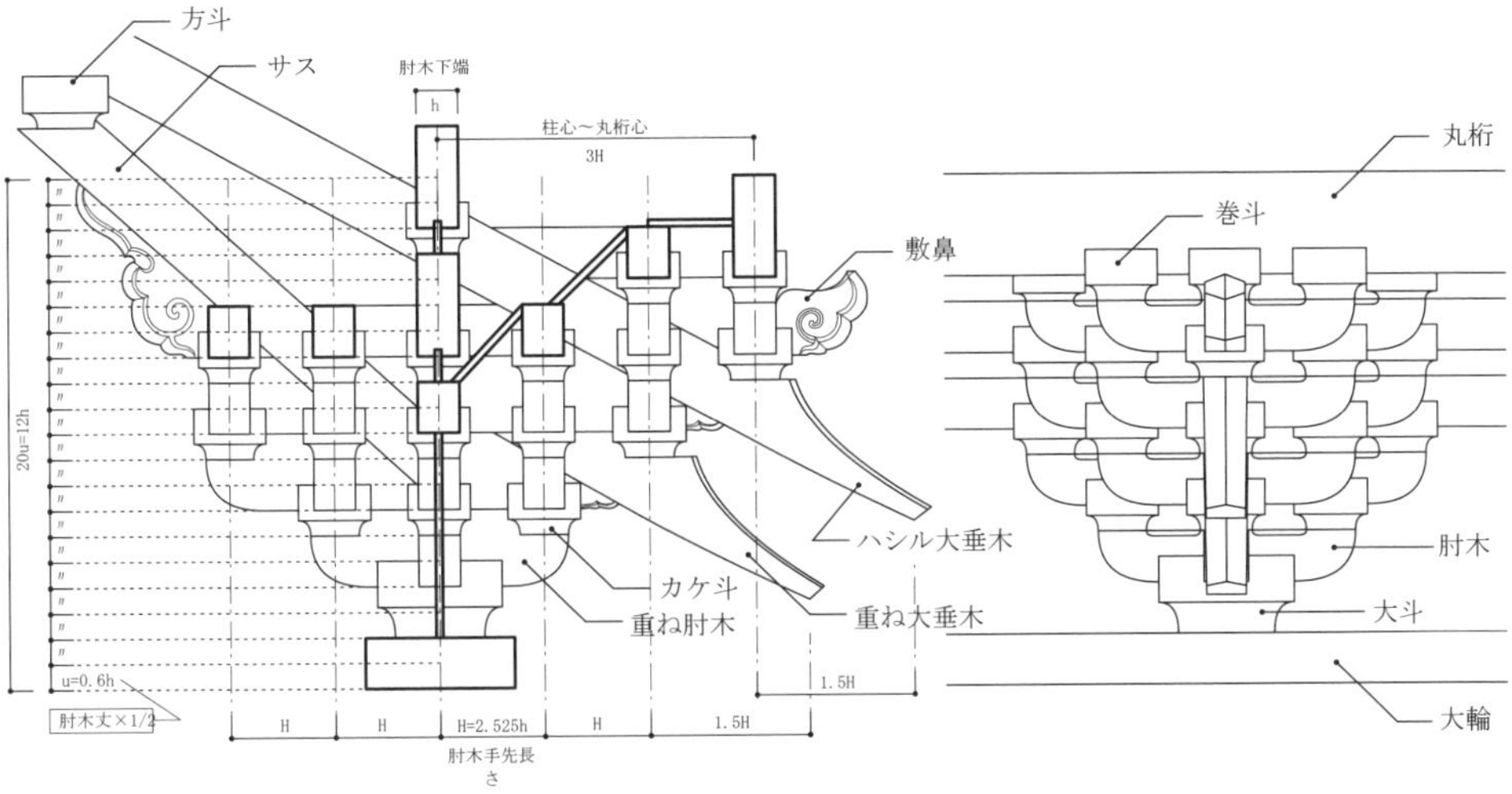

図1　『鎌倉造営名目』における禅宗様三手先組物の構成

れた「円覚寺仏殿古図（指図、地割図）」と類似性が強い（関口　一九八七：七六五）。以下の記述は同地割図に示された形状を参考に記述している。

組物は大きく斗、肘木、尾垂木、桁に分けられる。斗については、大斗、巻斗、カケ斗、方斗からなる。このうちカケ斗とは本史料に特徴的な部材で、手先方向に出た肘木ないしは尾垂木を承ける斗を指し、幅・長さともに巻斗の一割増の大きさでつくられる(3)。方斗は肘木を十字に承ける斗ではなく、下尾垂木（サス）尻で上の尾垂木を承ける斗を指す。

肘木は壁付方向と手先方向に分けられる。壁付方向では禅宗様の特徴として枠肘木とそれよりも巻斗一つ分長い長肘木を重ね合わせて用いる。手先方向においては、上段の肘木下面まで丈（成）を増し、幅も壁付肘木の一割増しでつくる「重ね肘木」を用いる点に特徴がある。尾垂木は関東地方に特有な有角式で、上段は「ハシル大垂木」、下段は「重ね大垂木」と呼称する。下段の重ね大垂木は手先肘木からつくりだした化粧材であり、実際の構造的役割は内側に差し込まれたサスと呼ぶ斜材が担っている。

組物同士は通肘木あるいは桁で左右に連結される。このうち丸桁については、肘木よりも二倍程度成が高く、長方形断面である。また巻斗が直接丸桁を支える形で、間に実肘木を挟まない。

以上にみた構成は関東地方に残る禅宗様仏殿の組物構成と良く合致している（関口　一九六六：四六～五三）。とりわけ重視されるのは、重ね肘木およびカケ斗の技法で、これらは他の近世木割書に類例がなく、本史料に独自に伝えられた関東地方の禅宗様組物の技法を特徴づけるものである（坂本　二〇〇八）。

続いて設計方法を見てみよう。基本方式として、母体となる寸法に比例係数を乗じて目的寸法を求めることは他の木割書と同じであるが、母体寸法あるいは比例係数の設定は木割書によって異なる。本史料の場合、各規定内容の分析から、基本となる柱太さに加えて、肘木を重視して、その丈（成）、下端（幅）、手先長さ（肘木通り心間距離）寸法を副次的な基準寸法として利用することに特徴がある（坂本　二〇〇六）。なかでも垂直方向の部材寸法割り出しにおいては、簡単な比例係数とともるため、各部材端は肘木丈×一／二（＝敷面高）を単位とする等間隔基準線に合致する（図1）。この納まりは組物のみならず接続する虹梁あるいは屋中組物、大広（内陣）組物まで展開される。このことは結果的にではなく、等間隔基準線を用いた設計方法があり、各木割関係をそれに適合するよう展開した結果と考えている。

同じく組物の水平方向においても、まず手先方向において、等間隔の肘木手先長さを引き、尾垂木の出や軒の出、縁の出についてもその肘木手先長さを単位寸法として利用している。壁付方向の寸法については肘木下端より全面的に割り出されないため判然としないところがあるが、斗違い[4]の納まりを利用して配置を決定していたとみられる（坂本　二〇〇九）。

また組物一つ分の大きさ（組物間心々寸法）を「アイタ」と呼び、大間（中央間）に三アイタ、脇間に二アイタ割り当てる。アイタは平面計画を律している枝割とも連動しており、一アイタ＝八枝の関係が示されている。アイタと肘木寸法の間には直接的な関係性はないが、アイタを八等分した等間隔基準線と巻斗端がほぼ揃うことから、アイタ≒巻斗長さ×八の関係も想定されている（坂本　二〇〇九：二四六〜二四七）。

二　『営造法式』の鋪作とその設計方法

宋代の官撰建築書『営造方式』[5]（一一〇三年）については竹島卓一の読解研究（竹島　一九七〇）に詳しいので冗筆は控え、要点を整理する。その設計方法の特質は、肘木の断面高さ「材」を基準とすることにある。断面の高さと幅の比は一五：一〇（三：二）とし、建物の種類や規模によって段階的に八等級を使い分ける。この「材」を一五等分した単位を「分」（実寸法と区別するため以下「分°」と表記）として実質的な基準単位として用いる。各部材寸法はこれを用いて〇〇分°と規定される。ただこの単位は小さすぎるため、前述の材（＝一五分°）または敷面高に相当する寸法「栔」（＝六分°）を適宜補助単位として用いる。また材に栔を加えた寸法は「足材」（＝二一分°）と呼ばれ、一手高に当たる。

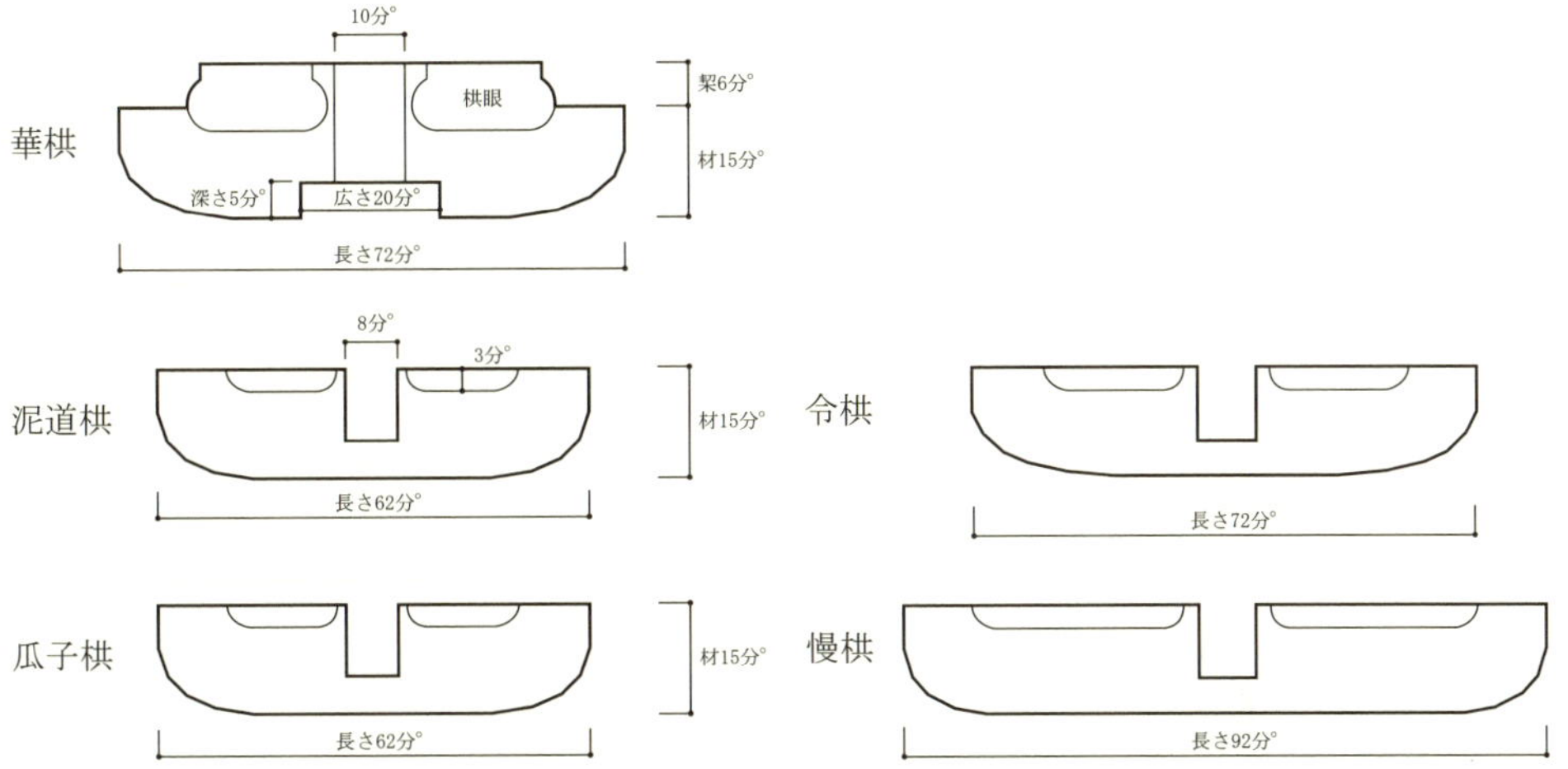

図2 『営造法式』における肘木の種別（梁 1983：241 図を参考に作成）

以上の寸法関係に基づいて日本の組物に相当する「鋪作」が構成される。鋪作自体の数は「朶」で数え、中央間にあたる當心間には二朶、次間（脇ノ間）や梢間（端間）に一朶配することを原則とし、その鋪作の分布を等しくするので、各組物間距離は等しくなる。つまり各柱間は組物によって制約を受けている(6)。

鋪作は肘木にあたる「栱」、尾垂木にあたる「飛昂」、斗にあたる「枓」、拳鼻にあたる「爵頭」に分けて記述されている（図2、3参照）。

「栱」は華栱、泥道栱、瓜子栱、令栱、慢栱の別がある。華栱は手先方向肘木の総称で、断面寸法は他の肘木と共通で材（幅十分°、成十五分°）の上に栔を加えた足材でつくる。長さは出跳数（手先数）によって変わり、第一跳の場合は七二分°である。上方の肘木荷重を直接、面で承ける足材の技法は、『鎌倉造営名目』における重ね肘木の技法と共通することに注意したい。泥道栱は櫨枓（大斗）に含まれる壁付枠肘木である。長さは六二分°。瓜子栱は華栱の手先上にのせる秤肘木で、令栱と泥道栱との間に用いる。長さは泥道栱と等しい。令栱は鋪作の最外に設ける秤肘木である。長さは泥道栱よりやや長く七二分°で、華栱の第一跳の長さに等しい。慢栱は泥道栱や瓜子栱の上に重ねて用いる長肘木で、九二分°と長い。

「飛昂」は「下昂」、「上昂」の二種があり、尾垂木にあたるのは下昂である。鋪作数によって一～四本挿入する。最小の四鋪作の場合は、華栱の頭を下昂のように見せる挿昂を用いるとする。頭部を肘木からつくり出す技法は『鎌倉造営名目』の重ね大垂木と類似している。ただし最小の鋪作に限る点に違いがある。上昂は鋪作の中心から内側斜め上に差し込む斜材で、『鎌倉造営名目』においてサスと呼ぶ材に該当する。下昂については鼻の出寸法を通り心より二三分°出すとし、あとは細部寸法の規定のみで、勾配の

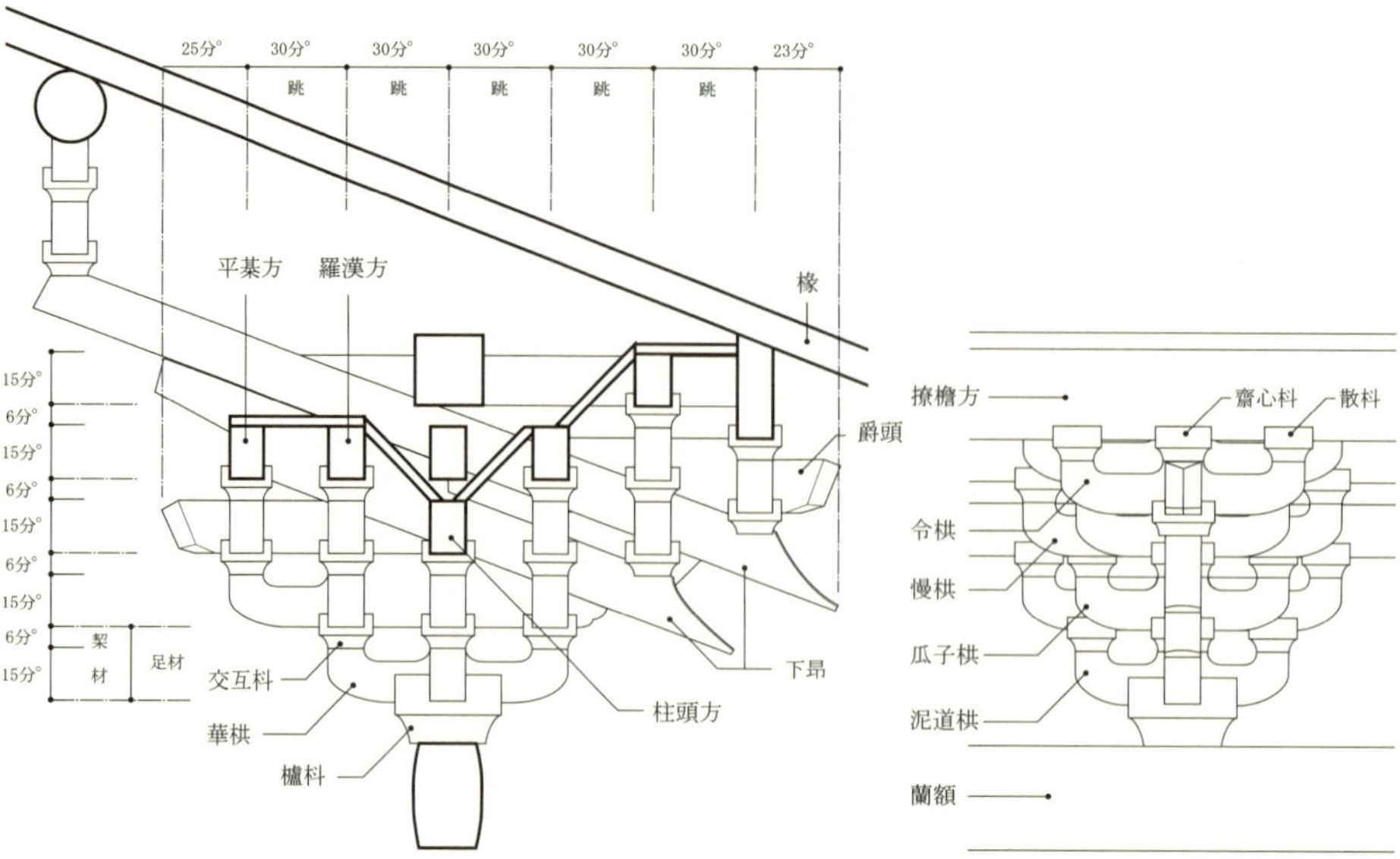

図3 『営造法式』における六鋪作重栱の構成（梁 1983：240 図を参考に作成）

規定は見られない。

「料」については、大斗にあたる「櫨料」、巻斗にあたる「散料」「齋心料」がある。齋心料は令栱上で撩檐方（丸桁）を支える斗のうち中央の巻斗を指し、散料よりもやや長い。また「交互料」と呼ぶものがあり、華栱の先端で十字に開口をつくる斗を指すが、これは『鎌倉造営名目』におけるカケ斗に該当するものである。その幅は一八分°であって、一六分°の齋心料や散料に対して少し大きい。このことも『鎌倉造営名目』におけるカケ斗と巻斗の関係に等しい。

櫨料は幅・見込同寸三二分°である。『鎌倉造営名目』の場合、大斗幅＝肘木幅×三の関係があるが、この値は華栱幅一〇分°に対し三倍よりやや大きい値である。

散斗は幅（廣さ）一四分°、長さ一六分°で長方形平面であるが、「廣さを以て面とする」とあり、短手を正面に向ける。奇異な比例関係に見えるが、令栱上でならぶ齋心料の見込幅が一六分°であるからこれで問題ないのだろう。したがって長手方向を正面にする『鎌倉造営名目』の巻斗とは異なる。

各斗の細部寸法については、まず櫨斗の場合、高さ方向について、耳（含み）八分°、平（敷面）四分°、欹（斗刳）八分°と定める。つまり二：一：二の比例で近世木割書『匠明』でいうところの五間割であり、『鎌倉造営名目』で指定される木割とも等しい。斗尻幅は端より二分°ずつ殺ぐことで求める。注目されるのは『鎌倉造営名目』と同様に全体の大きさから斗刳を落とす方式であり、『匠明』等にみるような斗尻幅を直接指定する方式とは異なる。

ここで肘木と斗の立面上の整合性（斗違い）について検討しておこう。泥道栱の散斗心々距離は五二分°、櫨斗幅三二分°、散斗長さは短手正面で一四分°であるから、櫨斗幅＋散斗幅＝四六分°となり散斗心々距離に六分°足りない。同様に慢栱の散斗心々距離は八二分°、散斗心々距離＋散斗幅×二＝八〇分°であるから二分°離れることになる。したがって櫨斗と泥道栱および泥道栱と慢栱の間に斗違いの納まりは成立しないことがわかる。

「爵頭」は拳鼻にあたり、通常は足材を用い、令栱の通り心から二五分°出る。先端部は斜めに切り落とし、鎬をつけて尖らせる。

この他に組物間を横に連結する「方桁」がある。材と同形の長方形断面をもつ通肘木や桁を「素方」と呼び、位置によって柱心上の通肘木を「柱頭方」、出跳した手先上の通肘木を「羅漢方」、裏側最外の桁を「平棊方」と呼ぶ。外側最外の桁は「橑檐方」と呼び、素方に比べ二倍ほど成高である。頭部は垂木勾配に沿って斜めに切り欠かれている。橑檐方は令栱上の齋心料と散料で直接支えられる。

以上に見た『営造法式』の技法は『鎌倉造営名目』と比較し次のように整理できる。

(1) 肘木の種別について『営造法式』は手先方向と壁付方向を区別し、さらに壁付方向も手先上肘木、最外の秤肘木の名称を区別する。さらに秤肘木については長さも変えているのに対し、『鎌倉造営名目』は手先方向と壁付方向の肘木の区別のみで長さ寸法の変化もなく、簡略化されている。

(2) 手先方向肘木（華栱）を足材（材＋栔）でつくり、直上の肘木を面で支承する技法は、『鎌倉造営名目』における重ね肘木の技法と類似性がある。ただし『鎌倉造営名目』に見られる一／一〇の幅増しは確認されない。

(3) 手先肘木先端にのる交互料を散料よりやや大きくつくる技法は『鎌倉造営名目』におけるカケ斗の技法と類似性がある。一方で齋心料を散料より大きくつくる技法は『鎌倉造営名目』にはなく簡略化されているとみられる。

(4) 欹（斗欹）寸法を全体寸法から削り落とす方式は『鎌倉造営名目』のヨカの寸法規定法と同じである。

(5) 尾垂木は一材で斜めに差し込み、軒先を支承する構造的役割を果たしている。二本挿入する場合も下の尾垂木は肘木つくり出しにしない点は『鎌倉造営名目』と異なる。ただし四鋪作に用いられる挿昂、あるいは鋪作中心から内側に差し込む上昂の技法は『鎌倉造営名目』にも確認される。

(6) 丸桁を肘木の二倍程度の成とし、巻斗で直接承ける技法は『鎌倉造営名目』にも確認される。

(7) 柱間寸法について、『営造法式』は詳細な記述をしないが、鋪作数「朶」をもっておおよその柱間寸法が決定すると考えられる。この「朶」は『鎌倉造営名目』における「アイタ」と類似した中間的な基準単位とみられる。

(8) 肘木断面「材」を設計の基本に据える点は、『鎌倉造営名目』において肘木下端、丈を副次的な基準寸法として活用する性格と類似している。ただし、『営造法式』は材を一〇分割して得られる「分」を基準単位として寸法割付を行うのに対し、『鎌倉造営名目』は比例関係を主とする木割の方式によって寸法割付を行う点が根本的に異なる。

(9) 補助単位「栔」について、『鎌倉造営名目』ではこのような補助モデュール自体は存在しないが、敷面高を肘木丈×一／二として、これを高さ方向寸法計画の基準単位として用いている。『営造法式』における材と栔の比は一〇：七であって等間隔基準線を配する意図はないと考えられるが、敷面高を寸法割付のための基準とすることでは共通性がある。なお組物の立面配置計画において斗の端を揃える斗違いの技法は確認されない。

三　『工程做法則例』の斗科とその設計方法

『工程做法則例』（一七三四）は『営造法式』から約六〇〇年後に編纂された清朝の建築技術書である。[7] 本史料の内容についても梁や麓の読解研究があるので、それらを参考とし特徴を整理する。

規定は平面、軸部、天井、小屋組、軒の順序になされる。平面計画については、「面濶」（柱間寸法）、および「進深」（梁行柱間総間寸法）に大きく分けられ、これは組物がある場合、ともに「攅」（組物一備）の数によって決定される。[8] 攅は斗の肘木含み幅（＝肘木幅）である「斗口」によって定められる。巻一（殿堂・単翹重昂）の例をみると、攅＝一一斗口であり、桁行方向の柱間寸法は、明間（中央間）＝七攅、次間（脇ノ間）＝六攅、稍間（端間）＝六攅、廊子（吹放間）＝二攅と規定される。梁行方向は、明間＝四攅、次間＝四攅、廊子＝二攅である。このように「攅」は『営造法式』における「朶」、あるいは『鎌倉造営名目』における「アイタ」の概念に近いといえよう。なお『営造法式』と比したとき、柱間に入る組物数が三から六に増えており、その分組物一備あたりの大きさが縮小していること、および単位寸法としての性格が強化されている点に注意したい。

攅の大きさを決定する斗口は組物各部材の寸法割付における基準単位としても機能している。斗口自体の大きさは頭等材、二等材から十一等材まで分けられ、寛さ（幅）は六寸から一寸まで五分刻みで定められる。『工程做法則例』の設計方法の特質はこの斗口を基準と

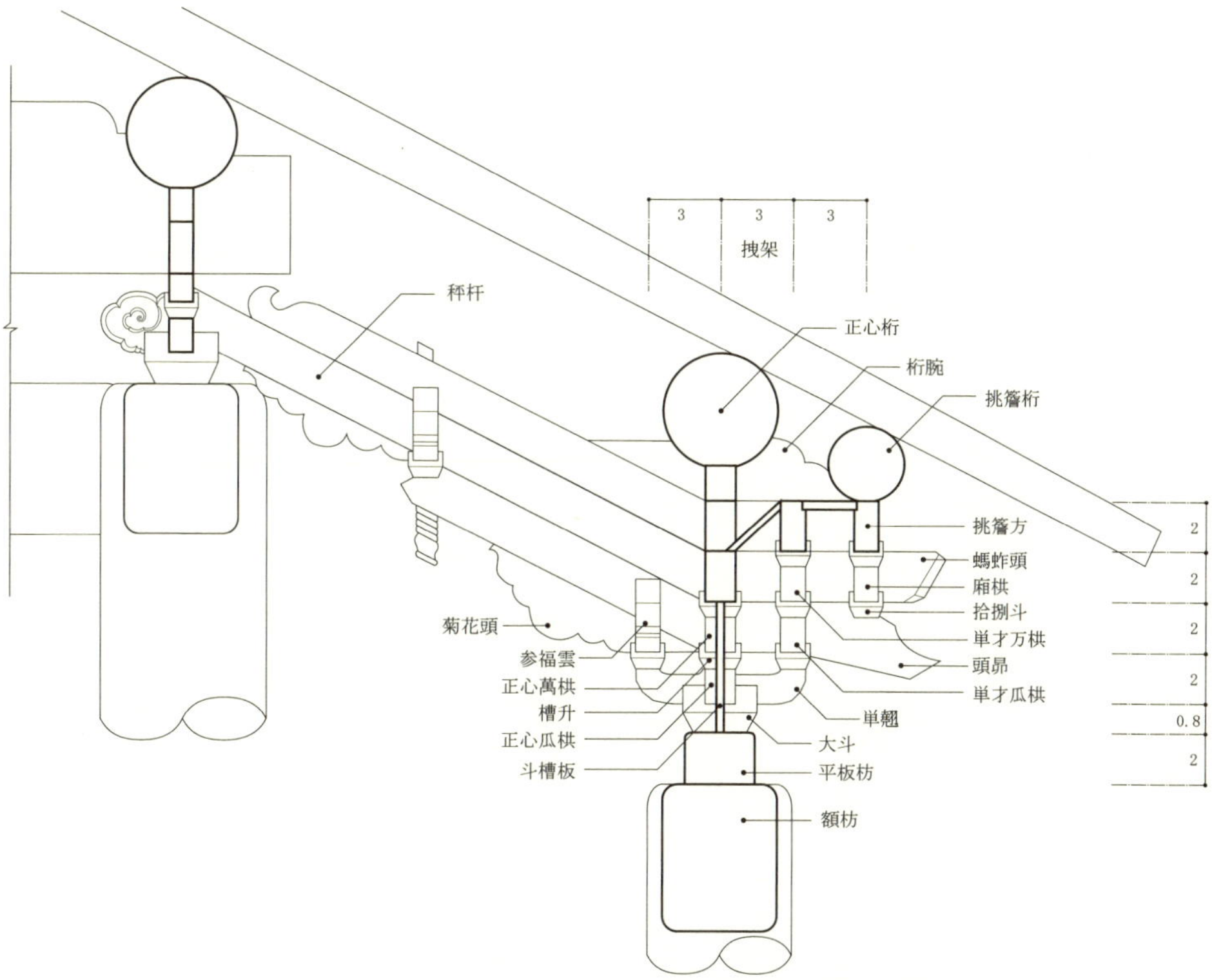

図4 『工程做法則例』における溜金斗栱の構成（梁 1934：図版6を参考に作成）　単位：斗口

し徹底的に使用して寸法を定める点にある。これは平面や組物に限らず、軸部材の太さや高さ、軒の出にまで応用されている。

続いて組物の構成を見てみよう。『営造法式』の「鋪作」に対応する語として『工程做法則例』では「斗科」を用いる。『営造法式』では、組物と柱との関係によって「補間鋪作」「柱頭鋪作」「轉角鋪作」の区別があったが、『工程做法則例』でも同様に「平身科」「柱頭科」「角科」の別がある。以下、斗科を構成する部材を見てみよう（図4参照）。

肘木に該当するのは「栱」「翹」であり、「翹」は壁面と直交する手先肘木、壁付方向肘木は「栱」と使い分ける。「栱」はさらに壁付の短肘木「正心瓜栱」、同長肘木「正心萬栱」、持ち出した手先上の壁付方向の短肘木「単材瓜栱」、同長肘木「単材萬栱」、最外の秤肘木「廂栱」と区別する。

「昂」は『営造法式』と同様に尾垂木に相当するが、平身科の場合、昂は翹と一体化し形骸化している。挑金・溜金斗科の場合は内部へ「秤杆」と呼ぶ斜材と一体化し持ち送られる。

マスについても「升」「斗」の区別があり、翹や昂を承ける方斗を「升」、壁付方向で栱や桁を承ける巻斗を「斗」と称する。升には、壁付肘木（正心瓜栱・正心萬栱）上の巻斗「槽升」、手先上の壁付方向肘木（単材瓜栱・単材萬栱）上の巻斗「参才升」がある。斗は大斗と、カケ斗にあたる「拾捌斗」がある。そのほか最上段の手先肘木は「撑頭木」、拳鼻は「螞蚱頭」と呼ばれ、最上段で軒との隙間を埋める幕板は「桁腕」とする。桁については、壁通り上には通肘木に該当する「正心枋」を入れ、頂部には円形の「正心桁」をのせる。また最外部では、廂栱の上に角材の「挑簷枋」を入れ、その上に丸桁に相当する「挑簷桁」をのせており、斗に断面長方形の丸桁を直接含ませる『鎌倉造営名目』や『営造法式』とは技法が異なっている。

続いて部材寸法を見てみよう。平身科と柱頭科で内容が異なるが、ここでは基本となる平身科の規定を検討する。(9) なお以下寸法値は斗口を一としたときの比例値を示す。

まず大斗については、長さ三、高さ二、斗口高さ〇・八、斗底寛さ（斗尻幅）二・二、同長さ二・二、底高（斗繰高さ）〇・八、腰高（敷面高～斗繰高）〇・四と規定される。斗口を基準単位とした明快な割付である。全体の大きさは長さ三、高さ二となる。各部分寸法は五間割の納まりになる。カケ斗に該当する拾捌斗の大きさは、長さ一・八、寛さ一・四八で長方形、高さ一、敷面高〇・六である。巻斗に該当する参才升の大きさは長さ一・三、寛さ一・四八、高さ一、敷面高〇・六、升底寛さ一・一であって、拾捌斗は参才升よりも四割ほど長い。壁付肘木上の斗である「槽升」の大きさは長さ一・三、寛さ一・七二、高さは同寸、升底寛さ一・三二である。寛さが参才升に対し、幅広であるが、これは斗の下方の肘木幅が異なるためであろう。なおいずれも肘木幅に対して升底寛さがやや大きく、肘木幅よりも少しはみ出す大きさである。

次に肘木を見てみよう。手先方向肘木である単翹、重翹、頭昂、貳昂、螞蚱頭、撑頭木は何れも寛さ一、高さ二で基準単位との関連性が強く表れている。一方、壁方向肘木で柱真上にのる正心瓜栱、正心万栱は寛さ一・二四、高さ二でやや幅広であるが、これは柱心通りに設置される板壁（壓栱板）の厚さ〇・二四を足しているためである。

手先上の壁方向肘木である単才瓜栱、単才万栱、廂栱は反対に寛さ一、高さ一・四となり、高さが低くなっているが、これは斗の敷面高（〇・六）を折り込んでいないためであって、この高さを加えると手先肘木と同様に二となる。なおこの寸法設定から了解されるように一手高が二になる。

手先寸法のことを本史料では「拽架」と称し、巻一の場合は一拽架＝三斗口とする。例えば単翹の場合、長さが七・一であるが、この長さは二手先＋拾捌斗斗底寛さ＝六＋一・一＝七・一であって、肘木の長さはこのように手先寸法、ひいては斗口によって律されている。また昂や蝎瑪頭の鼻の出寸法もこの挑架の基準線に納まるよう計画されている。つまり組物の寸法計画は基準単位である斗口によって幅（寛さ）、長さ、高さともすべて節目で整数値を取ることになり、明確な理念をもった設計方法と言えよう。

続いて、組物立面が斗違いかどうか調べてみよう。正心瓜栱について槽升内面間距離を求めてみると

槽升内面間距離＝正心瓜栱長さ－槽升底長さ－槽升長さ＝六・二－〇・九－一・三＝四

となる。いま平身科では大斗長さ＝三であるから、斗違いにはならない。しかしながら柱頭科では大斗長さ＝四であるから、この場合はきれいな斗違いとなることがわかる

続いて正心万栱について槽升内面間距離を求めてみると、槽升内面間距離＝正心万栱長さ－槽升底長さ－槽升長さ＝九・二－〇・九－一・三＝七・〇となる。一方、正心瓜拱について槽升外面間距離を求めてみると、槽升外面間距離＝正心瓜拱長さ－槽升底長さ＋槽升長さ＝六・二－〇・九＋一・三＝六・六となり、〇・四の較差が生じ、斗違いとはならない。

『工程做法則例』は成立時代が『鎌倉造営名目』よりも後であるから、相互の影響性はなく、むしろ『営造法式』に示された設計方法の中国国内における変質と、日本に移入された後の変質の違いに意味があると考えられる。また『工程做法則例』から復原的に考察して、中国建築の設計方法においてなにが設計上の課題であったかを推測することも重要だと考えられる。このような視点に立ちながら、以上に見た設計方法あるいは組物の構成を『鎌倉造営名目』のそれと比較してみよう。

(1)　肘木含み幅「斗口」を基準単位として全面的に寸法を支配する設計方法は、『営造法式』の材と栔を用いる技法よりもより単純化された明快な技法である。『鎌倉造営名目』にも組物廻りの寸法を肘木寸法で律していこうという考えは確認されるが、一手高や手先寸法までをすべてを同一単位寸法で律する『工程做法則例』の技法は極端な段階にまで達している。ただし『営造法式』では材の大きさと建築の格式・規模は連動していたが、『工程做法則例』ではそのような連動性は失われている（麓・陳　二〇〇七：一七八）。また組物の小型化に伴い、大型の梁を承ける柱頭科とそうでない平身科との寸法体系を切り分けている点も注目に値する。

(2)　平面計画の単位寸法として組物一備寸法「攢」が用いられるが、『営造法式』の段階より徹底して、平面計画を組物大きさが律している格好である。これは組物の大きさが相対的に小さくなり柱間に六〜七備も入るようになって、より単位寸法として扱い易くなったこ

とも影響しているであろう。『鎌倉造営名目』のアイタの技法は、この段階にまで達しておらず、代わりに枝割との連動性がうかがえる。

(3) 組物の高さ方向を一手高で、手先寸法を肘木手先寸法（拽架）で等間隔に配する計画法は『営造法式』よりも明快になっており、さらにそれが斗口寸法の整数倍を取るよう計画されている。組物一備の大きさ（組物心々寸法）「攢」も十一斗口で整数倍であって斗口で全てを律する考えが隅々まで貫かれている。一方で『鎌倉造営名目』に見る立面での斗の端を揃える斗違いの技法は確認できない。

(4) 組物全体の構成は『営造法式』に比べ、尾垂木（昂）が構造的に退化し、代わりに手先肘木（翹）が上下に接することでパネル化が図られ構造強化と簡便化が同時に達成されている。手先肘木を上下密着させる技法は『鎌倉造営名目』の重ね肘木と同様の技法であるが、『営造法式』と同様、一割幅広にする技法は確認されない。また巻斗に該当する参才升とカケ斗に該当する拾捌斗の大きさは等しく、カケ斗を一割幅広につくる『鎌倉造営名目』に技法との共通性はない。

(5) 斗刳の寸法決定について、斗刳寸法ではなく、斗尻寸法を直接規定する方式は『鎌倉造営名目』や『営造法式』とは異なり、むしろ近世木割書にみる方式に通ずるものがある。

結語

以上にみたように、中国の二大建築技術書の技法についてその概略を示し、『鎌倉造営名目』との比較を試みた。各節で指摘した事項に考察を加え、次のようにまとめた。

(1) 組物の構成について

日本に導入された禅宗様は南宋後期のものと見られており、当然ながら『鎌倉造営名目』の構成は宋代成立の『営造法式』のそれと関係性が強い。なかでも注目されるのは手先方向肘木の上下間の隙間を埋め、構造強化する重ね肘木の技法である。この技法は国内では関東地方とその周辺のみで確認され、他の技術書にも現れないところをみると、中国から鎌倉に移入された技法が部分的に伝播・残存したものと考えられる。手先方向の構造強化という課題は、日本の場合、中世における桔木技法の一般的展開により、組物が積極的に軒先荷重を支承する必要性が薄れた状況にあっては、広く伝播する必然性がなかったのであろう。

一方で『鎌倉造営名目』では重ね肘木およびカケ斗の大きさを一割増にする技法があるが、これについては中国の技術書に確認することができず、『営造法式』以降に中国にて発生したものか、あるいは鎌倉に移入後の工夫のいずれかだと考えられる。

同様に『営造法式』以降の展開として、『鎌倉造営名目』における下段の尾垂木（重ね尾垂木）を手先肘木からつくり出し、構造的には別の斜材（サス）で支える構造技法がある。『営造法式』においても仮昂および上昂としてその技法が紹介されているが、限定的使用とされている。『工程做法則例』では手先方向材をより一体化して、合理化していることを考慮すると、『営造法式』以後、おそらく南宋にてより発達したところでこの技法が鎌倉にもたらされたのであろう。

(2)　寸法計画について

『営造法式』『工程做法則例』ともに平面計画においては組物一備の大きさ（組物心々寸法）、断面計画においては一手高および一手先、部材大きさについては肘木断面寸法が基準単位となっている。とりわけ肘木断面寸法は根源的な基準単位として重要視されている。これに対し、木割術に見るような近世日本の設計方法は柱太さあるいは垂木一枝寸法を基準単位とするもので、全く異質である。ところが、『鎌倉造営名目』では組物に関する限り、肘木寸法を副次的な基準単位として使用しており、中国との類似性を見ることができる。ただし平面計画においては垂木一枝寸法を基準単位として、組物以外の部材寸法については柱太さを基準単位として機能させており日本的な特徴も兼ね備えている。いわば二つの設計方法を折衷しているといえよう。このような『鎌倉造営名目』の特徴は禅宗様建築移入の経緯から見て、中国建築の設計方法の影響と見るのが妥当であろう。

中国建築において肘木寸法である材や栔、あるいは斗口が重要視されるのは、組物の設計に際して、部材相互の納まりが関連し合うことから、骨格となる肘木の大きさと敷面高を単位化すれば、制御が容易になるためである。中国の設計方法はそこから始まり、規格化を目指して変化し、清代の『工程做法則例』に至り、ほぼすべての寸法をその支配下におくところまで発展した。

これに対し日本では状況が異なった。輸入された禅宗様は中世において広く影響力を持ったものの、あくまで一つのスタイルでしかなく、全面的に建築設計を支配するまでに至らなかった。そのため「日本様（和様）」と「唐様[10]（禅宗様）」が併存することとなり、平安以来培われてきた和様的設計方法が根強く影響力を持つことになったと思われる。設計技術の運用に際し、全く異なる二つのシステムを採用することは容易ではなく、効率的でもない。その結果、輸入された中国式の設計方法は和様的な設計方法に適宜、変換・消化されたものであろう。『匠明』などの近世木割書における禅宗様建築の設計方法は和様化された最たる例として見ることができよう。

このような視点から『鎌倉造営名目』の方式を見ると、独特な造形を持つ組物においてのみ中国式の影響を残し、他の中国的設計技法は和様的方式に翻案したものと考えられる。とりわけ象徴的な存在とみなせるのが組物一備の大きさであるアイタの概念であろう。平面計画が垂木一枝寸法によって支配されている中で、組物一備の大きさは基準単位として積極的な意味を持ち得ない。それにもかかわらず、『鎌倉造営名目』や『建仁寺派家伝書』等にアイタの記述が残るのは、もともと『工程做法則例』のように組物一つの大きさで平面計画をおこなう方式があり、その分割によって組物設計の基準単位が求められていた（あるいは基準単位の整数倍で組物大きさを求めた）からだと思われる。『建仁寺派家伝書』等に見るアイタ六間割の技法[11]はその名残とみなせよう。

しかしアイタ寸法を垂木割と連動させることによって、アイタ制は枝割制の中に容易に取り込まれることになった。『鎌倉造営名目』に示されるアイタ＝八枝の規定、あるいは『建仁寺派家伝書』における八枝掛、九枝掛の技法は、中国式の設計技法が和様的技法に十分に吸収された段階に達していることを示している。つまりアイタは組物一つ分の大きさを把握するための中間的な単位寸法としてのみ名残をとどめているのである。

一方で、断面や立面計画において等間隔基準線を用いて配置計画を行う技法については、中国建築にもある程度存在するが、『鎌倉造営名目』のように整備されてはいない。おそらくは日本に移入後、全面扇垂木の技法と同様、整備感を求める過程で翻案されてきたのであろう。

以上に整理したように『鎌倉造営名目』に残る特殊な技法の一部は、中国の建築技法に由来するものであり、それは日本建築の発展過程において和様的技法に吸収され消え去る前の過渡的な状態を示しているものとして重要視される。

註

1　先駆的な業績として太田博太郎「禪宗建築はいつ傳來したか」（太田　一九五一）、飯田須賀斯『中国建築の日本建築に及ぼせる影響』（飯田　一九五三）があり、その後関口欣也や田中淡による遺構との比較研究がなされた（関口　一九六六、一九八四、田中　一九七六など）。

2　日本に伝わった禅宗様の源流は華北に結びつくものではなく、江南の江蘇省南部から浙江省に由来し、南宋後期の様式と考えられている（関口　一九八四：一一一）。ただし創建時の建長寺が本格的な南宋様式であったかについては諸説ある。

3 カケ斗という用語は『鎌倉造営名目』以外にも初期木割書である庄内藩大工棟梁小林家木割書、『(孫七覚書)』、あるいは江戸初期の代表的木割書『匠明』にも用語として確認できるが、一割増の大きさを規定する例はない。一般に巻斗と方斗の長さは等しく、カケ斗を大きくつくるのは相模・武蔵・下総・甲斐・信濃など東国に限られる（関口 一九九六：四八～四九）。

4 組物の立面において隣接する斗同士の外面で相接する状態。長肘木上巻斗と短肘木上巻斗、あるいは短肘木上巻斗と大斗の間で生じる。

5 中国・北宋時代の官撰建築技術書。将作監の李誡によって北宋末の一一〇〇年に編纂された。全三六巻。土木工事、石工事などから彩色、彫刻など建築全般にわたって詳述している。

6 ただし柱間が均等でない場合、鋪作間について一尺以内の広狭が許されるとされる。このことから柱間が先行して決定される場合もあったと考えられる。

7 雍正一二年（一七三四）、勅令により管理工部事務・碩果親王允禮等が編纂。全七四巻二〇冊。内容は大きく「大木」（躯体）、「斗科」（組物）、「装修」（造作）、「基礎」に分けられ、また「大木」は建築形式によって分類されている。

8 平面寸法計画は、①斗口を基準寸法とする斗口型、②組物がなく柱間寸法「面濶」「進深」を基準寸法とする面濶・進深型、③斗口および面濶・進深、柱高さなど二種以上の基準寸法を用いる混合型の三種に大別することができる（蔡・麓他 二〇〇〇：二五五）。

9 柱頭科では最上層の大型な桃尖梁を承けるため翹・昂の寛さが下層から上層にかけて段々に太くなっていく（陳・麓 二〇〇八：一八〇〇）

10 日本様と唐様の用語としての区別については光井渉の研究（光井 二〇〇六）に詳しい。とりわけ組物形式について違いが認識されていたと指摘されている。

11 アイタ六間割については河田克博の研究にて概要が紹介されている（河田 一九八八：八一七～八一八）。詳しい関係性については別稿にて検証を試みたい。

参考文献

飯田須賀斯 一九五三『中国建築の日本建築に及ぼせる影響：特に細部に就いて』相模書房

太田博太郎 一九五一「禪宗建築はいつ傳來したか」『日本建築學會論文集』第四二号、一二八～一三九頁

同 一九五七『中世の建築』彰国社

河田克博・麓和善・渡辺勝彦・内藤昌　一九八八「近世建築書における唐様建築の設計体系」『日本建築学会計画系論文報告集』第三八八号、一三二〜一四二頁

蔡軍・麓和善・平野滝雄・張健・内藤昌　一九九九「中国古典建築書『工程做法則例』の構成」『日本建築学会計画系論文集』第五二〇号、三一三〜三二〇頁

同　二〇〇〇「『工程做法則例』における〈斗口型〉木割の設計技法」『日本建築学会計画系論文集』第五二七号、二五五〜二六二頁

坂本忠規　二〇〇六「斗栱各部寸法の木割分析：『鎌倉造営名目』における斗栱木割の特質　その一」『日本建築学会計画系論文集』第六〇八号、一四三〜一四八頁

同　二〇〇八「重ね肘木とカケ斗について：『鎌倉造営名目』における斗栱木割の特質　その二」『日本建築学会計画系論文集』第六二四号、四三五〜四四〇頁

同　二〇〇九「禅宗様斗栱の設計方法について：『鎌倉造営名目』における斗栱木割の特質　その三」『日本建築学会計画系論文集』第六三五号、二四一〜二四七頁

関口欣也　一九八四「中国両浙の宋元古建築―二―両浙宋元木造遺構の様式と中世禅宗様」『仏教芸術』第一五七号、七九〜一一三頁

同　一九八七「解題――中世の鎌倉大工と造営名目――」『鎌倉市文化財総合目録』七五八〜七七二頁

同　一九九七『鎌倉の古建築』有隣堂

同　二〇一〇『関口欣也著作集一　中世禅宗様建築の研究』中央公論美術出版

同　二〇一二『関口欣也著作集二　江南禅院の源流、高麗の発展』中央公論美術出版

竹島卓一　一九七〇『営造法式の研究』一〜三、中央公論美術出版

田中淡　一九七六「中世新様式における構造の改革に関する史的考察」『太田博太郎博士還暦記念論文集 日本建築の特質』中央公論美術出版

陳新・麓和善　二〇〇八「中国古典建築書『工程做法則例』における翹昂斗科の設計技法」『日本建築学会計画系論文集』第七三巻第六三〇号、一七九七〜一八〇四頁

麓和善・陳新　二〇〇七「中国古典建築書『工程做法則例』における「斗科」の種類と記載方法」『日本建築学会計画系論文集』第六一七号、一七一〜一七八頁

馬炳堅　一九九一　『中国古建築木作営造技術』科学出版社
光井渉　二〇〇六　「和様・唐様・天竺様の語義について」『建築史学』第四六号、建築史学会、二一～二〇頁
宮沢智士　一九六一　「営造法式の木割と〝材〟について」『日本建築学会論文報告集』第六九－二号、七三七～七四〇頁
李暉　二〇一三　「『営造法式』大木作制度における「材」・「栔」・「分」の意義」『日本建築学会計画系論文集』第七八号、一一七一～一一七七
梁思成　一九三四　『清式営造即例』中国営造学社（清華大学出版社二〇〇六年再刊）
梁思成　一九八三　『営造法式注釈』中国建築工業出版社

江戸幕府における大工棟梁の通称官職名について

佐々木　昌孝

はじめに

江戸時代の官職には、通称として使われる官職名と、正式の基本官職名の二通りがある。前者は大和守や右京亮などで、後者は侍従・少将・中将・参議・中納言・大納言である。(1) 作事方大棟梁や小普請方大工棟梁たちが名乗った甲良豊後や平内大隅、柏木土佐といった受領名（国名）は通称に当たり、幕府からその名乗りを許されたものである。大名・旗本等の武家官位叙任は将軍が実質の叙任権者であったが、幕府に関係のある諸職人・楽人・神職は、幕府が叙任の手続きを取らず管轄が違っていたので不明な面がある。武家官位については、慶長二十年（一六一五）に江戸幕府が公布した「禁中並公家諸法度」によって、武家官位を員外官とすることで公家官位と切り離した。同年に発布された「武家諸法度」と異なり「禁中並公家諸法度」は江戸時代を通じて一切改訂されなかった。「禁中並公家諸法度」第七条を引くと、公家とは切り離され個別に存在した武家の官位叙任の手続きは、まず武家の官位は必ず幕府に願い出、幕府から朝廷に一括して叙任を申請し、朝廷から幕府に渡された位記、口宣案が願い出た武家（大名）に幕府から渡された。(2) 本稿で扱う作事方大棟梁や小普請方大工棟梁は、武鑑にその名が掲載される幕府役職者であり、役扶持を支給された大工棟梁であるが、大工棟梁の官位については、公家官位と切り離された武家官位の叙任とはさらに異なり、各管轄において手続きが行われていた。そのため、大棟梁・大工棟梁の通称官職名（受領名）の詳細はそれほど先行研究が豊富でない。その理由の一つは、職人官位については個別の事例を各々分析する事となり、その結果が江戸時代の全容を必ずしも示すとは限らない事が挙げられる。本稿では、日本前近代における身分秩序の再構築という観点から、官位叙任制度の基礎的事実の確定作業の一つとして、江戸幕府の大棟梁職・大工棟梁職にあった者達を例に、作事方ならびに小普請方の受領制度を検証する。

一　大工棟梁にとっての国名とは

大工を含む職人受領の初見は、文明十三年（一四八一）十一月十四日に大工越後の先祖が加賀守を受領した口宣案である。(3) 江戸時代において、単なる町方の大工たちは基本的に、国名どころか苗字すら与えられていなかった。それが、作事方大棟梁、小普請方大工棟梁支配の諸棟梁になると苗字が与えられるようになる。そのような時代にあって、作事方大棟梁、小普請方大工棟梁たちが国名名乗りを許される事にはどのような意味があったのであろうか。江戸幕府職制に作事方ならびに小普請方がそれぞれ設置された当初より、大工頭や大工棟梁等の受領名は認められる。作事方大工頭であれば元和五年（一六一九）の鈴木近江守長次が挙げられる。作事方大棟梁であれば、早い例として慶長元年（一五九六）の甲良豊後守宗廣、正保二年（一六四五）没の平内大隅正信が挙げられる。(4) 小普請方大工棟梁であれば、元禄元年（一六八八）の溝口筑後、元禄十年（一六九七）の柏木周防、同十年の村松石見が早い例である。

【作事方大棟梁甲良家略系図】(5)

初代・甲良豊後守宗廣／二代・甲良左衛門尉宗次／三代・甲良豊前宗賀／四代・甲良左衛門相員（志摩・豊前・宗員）／五代・甲良若狭棟利／六代・甲良匠五郎棟保／七代・甲良小左衛門棟政／八代・甲良筑前棟村（豊前）／九代・甲良吉太郎棟彊／十代・甲良筑前棟全（若狭）／十一代・甲良匠造（若狭・志摩・棟隆）／十二代・大島盈株

【作事方大棟梁平内家略系図】(6)

初代・平内大隅正信／二代・平内大隅応勝／三代・平内大隅政治／四代・平内七郎左エ門信直／五代・平内備中政長／六代・平内長門政敷／七代・平内大次郎／八代・平内大隅政休（初　但馬）／九代・平内大隅政孝／十代・平内大隅廷臣（初　長門）

【小普請方大工棟梁柏木家略系図】(7)（柏木伊兵衛系譜）

初代・柏木土佐（柏木伊兵衛尉源政等・柏木土佐源政等）／二代・柏木日向／三代・柏木杢（柏木日向源政満）／四代・柏木門作（柏木如亭）／五代・柏木但馬／六代・柏木日向／七代・柏木大隅（柏木大隅源茂樹）／八代・柏木長十郎

右は、作事方大棟梁甲良家と平内家、小普請方大工棟梁の二家柏木家のうち柏木伊兵衛家の略系図である。これを見ると、まず複数の国名を持った棟梁が居たことが分かる。また、三代・柏木杢の例は、日向を拝命した後に「杢」という「木工守」に準ずる名を持つ例が稀であることが指摘できる。初代・甲良豊後守宗廣、二代・甲良左衛門尉宗次、初代・柏木伊兵衛尉源政等の例は、「守」「尉」の下司を付した受領名・官途名である点が興味深い。

このような受領名を許された棟梁たちが、それにより「ある格」を得たであろう事は容易に想像できるが、具体的には、どのような事が受領名により可能となったのであろうか。この点を検討する史料に、江戸幕府旧蔵文書の『柏木長十郎國名之儀取調候処』[8]がある。

柏木長十郎國名之儀取調候処
同人家代々連綿國名相唱
既ニ跡職より二年め國名申渡候
例も有之當長十郎跡職より
四ヶ年めニ相成候処此度格別之御用柄
出精相勤殊ニ近々御上棟御釿納
御規式も有之候付右以前國名
申渡度旨願之趣無余儀相聞候間
本文之通取調候事

右は小普請方大工棟梁柏木家にまつわる記録だが、これによると、柏木長十郎が国名受領に値する理由として、先代の跡を継いですでに「四年」が経つことを挙げている。「跡職二年」で国名を申し渡した前例があったようで、また、長十郎が「近々御上棟御釿納御規式も有」ことから、是非とも国名を申し渡したい、という内容になっており、この記録からは、「国名がなければ造営儀式に少なからず差し支える」という文脈を読みとることができる。

造営儀式に関する大工棟梁家伝来の史料は、甲良家に伝わる貞享二年（一六八五）の『工匠式』[9]がよく知られているが、『工匠式』では、棟梁の地位にあるものが、造営儀式の主役を演じ、その棟梁のみが最も格式の高い「四位五位の束帯」あるいは「衣冠大紋」あるいは「布衣」を着ることが出来るとされている。また、幕府旧蔵文書の『西丸御普請御上棟御釿納之節諸棟梁共之儀申上候書付』[10]を引くと、元治元年（一八六四）時点において、「國名之者」が大紋を着用するのは「先格之通」のことであり、また、その他の「諸棟梁」が布衣あるいは素袍を着用することもまた「先格之通」であると認識されていたことが記されている。

つまり、『柏木長十郎國名之儀取調候処』、『工匠式』、『西丸御普請御上棟御釿納之節諸棟梁共之儀申上候書付』から、棟梁が受領名を持つ事で、上棟式など造営儀式において主役を演じる事が可能となった様子をうかがい知ることができる。

また、江戸初期に小普請方大工棟梁家が台頭してきた頃には、次のような事例もみられる。

［元禄十年七月］十日戊子　雨天

（中略）

一、村松忠兵衛参、昨日、護国寺上棟相済、銀子拝領、名改候而石見と申候由、柏木太郎右衛門参候、昨日、護持院上棟相済、銀子拾枚拝領、名改候而周防と申候由申来。（以下省略）[11]

これは、その後元禄十二年に幕府肝煎に任命されることとなる小普請方大工棟梁の村松石見と柏木周防に関する記録である。両名は、村松忠兵衛が護国寺観音堂、柏木太郎右衛門が同寺大日堂を担当し、その造営の功とあわせて、それぞれ石見と周防の国名に名を改めている。柏木長十郎の例にあるように、大きな造営に関連し、造営儀式を執り行う前に国名が許され、また、元禄の護国寺上棟の例にあるように、普請後に褒美と共に受領されるケースの両方があった。いずれもそれは、大工棟梁が大名との付き合いから国名を受領するといったものではなく、あくまでも、幕府が許可を与えたものが正式なものという認識である。

江戸時代における諸職人の受領呼名や官名は明和度以来、幕府より度々規制された。

二　国名受領の手続きについて

諸職人受領呼名之儀ニ付、明和度以来御觸も有之候處、近来猥ニ相成、自分ゟ國名官名相名乗り、又は紛しく呼名等致し候者も有之趣き相聞、右は不相成事ニ候。此後國名等相名乗り度者ハ、兼而觸面之通り願出、夫々差圖可請候。（省略）[12]

町觸申渡

［慶応三年］正月廿七日

慶応三年町触以前にもこの種の全国触ならびに町触はしばしば出されている。明和三年（一七六六）十一月の全国触などを例に引くと、受領名・官名は、①当人が口宣案を発給された勅許受領、②継目受領を欠いた先代の勅許の私的世襲、③下司の無い国名官名のみの「呼名」、④自分名乗りの私称、⑤公家・門跡からの受領、以上五つに分類することができ、幕府の規制は基本的に①の勅許受領の継目受領を確立しようとするものであった。[13]

大工棟梁の受領も本来は、先に史料紹介した『柏木長十郎國名之儀取調候処』にあるように、管轄する奉行等からの取り調べを受ける手続きを経て、江戸幕府が許可を与えるのが正式な国名の名乗り方である。規制対象となったのは「自分より國名官名相名乗」る者たちであるが、自らとはいっても、そこは自分勝手に今日から国名を名乗るというわけには無論いかない。今日の大手建設会社の祖として知られる、清水喜助を例に挙げると、弘化三年（一八四六）に高田八幡宮、通称穴八幡随身門の再建を請け負った清水喜助は、竣工に近づいた頃、その功績によって神祇伯白川家から日向の国名を拝命する。喜助は、さらに河内の国名も受領し、さらに嘉永四年（一八五一）には上野寛永寺門跡の輪王寺宮から出雲の国名を拝命し、この時に素袍を着用する事を許される。[14]「素袍」という装束から推測される地位は、小普請方大工棟梁や作事方大棟梁における受領棟梁と比べると、必ずしも高いものとはなっていないが、清水喜助のように、立て続けに三つもの国名を拝命するという例は、江戸幕府の正式な手続きを経る受領ではなかなか見られない事である。

三　国名と官途名の違いについて

江戸中期の小普請方大工棟梁であった柏木日向について、江戸幕府旧蔵文書の『柏木長十郎由緒書抜』から次の事が判明する。日向が最初に幕府から受領した名は「日向」つまり国名であるが、その後「杢」という別の名を許されている。国名を狭義の受領名と呼ぶならば、「杢」は官途名に当たり「木工頭（もくのかみ）」を意味する。同じ小普請方大工棟梁溝口家においても、溝口内匠（内匠頭の意味）を授かった例が認められるが、[15]日向の例では、「元文二年國名日向、後杢」というように、国名日向を拝命後に杢の名を与えられた事が強調されている。実際に、小普請方大工棟梁ならびに作事方大棟梁に例を求めても、官途名を名乗っている者は数名しか確認できない。この官途名乗りを許されることで、どれほどの格を得られたのか詳細は不明であるが、官途名は国名よりさらに栄誉なものだったのではないだろうか。おそらくは、それにふさわしい功績を残したことで、幕府から官途名を許されるに至ったものと推測できる。

四　まとめ

作事方大棟梁甲良家に造営儀式の要領を収録した『工匠式』が伝えられたのと同じように、小普請方大工棟梁柏木家にもまた、甲良家に負けるとも劣らない『上棟并釿初次第』という造営儀式に関する家伝書が伝えられた。[16]両史料には、「上棟役儀之次第」として全く同じ次のような記述がある。

一、棟梁　其日ノ主也、振奉之役ヲ勤
　四位五位之束帯、或衣冠大紋、或布衣
二、釿初役　棟梁ニ續タル役也、但釿初除時ハ無役人
　棟之中槌ニ當ル、棟梁之装束ヨリ一階劣ル、若ハ
　　棟梁幣ヲ勤終テ此儀ヲ勤ル事モ有ヘシ

三、棟中槌役　釿初之役ト装束同前
四、玉女役　棟中之槌役ト装束同前
（以下省略）

甲良家も柏木家も、家伝として最初にまとめられたのは、木割書でなく、『工匠式』や『上棟并釿初次第』のような造営儀式書であった。幕府直轄の造営を指揮する甲良・柏木両大工棟梁家にとって、また平内や溝口といった他家も含めた大工棟梁家にとって、造営儀式において最も格の高い装束を身にまとい主役を演じることは、大変重要な意味を持っていた。場合によっては、大紋のさらに上をゆく「四位五位之束帯」を大工棟梁が身にまとうことがあったというのであるから、その栄誉は相当なものである。

本稿においては、小普請方大工棟梁ならびに作事方大棟梁の国名が、大名や神祇伯から与えられたものでなく、幕府から正式に受領されたものであることを、重要な結論として指摘した。また、「杢」や「内匠」といった官途名を持つ大工棟梁が、詳細は不明なものの、官途名が国名を上回る栄誉として与えられたのではないかという点を指摘した。官途名を許されるに至る経緯や求められる条件を明らかにすることは出来なかったが、その点を今後の研究課題とし、稿を改める機会を設けて論じたいと思う。

註

1　小川恭一　一九九二「近世武家の通称官名の制約」（『風俗』一〇九所載）。
2　高埜利彦　二〇〇一『江戸幕府と朝廷』山川出版社。
3　間瀬久美子　一九八三「近世の民衆と天皇　職人受領と偽文書・由緒書」（『岡山の歴史と文化』所載・福武書店）。
4　鈴木近江守長次（「鹿島神宮社殿建立棟札」『棟札銘文集成　関東編』所載・国立歴史民俗博物館・一九九七年）。甲良豊後守宗廣（『甲良家資料』東京都公文書館所蔵）。平内大隅正信（「平内家由緒の写」伊藤要太郎『匠明五巻考』所載・鹿島研究所出版・一九七一年）。溝口筑後（参考落穂集：『東京市史稿』遊一所載）。柏木周防・村松石見（鈴木修理日記）。
5　東京公文書館所蔵『甲良家史料』の甲良家略系図を基に、田辺泰「江戸幕府大棟梁甲良氏に就て」（『建築雑誌』六〇九所載・一九三六年）より補完して作成。

6　東京公文書館所蔵『甲良家史料』の平内家略系図を基に、前掲註4伊藤要太郎『匠明五巻考』より補完して作成。
7　国立公文書館所蔵『柏木長十郎由緒書抜』を基に作成。
8　『柏木長十郎國名之儀取調候処』国立公文書館所蔵。
9　『工匠式』国立公文書館所蔵。
10　『西丸御普請御上棟御釿納之節諸棟梁共之儀申上候書付』国立公文書館所蔵。
11　『鈴木修理日記』東京都立中央図書館所蔵。
12　『藤岡屋日記』（『東京市史稿』市四八所載）。
13　山口和夫　一九九〇「職人受領の近世的展開」（『日本歴史』第五〇五号所載）。
14　前掲註1。
15　『方圓順度』東北大学所蔵。文化十年（一八一三）の写本で、撰者として「東都工匠長官　溝口内匠源林卿」の名が記される。溝口内匠源林卿は、『匠家雛形』（東京都立中央図書館所蔵）を延享四年（一七四七）に筆録しており、当史料には「東都官匠　溝口若狭源林卿」の名を記しており、若狭の国名拝命の後に内匠を名乗ったと推測される。
16　平井聖氏が所蔵する柏木家伝来の巻子本三点のうちの一つ。

日本古代の工・造営に対する意識

小岩　正樹

はじめに

「技術とは人間実践（生産的実践）における客観的法則性の意識的適用」とは、設計技術の歴史的展開を考察する際に、議論の端緒としてたびたび聞いてきた言葉である。それは、必ずしも意匠論や設計論ではなく、建築の見方を論理的に捉えるための、建築の成立あるいは構成としての理論である。建築が造られる（造られた）過程自体を技と考え、それを論理的に説明できるかが問題意識としてあり、技である以上は理論的に説明することが可能なものとして、基本的な研究姿勢を与えられるものであった。ここでいう論理的とは、史的変遷という枠組みのもとで示せるよう試みることでもある。周知の通り、前記は武谷三男の「弁証法の諸問題」にて提示された概念であるが、星野芳郎「技術論ノート」においても「意識的適用説」として登場する。

「生産実践における客観的法則性の意識的適用」が労働力、労働手段、労働対象に物質化し、対象化したものこそが、客観的に表現せられた合目的機能であった。「生産実践における主観的法則性の意識的適用」[1]が、それぞれに対象化したものこそが、合目的的機能において客観的に表現されぬ面であったのである。（星野「技術論ノート」）

前者は「生産的実践における合目的的な自然法則性の意識的適用」とも言われているが、前者は技術、後者は技能とも言い得よう。星野は、後者は例えばカンやナレなどの熟練といった主観的感覚的なものとし、合目的的機能下において前者を補充し、目的を達しうる「常につかみ得ないもの」という。体得されたカンやコツは「個人の肉体のなかに入ってしまっていて、個人のなかからこれといって、取りだすことはできない」とされている。

これらの区分は、戸坂潤の技術規定のうち「主観的技術」にも類似して登場する。戸坂は技術を「客観的技術」と「主観的技術」に分け、「客観的技術」が道具や機械を指すことに対して、「主観的技術」は技能または能力を指している。ここでいう「主観的」とは「個人主体的」という意味であるが、技術には「労働手段の体系だけでは言い表せない何か」として、この「主観的技術」の枠組みを用意した。また、その「主観的技術」のうち、特に道具や機械と結びつくものを「物質的技術」（技師やピアニストの演奏）とし、そうではないものを「観念的技術」（臨床医の診断、数学者の計算、文学者の創作、理論家の思惟などの「観念処理の手法や方法」）としている。なお「客観的技術」の中には「物質的技術」しか与えていない。戸坂は、本格的な本来の技術は「物質的技術」としながらも、「観念的技術」を区別して規定する必要があると述べ、両者の差を強調している。

> 不断の反覆・熟練・改善・等々に基いて初めて得られるような、頭脳の感官的な運動機構に依っているという点で、即ち云わばそうした観念的な道具又は機械を媒介としてしか行なわれないという点で、技術という性質を有つのである。だから之等のものが実際、本来は何等物質的な技術でなく、即ち何等本来の技術ではないにも拘らず、なお技術と呼ばれているという事実には、充分の理由があるのである。――技術が一つの知能であり、又逆に知能が一つの技能であり、その限り技術性を有っている、という点から見れば、この理由には充分な根拠がある訳だ。（戸坂「技術の哲学」）

ここで示された、知識をもって活動すること、すなわち知能もまた技術であるという視点は、マイケル・ポランニーが示した次の〈知ること〉の活動とも類似する。

> 私は、〈知ること〉とは、知られる事物の能動的な括握のことだと看なしているが、これは技能《スキル》を要する活動である。技能をもって〈知ること〉と〈為ること〉は、一組の個別的要因を、手掛かりないし道具として、技能的《スキルフル》な達成――それは実際的なものでも理論的な

ものでもよい――の形成に従属させることなのである。（ポランニー『個人的知識』）

ポランニーが言うには、知ること自体は個人的行動だが、これは隠れた現実へ接触することでもあるので、同時に客観的なものでもある。そうして知ることによって得られた理解は、主観的なものにはならないとする。ここで着目したい点は、ポランニーが「形成に従属させる」と述べる点である。星野が「つかみ得ないもの」、戸坂が「言い表せない何か」と述べたものは、個人的なものではあるが、技芸の規則に従属することで無意識化・無心化されて技能となったものであるため、主観的にはならない。すなわち、形式や規則がなければ無意識化が生じず、技能は誕生しないということになる。例えば自転車の操縦とは、バランスを取るハンドル操作をしてはいるものの、それを細かに説明できない。実際は絶えざる環境の変化を無意識的に処理し続けているのであり、自転車に乗る技術とは主観的ではない。右は、技能はあくまで個人的であることが前提であったが、それでは技術・技能が、個人的な活動ではない場合として把握されることはあり得るのだろうか。それは、個人内部に感得されたものではない形式や規則でもって、社会的に無意識に認知されるものである。ひとつは、物から、それに施された技術・技能を抽出する方法であり、形態、全体性、あるいは様式などがその例として考えられる。三木清の言う「行為の形」においては、技術は目的とその因果とを統合するものと考えられている。

技術は因果論と目的論との統一である。（中略）この統一は形において与えられる。因果論と目的論との統一は形態論であるということができるであろう。単に道具のみでなく技術的行為が全体としてかようなものであり、技術は行為の形として全体的規定を得るのである（三木「技術哲学」）

ここで言うところの形態論とは、対象の形態を認識するときに、個々の特徴を特定せずとも統合できることを指している。全体を形成・統合する創造的志向と身体的経験との結合であり、それらは個別には還元できないとする。ただしこれは、人間行為が観念的・理論的であるとして、武谷三男が「外部からその結果すなわち現象をながめたにすぎない」と反論している。武谷は「『行為の形』という規定はいかにも設計に都合がよいようであるが、これは設計の結果にのみ当てはまるのであって、（中略）設計をやる時の何らの有効な指針も与えない」と述べるが、個人的活動の視点からすればそのようにも見えうるだろう。
もうひとつは、時間のなかでの形式化を通じて把握されるものである。次に示すように、変化や変遷、比較のなかで見出される形式性から技術を規定することであり、それらはやはり無意識化され、個人的ではなく共有化された概念である。

自然の歴史は形の変化 transformation の歴史であると言うことができる。生命的自然の有する形は主体と環境との適応の関係から作られるものである。人間の技術も根本において主体と環境との適応を意味している。技術によって人間は自己自身の、社会の、文化の形を作り、またその形を変じて新しい形を作ってゆく。文化はもとより人間的行為の諸形式も、社会の種々の制度も、すべて形である。人間の歴史も transformation（形の変化）の歴史である。自然史と人間史とは transformation の概念において統一される。その根底に考えられるのは技術である。（三木「構想力の論理」）

だがここで問題は、技術がいつも二重性を持っているということである。というのは、吾々が前に見た処に従えば、社会的生産の関係から切り離された技術というものは現実にも又理念としてもあり得ないのであり、技術の本質は純技術的なものでも純工学的なものでさえもあり得ない。夫は正に一つの歴史的範疇でなければならなかったのである。一定の経済関係に於て、歴史的に与えられた生産関係の一内容として、初めて技術は技術となるのであって、別に、技術と経済という別々のものが偶々現実界で結び付けられるのではない――技術というもの自身が純技術的契機と経済的契機とを自分自身の二重性として持っているのに外ならない。（戸坂「技術の哲学」）

以上のように、個人に内在するもの以外としての技術は、形態論や歴史性として現れる。形態は建築における全体性である。ただし、全体性とは、個人的な内在性や身体性、経験からも大きく影響を受けて認識されるが、歴史性は、それは他者の意識内に内在化され、それがまた外化される過程である。身体性に基づく技術を個人の内のみで自己完結させないためには、実践的な行為を通じて技術を投影させてゆくことが必要だが、個人を越えて伝えられてゆくためには、直接的な技術伝承もありつつ、直接的な技術伝承ではないものとしての歴史があることで、環境的に伝えられ得るのではないだろうか。それは、正史だけでなく、日記、説話、奇譚なども含めて、歴史のなかに身体性が組み込まれていることを示している。したがって、この稿で目標とするものは、他者から認識された技術がどのようなものであったのか、確認することである。以下、日本古代の建築造営を対象に、よく知られている事例から見てみたい。

一　作材

天平宝字六年（七六二）春の、近江国・田上山は多忙を極めていた。田上山は、造東大寺司の山作所が設けられた杣であるが、瀬田川を少々上った地にある石山寺の拡張工事に伴い、材の供給を引き受けていたからである。一月から杣が開かれたが、常に寸法指定付きで建材供給の指示が石山寺の現場からあり、本堂造営のピークに達した三月には、やや遅れ気味であった杣での作材業務に対して、頻繁に催促が来ていた。その顕著なものとしては、今日をもって早速進上すべしとする指示まである。朝に符牒をしたためたのだろうか。杣で働いていた木工としては、造東大寺司の司工はわずか一、二名に対して、雇工や様工は六～八名ほどが作業し、やがて司工は石山寺の現場に移り、杣工としては雇工のみが担うこととなった。この造営を起こして統括した東大寺僧・良弁が、現地でいくらでも雇えば良いという方針を掲げたからである。その結果、杣では事務官人である将領が、技術者である雇工の木工を監督した。

右記の様子が窺える正倉院文書・造石山寺所関連文書からは、それが事務書類であるという理由にもよるが、現実的・実務的な技術活動の姿が描き出される。造営史として見ると、これらは生気ある活動として考えられはするが、部材の粗作りのみを行う杣を対象とする以上、建築の完成を担う石山の現場との工程上の差異は顕著であり、雇工のような下請けという分業が見られる。田上山の杣工は、石山の地に設けられつつある、規模が一回り大きくなった新仏堂の姿を想い描くことはできたのだろうか。山作は、ややもすると機械的な労働とも見えようが、一方で、その仕事に対する特別な見方も存在している。万葉集に残る相聞歌に次がある。

真木柱作る杣人いささめに仮廬のためと作りけめやも（一三五五）

ここでは、杣にて作られる真木柱への評価、あるいは真木柱を生み出す杣人への評価を通じて、材料のみを生産する山作の行為が象徴化の対象になり得ることを示している。この杣の「工」は、いずれのイデオロギーにも染まらない技術でもある。それは、相聞歌に詠まれた真木柱が、枕詞として象徴化され、仏堂か社か宮か、そのいずれでもないのか、分からない点からも窺えよう。

ほかに、時代が遡るもののよく知られた例に、日本書紀にある猪名部真根（雄略十三年九月）の説話も材料作成に関わるものである。

木工韋那部眞根、以石爲質、揮斧斲材、終日斲之、不誤傷刃（後略）

刃を傷めずに石の上で木材を加工するという技能の高さを表しているが、雄略天皇による干渉によって失敗し、咎に問われつつも、その技量が惜しまれて赦罪となる。天皇が直接技術に関心を示すかのように叙述されており、技術管理統制と一応は言えるが、放免となる根拠がやはり技芸である巧者の歌であると記されている点は興味深い。

二　現場

前掲の天平宝字の石山寺造営は、杣ではない現場そのものの活動の実態は史料上の制約から明らかにし得ず、また同時期の造営活動の現場（足庭）の状況が克明に分かる史料もない。したがって、人物の活動を嘱任関係の記事から追ってみたい(2)。

例として、天平宝字八年（七六四）の称徳天皇発願による（正確には、発願時は孝謙太上天皇）西大寺造営の状況を挙げる。称徳天皇による西大寺建立は、父・聖武天皇による東大寺建立を意識したものであるが、その造営にあたっては、当時最大の造営官司であった造東大寺司の協力があったことが認められており、特に最初期の、造西大寺司の発足とみられる神護景雲元年（七六七）二月二八日までの期間は（この日に長官と次官の任用が見られる）、造営は造東大寺司が主に担ったと考えられている。造西大寺司発足の直前の二月四日には、称徳天皇は東大寺に行幸し、国中公麻呂をはじめとする造東大寺司官人への授位が行われているが（『続紀』）、この叙位は、二月から三月のごく短期間に諸大寺を行幸して行われた褒賞のひとつであり、造営関係者が多く含まれる点、奴婢へ爵を授ける点などが共通するという特徴があるため、西大寺造営の論功行賞であったと思われる。この中における、工人の動きを見てみたい。

まず、『東大寺要録』巻第二縁起章第二所収の「大仏殿碑文」に「大工」と記される猪名部百世は、神護景雲元年二月四日の東大寺にて叙位に与った者として「造寺工正六位上　猪名部百世」と名が見える。したがって、猪名部百世は造東大寺司の工人として西大寺造営に参画したこととなる。猪名部百世は、やや遡る天平宝字二年（七五八）八月には木工寮長上工であったことが知られ、翌九月の「造大殿所解」中に名前が見られるため（『大日古』二五ノ二三九）、木工寮の工人として東大寺大仏殿造営に関与したのだろう。造東大寺司時代に西大寺造営、木工寮時代に東大寺造営に、それぞれ参画していることとなる。

同じく大仏殿碑文に「大工」と記される益田縄手は、天平勝宝八年（七五六）には造東大寺司の大工であることが認められるが、神護景雲三年（七六九）四月の称徳天皇の西大寺行幸において叙位されており、西大寺造営に関わったことが知られる。この際の叙位は薬師金堂の完成と見られるが、授位された人物の官職は記されていないため、縄手が造東大寺司工人のまま参加したか、同じく叙位のあった佐伯今毛人と大伴伯麻呂が造西大寺司の長官と次官であったため、縄手も同様に造西大寺司の工人であったかは明瞭ではないが、後者の可能性も十分に考え得る。いずれにせよ縄手の東大寺造営の経験は西大寺に生かされただろう。

同様に考えると、神護景雲元年（七六七）三月の叙位に大安寺大工とある軽間連鳥麻呂も、西大寺造営に関与した可能性がある。大安寺では前年の天平神護二年（七六六）十二月に東塔が被災しているため、その修復が成っての論功行賞とも考えられようが、神護景雲元年二月から三月にかけて集中する一連の諸寺行幸と造営官への叙位を考えると、塔の修復が直接的な要因ではないと思われる。

このように、大工や長上工といった比較的高い技量を有していた工匠は、所管を越えて、造営現場を目まぐるしく変えて活動していたことが知られる。これは突貫工事であった西大寺特有の例であるかもしれないが、その状況は「軽興力役、務繕伽藍、公私彫喪、国用不足」（『続日本紀』宝亀元年八月丙午条）と評されることとなる。

三　評価

さて、右に示した天平時代の技術活動は、後世にどのように見られたか。ここでは、平安時代中期の官人である三善清行が延喜十四年（九一四）に記した「意見十二箇条」を参照する。「意見十二箇条」は、当時国家が直面していた諸問題について、同年二月に意見封事を徴召する詔が下されたことを受けて、奏上されたものである。当時、従四位上式部大輔にあり、六十八歳という老齢に達した清行が、自身の経験や伝承をもとに社会政策提言を進言する。「意見十二箇条」は前文と十二箇条の条文による構成だが、その前文において、前代の造営費支出の甚大さが糾弾されている。

降及天平、弥以尊重。遂傾田園、多建大寺。其堂宇之崇、仏像之大、工巧之妙、荘厳之奇、有如鬼神之製、非似人力之為。又令七道諸国建国分二寺、造作之費、各用其国正税。於是天下之費、十分而五。

至于桓武天皇、遷都長岡、製作既畢、更営上都、再造大極殿、新構豊楽院。又其宮殿楼閣、百官曹庁、親王公主之第宅、后妃嬪御之宮館、皆究土木之巧、尽賦調庸之用。於是天下之費、五分而三。

これら造営は国費を傾け、寺塔や国分寺で十分の五、宮殿曹庁邸宅で残り五のうちの三を失ったとある。清行は、儒教的な民本思想を持つ文人でありつつも、かつて自身の任国であった備中国の下道郡邇磨郷について、その衰微の様子を課丁の数を挙げて説明するという視点を持った人物である。(3) その具体的な数の信憑性は、国費損出の割合と同様に、真偽を明らかにはしえないが、少なくとも数を挙げて自身の見解を述べるという精神の持ち主であり、醍醐天皇へ直接上奏されたはずの意見封事である点や、故事に精通していた点から、誇張や文飾はありながらも、それによって社会描写や主張の方向性を歪めてまで表現することはないだろう。ここでは、「鬼神の製のごとくなるあり、人力の為《しわざ》に非ざるに似たり」「土木の巧を究め」と記す点に着目したい。これらはともに文飾表現ではあろうが、両者には差があり、後者は過度に誇張する表現だが、前者は現実的な造営の実態を超えて、すなわち前述した西大寺造営に携わった工匠たちのような活動ではないかのごとく記される。文飾とは言え、表現上・認識上の変換が行われている。

このような見方は、例えば平安時代後期に大江親通が南都をめぐって寺院の建築や像などの造形物を眺めた時の視点にも現れている。すなわち、嘉承元年（一一〇六）の巡拝による『七大寺日記』において、「甚奇特也」と記されている興福寺西金堂の婆羅門立像足下の木形は、保延六年（一一四〇）の時とされる『七大寺巡礼私記』では、「其木腐爛之体、不可思議也、不似構造之物、尤奇物也」と書かれている。ここに言う「構造之物」とは製作物を表しており、「不似構造之物」とは、三善清行の記す「非似人力之為」と類似している。

四　工巧・工業

さて、前節のように評された奈良時代の造営において、人智を越え、人が造ることを超越するような思考はどこから生じるのか。それは造営を保証する理由を、人智を越えた世界の中、すなわちこの場合は仏教の中において見出すことであるが、そもそも大乗仏教では、技術についての説明はより直接的に工巧明というかたちで示されている。工巧明は五明（内明・声明・因明・医方明・工巧明）のひとつであり、菩薩のなすべきこととして体系化されている。五明は、例えば「一曰声明、釈詁訓字詮目疏別、二曰工巧明、伎術機関、陰陽暦数、三曰医方明、禁咒、閑邪、薬石、針艾、四曰因明、考定正邪、研覈真偽、五曰内明、究暢五乗因果妙理」（『西域記』巻二）と説かれ、工巧明については「工即工業、巧即巧妙、謂世間文詞讃詠乃至営造城邑、農田商賈種種音楽、卜算天文地理、一切工業巧妙皆悉明了通達、故曰工巧明」（『三蔵法数』巻二四）のほか、「金師、鉄師、末尼師等工業智処」（『瑜伽師地論』巻三八）や、十二処として「営農工業、商估工業、事王工業、書算計度数印工業、占相工業、呪術工業、営造工業、生成工業、防耶工業、和合工業、成熟工業、音楽工業」（同巻十五）などと説かれている。

しかし、五明は、もとはインドの学問を仏教側から分類したものとも考えられており、また五明処のそれぞれは質も異なる。[4]『瑜伽師地論』の菩薩地における力種姓品によると、菩薩が求めるべき法とは、もとは菩薩蔵法と声聞蔵法、外論、世間工業処論であり、五明との対応は、菩薩蔵と声聞蔵が内明、外論が声明・因明・医方明、工業処が工巧明となる。したがって、工業処は世間的に行われる技芸に関する行為であり、必ずしも仏教に関する学問とは限らない。しかし、五明処はそれぞれを巧みに勤修に努め、専門の技術と知識を身につけ、菩薩として一切智の獲得を目指すべきと説かれる。

世間に対する工巧明の意義は、同じく力種姓品において「若諸菩薩求諸世間工業智處。為少功力多集珍財。為欲利益諸衆生故。為発衆生甚希奇想。為以巧智平等分布饒益摂受無量衆生。」とあり、少しの功力で多く珍財を集めるため、衆生の利益のため、巧智を平等に分け与えるなど、工業処による実際的な功利の側面が説明されている。菩提品では「於諸世間工巧業処、皆得善巧」とある通り、世間の工業処において善巧を得ることが目指されている。これらを説く『瑜伽師地論』は唯識派の論書であるため、唐の玄奘を経て、法相宗の道昭や行基が行った積極的な造営活動を理論的に支えたのではないだろうか。その帰結として、造寺司が置かれ、大工は現場を担い、杣は材を削り、それらは鬼神の製のごとくと称されたのではないか。

おわりに

以上、日本古代の造営の事例を挙げ、そこに窺える技術のあり方を見てきた。ここで改めて、客観／主観、物質／観念、部分／全体、意識／無意識、個人などの観点から、それぞれについて振り返ってみたい。

作材活動は、部分としての建材を指定通りに仕上げるという規則に従う、個人的な技能活動である（例えば、戸坂の言う主観的技術のうちの物質的技術に相当）。これに対して、相聞歌の詠み人は自身を杣工に仮託して心情を綴る。杣工の技術は、現実・実践とは違うかたちで詠み人によって感得される。

次に、造営現場での大工や長上工の活動については、技能的参加というよりは、彼らが経験によって身につけていた知識を提供することや監督業務が中心であったことが窺える（戸坂の言う主観的技術のうちの観念的技術に相当）。それら工匠たちは、造営や技術の全体を把握しており、かつ個も立つ活動であったと考えられる。それが後世には鬼神の仕業に仮託される。文飾表現とは言え、工人にあらざるものへと変わることで、かえって工巧の妙を称えることが可能となる。

また、五明処の工巧明では、世間の技術が聖性を持ちうることを見た。工巧の内容は世間一般に見られる技でありながら、菩薩の工巧が異なるのは、それが勤修されるべき法という以上に、個人的技ではなく利他性に基づいて善巧を得るところにある。

これらを見るに、工は、無意識や無自覚、あるいは自身以外へと向かうことでかえって技が生きるかのようである。それは必ずしも没個性ということには当たらない。変換されてゆくことを許容しうるような、技術の関係性や社会的環境が認められていたのではないだろうか。

註

1　初出では「生産実践における客観的法則性の心理的、無意識的適用」とあったものが、後に訂正されている。

2　拙稿「奈良時代後期における技術官人の出向について――木工大工および長上工を中心に――」（『二〇一三年度日本建築学会大会学術講演梗概集』、日本建築学会、二〇一三年）。

3　三善清行は一方で奇譚を集めてそれを記録に残してもいる（『善家秘記』）。後世の『今昔物語集』のように、この三善清行が「鬼神」を挙げて「実ノ鬼神ト云フ者ハ道理ヲ知テ不曲ネバコソ怖シケレ」と、怪異に対して道理を説く説話もある。

4 小沢憲珠「菩薩と五明処――瑜伽論を中心として――」(『大正大学研究紀要』六五、一九八〇年)。

参考文献

武谷三男　一九四六年「弁証法の諸問題　技術論」『弁証法の諸問題　武谷三男著作集第一巻』、勁草書房、一九六八年
星野芳郎　一九四八年「技術論ノート」『技術論一　星野芳郎著作集第一巻』、勁草書房、一九七七年
戸坂潤　一九三三年「技術の哲学」『戸坂潤全集第一巻』、勁草書房、一九六六年
三木清　一九四一年「技術哲学」『哲学入門・技術哲学他　三木清全集第七巻』、岩波書店、一九六七年
三木清　一九四六年「構想力の論理」『構想力の論理　三木清全集第八巻』、岩波書店、一九六七年
Polanyi, Michael 1958, *Personal Knowledge: towards a post-critical philosophy*, Chicago（長尾史郎訳『個人的知識――脱批判哲学をめざして――』、ハーベスト社、一九八五年）
福山敏男　一九三三〜三四年「奈良時代に於ける石山寺の造営」『日本建築史の研究』、桑名文星堂、一九四三年
二〇〇〇年『新日本古典文学大系第二巻　万葉集二』岩波書店
一九六七年『日本古典文学大系第六七巻　日本書紀一』岩波書店
竹内理三校注　一九七九年「意見十二箇条」『古代政治社会思想　日本思想大系第八巻』、岩波書店
藤田経世編　一九七二年『校刊美術史料 寺院篇 上』中央公論美術出版
一九二七年『大正新脩大蔵経第三〇巻　中観部　瑜伽部上』大正一切経刊行会

神仏習合儀礼の場における結界について

米澤　貴紀

はじめに

日本の神信仰と仏教との交渉の中で生じた、いわゆる神仏習合[1]という信仰は、思想、教義や儀礼を形作っていく過程で、密教に範をとりながら整えられてきた。儀礼の行われる場も密教のそれを骨格とし、そこに神道要素を舗設、装飾という形で加えた構造をしており[2]、習合ならではの空間を生み出している。これは建物の外観に習合の様相を端的に表したものが少ないこととは対照的であり、当時、教義・行法面の主な担い手であった密教僧の情熱が、儀礼の場の構築に向いていたことを示している。こうした場を建築史の視点から扱った研究はほとんど見られず[3]、未だ明らかになっていないことが多い。

本稿では、神仏習合儀礼の場を作り上げるのには欠かせない結界に着目、その役割を明らかにし、習合信仰ならではの性質を示すことを目的とする。分析・考察の対象は、真言密教の影響下で成立・発展した流派の一つである三輪流神道[4]における神道灌頂とした。それは、三輪流神道が習合神道諸流派のなかでも儀礼の整備に重きをおき、その記録を多く残していること、神道灌頂が流派の血脈を伝えるための重要な儀礼であり、他に比べて多くの史料が見られるためである。

用いた史料は『大神神社史料　第五巻　三輪流神道篇　乾』[5]、『同　第六巻　三輪流神道篇　坤』[6]に所収されているものとし[7]、文中ではそれぞれの文書名を「　」で示し、所収の巻と文書の始まる頁を〔　〕に記した[8]。また、史料中の旧字は原則として当用漢字に改め、「汀」で灌頂、ネ（しめすへん）に首で神道を表すなどの特殊な表記も現在通常使われるものに改めた。

一　神道灌頂と道場

習合神道においては、麗気灌頂や伊勢灌頂、奥旨灌頂、父母代灌頂など様々な灌頂が考えられ[9]、行われてきた。そのなかでも神道灌頂（神祇灌頂とも）は神道説の秘伝を師から弟子へと伝え、その血脈を伝える儀礼であり、二重、三重と段階を重ねて受けることで、相承の資格を得ていくものであった。このように重要な儀礼であるため、その次第や儀礼を行う場（道場）の様子は比較的多くの記録が残されている。それらの整理分析を通して、神道灌頂は中世から近世にかけて整備されていったことが指摘されている[10]。

この儀礼の流れを道場の設えと共に簡単に記すと次の通りになる。受者は初め三基の鳥居が建てられた通路を通り、暖簾の掛かる道場の入口に達する。道場へは覆面をされた状態で香象を跨いで入り、大壇の前に導かれる。ここで、大壇に向かい榊の葉を投じた後、覆面を取られて、壇の設えの意味について教えられる。次いで小壇に向かい導師から頭に水を掛けられ、灌頂を受けた資格を得る。その後、段階（初重、二重、三重）にあわせて設えられた壇に向かい秘説を伝授され、退出する。この次第のうち、小壇での灑水までは密教の灌頂とほぼ同じである一方、諸壇での作法や、鏡や幣など神具の使用に神道要素が見い出せる点は異なる[11]。道場の設えが灌頂の度に造られる仮設のものである点も密教と同じである。それが構えられる建物について見ると、密教では灌頂堂という専用の建物、または適当な建物が選ばれたのに対して、習合神道においては灌頂専用の建物の記録は見られず、その時々の儀礼に必要な広さに合わせて建物が選択されていたと考えられる[12]。例えば長谷寺において道場が構えられた建物には勧学院講堂、月輪院、法起院、三部権現社拝殿がある[13]。

二　神道灌頂道場における結界

二―一　結界の行われる場所

宗教空間としての道場を作り上げるための結界の様子は複数の史料から確認することができ[14]、まずはこれらに記される結界について、建物の外側から儀礼の受者が目にする順を追って見ていくこととする。まず道場となる建物には注連縄が廻され、同様に内陣・外陣にも注連縄が掛けられる。この内陣・外陣は仏堂のような建築的な空間区分ではなく、大壇が作られる場を内陣と呼び、受者が待機する場所を外陣と呼んでいるものと考えられる[15]。ここから大壇のある部屋へは三基の鳥居が設けられた通路を通り、暖簾をくぐって入る。この部屋の周囲には神像・仏画・祖師像などが掛けられ、結界ではないが重要な荘厳の要素となっている。大壇も周囲に四手（紙垂）や瑞垣などによって結界がなされた。大壇の周囲に設けられる諸壇には特に結界は見られないが、その中の一つ、岩戸壇は周囲を杉垣で覆った姿をしており、これについても後に考察を行う。このように、結界は入れ子状に作られており、最も重要な大壇に向かって清浄さを増していく構造となっていたと考えられる。次節から、ここで挙げたそれぞれの場所での結界について詳しく見ていく。

二―二　堂周り・外陣周り・内陣周り

道場が構えられる堂の周り、そして堂内の外陣と内陣には注連縄が廻され、その方法は「三輪流灌頂私記　憲誉」〔五―二二二〕に次のように記されている。

〇道場ニ三重ニ注連引様
内庫ハ右縄ニ一五三ノ間一尺二寸ツ、ナヒ立ル也、一五三トシヒヲ付ケ五垂ノ四手ト榊ヲ付也。
其次第ハ四手シヒ榊ト各間四寸宛。
外陣ハ左縄ニ七五三トシヒヲ付ケ、四垂ノ四手ヲ付也。四手トシヒト斗ナリ
堂ノ外ニ引、左縄ニ七五三トシヒヲ付、二垂ノ四手付也。紙ノ四手トシヒト斗也
豊山本願院徳雄記

これによれば、内陣に廻らす注連縄は、右に結い、一五三とシヒ（藁尻）を垂らしその間に五垂の四手と榊とを四寸間隔で付ける。外陣のものは左に結い、垂らす藁尻の数が七五三である縄に、四垂の四手を付ける。堂の外側に廻らすものは外陣の縄と同じものに二垂の四手[16]を付けるとある。堂の外側から外陣、内陣と内側に向かうにつれ、四手の垂の数が増していき、榊が付くことで清浄さを強く示すようになっていく。注連縄は神域、祭場など清浄な場所を示す神道要素であることを考えれば、道場内部に向かって、日本の神にとっての清浄さを増していくようになっていると指摘できる[17]。これについて、実際に構えられた道場の事例を見てみよう。「三輪流神道灌頂支度」〔六―五二四〕では「一注連事」で「三輪流灌頂私記　憲誉」と同内容を記した後、「一　四目縄」として次の様に記す。

一　四目縄　勧学院講堂奥行十間横十三間程
一　堂ノ廻シメ凡六十三間程一筋左縄七五三シヘ
一　堂内　　三十二間程一筋左縄七五三シヘ
一　内陣　　三十二間程右縄　　一五三シヘ
　　各シテノ間一尺二寸宛
一　閼伽井三部社、稲荷社、自房ハ皆七五三之四手也。

この勧学院講堂は、長谷寺勧学院のことである。文政九年（一八二六）以降の境内の様子を描いたとされる「豊山長谷寺境内伽藍諸建物百弐拾壱歩惣絵図」(18)でこの建物を見れば、「勧学院講堂　梁行八間半桁行拾壱間半……（以下略）」とあり、「一　四目縄」に記される建物はこれより規模が大きく書かれるものの、この建物を示していると考えられる。注連縄がたるみをもって張られることを考えれば、総長六十三間程という長さは適当と考えられる。また、この建物での灌頂の様子は「豊山勧学院神道灌頂道場図　三輪流」〔五―一一二〕に見ることができる。ここでは大壇のある部屋（内陣）と、讃衆・受者の待機所などが設けられる部屋（堂内）とのどちらもがおよそ五間四方となっており、堂内、内陣ともに三十二間という長さも妥当であろう。この事例から実際の灌頂にあたって、注連縄が次第に書かれるように張り廻らされていたことがわかる。

二―三　通路の鳥居・暖簾

大壇のある部屋への通路には三基の鳥居が建てられ、受者はこれらの下を通って進み、入口に掛かる暖簾をくぐり道場へ入る。三基の鳥居は榊と鏡で荘厳され、仏教の教説に基づいて過去、現在、未来の意味が付される。その脇にはそれぞれ本尊として一の鳥居から順に荒神、愛染明王（または観音）、文殊菩薩が祀られ、受者はその前で幣によって祓いを受ける。この鳥居をめぐるイメージと意味づけ、本尊と祓いには、仏教と神道の両方の要素が混在しており(19)、これらをくぐり進むことで、神仏両面での清めと祓いが行われたと言える。

道場の入口に掛けられる暖簾には中央に「魔界仏界皆是大日」の文字、上部には日月が書かれる。これは仏教教義によるものであり、これをくぐること自体についての意味付けへの言及はなかった。また、暖簾は道場内を見えないようにする重要な役割があり、ここで目隠しをされた受者は中の様子を知ることなく進んでいくこととなる。なお、足元には香象が置かれ、香による清めが行われる。

二―四　大壇

大壇は道場の中央におかれ、受者はこれに向かって榊の葉を投じる。壇上には敷曼荼羅が敷かれ、その上に榊と四手で作られた御神体と鏡、剣がおかれ、幣・供物が配される。周囲には垣と四隅に建てた柱を使った結界・荘厳があり、壇上部には天蓋が掛けられる。このうち、結界の役割を担っているものと、中央に置かれる榊に四手を掛けたものを詳しく見ていく。

壇の周囲には上部の尖った板で造られた瑞垣が廻らされ、各辺の中央には出入口のように鳥居が設けられる。これは神社の社殿の周りと同じ構成である。壇上に置かれる榊と四手で作られるものは「神ノ棲」とされ[20]、神が依り憑く御神体であるとされる。また、壇の四隅に柱[21]（橛）を建て、それぞれの柱間に竹を横に五本渡し、そこに荘厳するものを掛けることで、瑞垣の上部にも壇を囲うものが作られる。「三輪流神祇灌頂図」〔五―一二一〕では上から般若心経、錫杖経、絵馬、華鬘、幡、四手を掛けるとされ、「三輪流神道灌頂道場之図」〔五―六七〕では絵馬と華鬘が上下入れ替わって記されるが、その種類は変わらない。四手を除くと結界の意味を持つものはないが、聖なるものである経典、仏堂の荘厳に用いられる華鬘と幡で囲うことで神仏のための場をその中に作り出し、飾り上げる意図が見て取れる。なお、荘厳を目的として壇の上部には天蓋も掛けられ、これには鏡が付けられ、これも神仏が合わさった表現となっている[22]。

この設えと垣で作られる結界は、視界を遮る効果を持つ上に、神仏のイメージをいくつも付加したもので、大壇上に置かれる敷曼荼羅[23]、御神体、鏡・剣などの神具、飯・菓子などの供物によって作られた神を祀る場の清浄さ、神聖さといった性格を示している。

二―五　岩戸壇

道場内には大壇の他に麗気壇や筑波壇などいくつかの壇が設けられるが、その中で岩戸壇のみが壇の周りを囲む設えを備えている。その様子は「三輪流神祇灌頂図」〔五―一二一〕に「四方廻杉ニテカコイ備物諸神旦同。」、「有㆓戸張㆒白布或金襴鈍（ママ）子用」とあり、周囲を杉垣で囲い、正面に帳を掛け、その前には鳥居が立つ[24]。また、「三輪流神道灌頂道場図」〔五―六七〕に描かれる岩戸壇には「天井ニ天蓋有」とある。この壇は、本尊を天照大神の本地とされる馬鳴菩薩とすることとその名称から、記紀神話に見られる天の岩戸隠をモチーフにしたものといえる。したがって、この強い囲繞性をもたらす杉垣は、天照大神の籠もった場所を表現したものであり、これまで見てきた他の結界とは異なるものである。

三　神道灌頂道場の結界の特質

前章で挙げた各部の結界に用いられたものは、注連縄、四手、榊、瑞垣などの神道で用いられるものがほとんどであった。仏教要素としては、大壇周りに使われた幡、華鬘、経典があり、これらは荘厳の役割を持っていた。その他に神仏の場への入口に設けられるものとして鳥居と暖簾があり、清めの役割をもつのは鳥居であった。そして、この道場の構造は注連縄を建物、外陣、内陣と三重に掛け、さらに大壇は瑞垣と四手で囲い、その中心に神の依代としての四手を付けた榊を置く求心的な結界を持つものとなっており、これは神社境内の構成と類似している。以上のことから考えて、道場に求められたのは神道の結界、すなわち神信仰における清浄さ、穢れを忌避する態度であるといえよう。密教の灌頂においても香での清めなどが行われるが、これは受者自体を清めるもので、場を清めるものではなく、異なる性格を持っているといえる。

なお、神道灌頂では神の姿と象ったものは目にすることがない。本壇上に置かれるものは鏡と榊で神像はなく、敷曼荼羅も蓮弁に神の名を文字で記したもので、絵として描かれたものではない。道場の壁に掛けられる画幅も仏像と祖師がほとんどであり、唯一掛けられる大三輪大神の画幅の手前には御簾が掛けられる。「三輪流神祇灌頂図」〔五―一二一〕の「後簾ノ事」には次のように書かれる。

　〇後簾ノ事
是則大己貴御幸魂《ミサチタマ》奇魂《クシミタマ》ヲ大三輪大神ト申ス。故ニ御神躰不レ顕。御簾計懸事、是神道根元也。

このように、灌頂道場全体としても、神が人とは隔絶したもの、姿を見せないものであるということが強く意識され、神の場としての性格を強く持っていることが指摘でき、結界もこれに沿ったものであるといえる。

おわりに

神仏習合神道において師資相承の重要な儀礼であった神道灌頂の舞台となる道場は、寺院の堂で行われる場合でも神道要素を用いた結界がなされていた。この点からは本地垂迹思想に基づけば仏と同体の存在とはいえども、道場に現れるのは日本の神であり、その場合には神が求める清浄な場を作る必要がある、という考えが読み取れる。そして、その清浄さは幾重にも結界を重ねることで強さを増し、その一番奥の最も清浄な所に神の依代を安置した。この構成は神社の境内と類似しており、日本の神信仰の場の基本的な性格といえよう。この構成が習合儀礼にも取り入れられているのは、神道灌頂の儀礼・場の構成の骨格である密教の灌頂も、堂内の大壇を中心とした求心的な構造を持つため、両者の親和性が高かったためと考えられる。それに加えて密教灌頂の道場には、積極的に清浄な場を作るための設えがなかったこともあり、仏教要素と神道要素が互いを損ねることなく、この灌頂道場の結界表現を可能にしたといえる。

そしてこうした宗教儀礼の場において、清浄さを作り、表すものとして神道要素が強い意味を持っていたのは、仏画・仏像として人々の前に姿を見せる仏・菩薩などとは異なる日本の神の性格にもよると考えられる。それは、神は通常姿を見せず、依代や禁足地、彼方の神体山などを通して体感するものであり、人々は信仰にあたって神自体ではなく、神のいる場所を表現しようとしたためであろう。また、穢れを大いに嫌うこととも合わさり、注連縄などの結界のための神具が生み出されたと考えられる。こうして作られた場は、感覚を研ぎ澄ませ、神を感じ、交信するために欠かせないものであり、これが連綿と受け継がれてきたことで、場に清浄さや穢れを感じ取る日本人の根源的な感性を作り出していったのではないだろうか。結果、神自体が外来宗教である仏教の影響を受け習合・変容していきながらも、この感性は失われず、むしろこうした清浄さが日本の神としての存在・性格を人々に意識させる役割を果たしたのであろう。

以上のように、仏教儀礼を骨格とし、そこに神道要素を纏わせる構成を持つ神道灌頂道場における結界には、古来の神信仰に由来する感覚が投影されており、場に神を勧請するにふさわしい清浄さを作り出す役割を果たしていた。つまり、神仏習合儀礼において神道要素が作り出す結界は、仏教と習合しても保たれた神本来の性格を表すものといえるのである。

註

1 神信仰と仏教との関係性は、時代や教義により様々であり、一様に習合という一語で括ることはできないことが諸氏により指摘されているが、本稿では神と仏をあわせて信仰する状況について便宜的に習合の語を用いる。

2 拙稿「三輪流神道灌頂の場の特質」『日本建築学会計画系論文集』第七八巻第六八七号、日本建築学会、二〇一三．五。

3 建築史分野における神仏習合に関する論文についてまとめる。個別の寺院・建物を扱ったものとして櫻井敏雄「神仏習合の建築　大神神社摂社大直禰子神社社殿（旧大御輪寺本堂）を中心として」大神神社史料編修委員会　編修、『三輪流神道の研究』、名著出版、一九八三．一一、酒井一光「多宝塔を中心とした知立神社の神仏習合と分離：近世後期以降の知立神社の境内の変遷（二）」『東海支部研究報告集』三四、八〇一頁～八〇四頁、一九九六．二、西井幸男・山田幸一「桜井神社の復原的考察　主に近世における神仏習合状況」『日本建築学会学術講演梗概集　計画系』二三八五頁～二三八六頁、一九八二．八、田中徳英「加賀藩内の寺社建築と神仏習合に関する研究」『日本建築学会北陸支部研究報告集』第四五号、一三頁～二〇頁、二〇〇二．六、田中徳英「布橋灌頂会に関する堂舎の造営」『日本建築学会北陸支部研究報告集』第四一号、三四九頁－三五二頁、一九九八．八などがある。境内配置や建物の形態を対象としたものとして国立歴史民俗博物館編『神と仏のいる風景　社寺絵図を読み解く』山川出版社、二〇〇三．三、などがある。特に、境内の景観を描いた参詣曼荼羅に関する研究は美術史等の分野でも盛んであり、近年のものとして大高康正『参詣曼荼羅の研究』岩田書院、二〇一二．九、がある。そのなかで、黒田龍二は日吉社などの天台宗系の神社における習合の実態と建築物の関係を明らかにしており（『神社建築における神仏習合とその形態に関する研究――特に天台宗系社殿について――』、神戸大学学位請求論文、一九八六）、また冨島義幸は平安時代から中世にかけての日本の宗教的コスモロジーと建築の関係について述べており（『密教空間史論』法藏館、二〇〇七．六、「建築と景観の統合」『岩波講座　日本の思想　第七巻　儀礼と創造』岩波書店、二〇一三．一二）、どちらも神仏習合の建築を考える上で重要な成果・視点を示している。建築史以外の分野においても嵯峨井健『神仏習合の歴史と儀礼空間』思文閣出版、二〇一三．一、などがある。

4 三輪流神道は大神神社の神宮寺である平等寺と大御輪寺を中心に形成された神道説。はじめ鎌倉時代中期頃より三輪上人慶円を始祖と仰ぐ神道説が形成され、その後、叡尊による大御輪寺再興（弘安八年、一二八五）頃より彼らがもたらした伊勢神道説の影響を受けて教義の体系化が行われたと考えられている。

5 大神神社史料編修委員会編修、吉川弘文館、一九七八．六。

6 大神神社史料編修委員会編修、吉川弘文館、一九七九．一二。

7 三輪流神道に関する史料は『神道体系 論説編二 真言神道（下）』神道体系編纂会、一九九二．一一、などにも所収されるが、いずれも『大神神社史料 五巻』及び『同 六巻』に収められている。

8 例えば、第五巻の一二一頁から始まる「三輪流神祇灌頂図」であれば、「三輪流神祇灌頂図」〔五―一二一〕と表した。

9 記録に残される灌頂の種類は多く、例えば「「三輪流神道灌頂諸部 空」〔五―三三三〕では灌頂の名称がつくものが一四種書かれている。これらの名前は諸流派間で共通するものも多い。

10 久保田収「三輪流神道」『中世神道の研究』、臨川書店、一九五九．一二。

11 註2前掲論文。

12 拙稿「神道灌頂の場と建物」『日本建築学会計画系論文集』第七八巻第六八八号、日本建築学会、二〇一三．六。

13 三部権現社拝殿に造られたのは印可灌頂の道場（「三輪流神祇印可壇図」〔五―一一九〕）。史料には社殿と描かれるが、指図と三部権現社の建物を比較し、拝殿と比定した（註12前掲論文）。

14 史料では道場を構える建物の種別、つまり仏堂か社殿かについては触れていないため、道場の設えや結界は、それとは関係なく定められていたと推測できる。

15 灌頂が行われた建物には長谷寺勧学院のように内陣外陣の構成になっていない建物もあり、ここで行われた際の灌頂道場の記録（「豊山勧学院神道灌頂道場図 三輪流」〔五―一二一〕）には大壇など諸壇の設けられる部屋と別に讃衆の居所や受者休所となる部分があり、前者が内陣、後者が外陣に相当すると考えられる。なお、後に詳しく記すが、この建物で行われた灌頂記録では、前者を内陣、後者を堂内と記録している。また、「三輪流印可道場図」〔五―一六六〕には印可灌頂道場ではあるが、受者溜まりとなる部分に外陣と書かれている。

16 堂回りの注連縄の最後に「紙ノ四手」とあることから、内陣・外陣の四手は木綿でできたものとも考えられる。

17 なお、「三輪流神道伝授目録」〔六―三六二〕の中の「神道灌頂内道場支度記 天」には、「紙目 惣旦場之外内道場惣大旦長短随時」とあり、道場外側周り、大壇のある部屋の周り、大壇の周りの三箇所に注連縄を廻すこととしており、その掛ける場所が異なっているが、三重に注連縄が廻されることは同じである。

18 奈良文化財研究所編『重要文化財 長谷寺本堂調査報告書』奈良文化財研究所、二〇〇四．三、所収。

19 拙稿「習合神道における鳥居の性格について」（『日本建築学会大会学術講演梗概集』、二〇一二・九）において灌頂道場の鳥居についてまとめた。

20 これについては「三輪流神祇灌頂初重私記」〔五―五二〕に、

榊ニ懸二ケルコトハ四手一神代ノ往昔無二シ神殿社壇ノ形一。其ノ間ハ榊ニ掛二テ四手ヲ一為二神ノ棲一ト。

とあり、神社社殿のなかった時代の神の住処を表しているとする。

21 密教の大壇の四隅に立てられる橛には壇線が結びつけられるため、神道灌頂のそれとは名称は同じであるが異なるものと考えられる。

22 天蓋自体は仏堂の内陣に吊され、堂内を荘厳するものであり仏教要素としての性格を持つが、その天蓋に付けられた鏡については七枚という枚数が天神七代を示し、壇上に並べられる五枚の鏡が地神五代を示す（「三輪流神祇灌頂初重私記」〔五―五二〕）、という神道からの意味づけがなされている。

23 敷曼荼羅は密教のものとは異なり、独自のものが用いられる。それは、蓮弁の中に日本の神の名が記されたもので、灌頂の段階によって違う図像のものが用いられる。図像については「三輪流神道許可支度記」〔五―二三六〕、「三輪流次第」〔五―二七九〕を参照。

24 「三輪流神祇灌頂図」に描かれる鳥居は図が正面から正対して見た図となっているので壇との位置関係が分かりづらいが、「三輪流神祇灌頂私記　憲誉」〔五―二二二〕の図を見ると壇の手前に立てられていることが分かる。なお、この図にも「廻リ杉垣」と書かれる。

東求堂の空間

岡本　晋作

建築学科の二年生には東求堂のトレースの課題があって、何もわからないままに製図板や雲形定規を使って描き写していた。京都旅行で実際に訪れて、同仁斎に皆で座して、先生の解説にただただ聞き入っていたことを覚えている。

昨年の正月に京都に赴いた際、十余年ぶりに慈照寺を訪れた。正月の喧噪に紛れて見る東求堂は錦鏡池《きんきょうち》のほとりにひっそりと佇んでいて、対峙した私は懐かしさと共に少しばかりの気恥ずかしさを覚えたのであった。研究室を出てなお、建築史への関心は高まるばかりで尽きることがない。閑暇にまかせて読書をして、先学の論文にも色々と触れた。今は正月に抱いた思いそのままに、東求堂についての私見を述べようと思う。

七十三年前、堀口捨己は茶室の研究を行う中で東求堂同仁斎の座敷飾に着目し、棚に飾られた茶道具を用いて茶を点て喫した可能性を見いだして同仁斎を茶室とした（堀口［一九四二］一九七八：二八一―三五三）。パルテノンにてヨーロッパ文明の歴史の深さに絶望し、日本の建築の将来を茶室に見いだそうとした堀口の姿勢はあくまで建築家のそれであって、その研究は茶室にかかる諸々の歴史的事実の探求を第一としていることに特徴がある。同仁斎への言及も、そこにいかなる茶室の要素を見いだし得るかの視点が貫かれていて、これは当時の識者たちの中にあって少し変わった態度であった。まだ茶室に関する資料が各所に散らばっていた時代、それらを渉猟・分析して日本の未来を切り開こうとした堀口の姿勢を今日我々はどのように理解するのが良いのであろうか。

東求堂の北東四畳半「同仁斎」は、江戸時代の地誌に四畳半茶室の濫觴《らんしょう》と記されていて、『雍州府志』（天和二、一六八二）には「今世上茶亭之四帖半是為二濫觴一」と、『山州名跡志』（正徳元、一七一一）には「茶亭四畳半の濫觴なり」と紹介されている。こうした刊本の影響であろうか、昭和のはじめの頃には学術的な根拠なく同仁斎を四畳半茶室の濫觴とする解説書や案内書が世にあふれていた。この状況に危機感を抱いたのが当時の識者たちで、建築史では沢島英太郎、庭園史では外山英策や重森三玲、茶道史では田中仙樵が思い思いに同仁斎を茶室でないと述べたのであった（沢島 一九三九：三二〇—三二一、外山 一九三四：五八九、重森 一九三八：八五、田中 一九三六：二九二）。後の侘び茶の大成を知っている我々は、同仁斎に茶室よりも書院との印象を抱くのが常であろうか、諸氏はまさに感ずるままの印象を知的に記したのである[1]。

堀口の研究は諸氏への孤独な抵抗であって、その情熱を自分の中に抱え込んで分かちあうべき知己を持たなかったように見える。例えば重森は同仁斎を茶室でないと見做す理由として、当時の僧の記録『蔭涼軒日録』にて同仁斎が書見の間と呼ばれていることを挙げているが、これは結論ありきの解釈のように見えなくもない。東求堂の第一義が仮に書見の間であったとしても、そこに同時に茶室の萌芽を見いだすことは可能だと思うのである。茶室の起源に触れようとするとき、濫觴の語が将に示すごとくそれは小さくおぼろげなのであって、茶室の起源を探求することへの意志を持って同仁斎に触れなければ、その解釈は卑小なものになりかねない。堀口はかような強い意志をもって史料に向き合ったのであった。

堀口が茶室研究の資料として使用した『君台観左右帳記《くんだいかんそうちょうき》』あるいは『御飾記』と呼ばれる書は、足利将軍の同朋であった能阿弥およびその孫の相阿弥が機会に応じて人に贈った手記で、元は「名画の筆者と品次第」「座敷飾りの図とその説明」「唐物器物の図とその説明」を内容とする三巻からなっていたと考えられている。ただ書き贈るたびに筆を加えているために異本が多く、また座敷飾りの部分だけを抜き出して一書としているものもあったりして史料としての扱いが難しい。そして今日に伝わるもの全てが写本であることが扱いを一層困難にしている。そこで堀口は異本のうち座敷飾りの描かれたものを全部で十四種に分類して比較検討をした上で、研究の資料として使用したのであった。このうち相阿弥本の後期に分類される大永三年（一五二三）の奥書を持つものが全部で六種あって、一種を除いて初期や中期の相阿弥本には見られなかった同仁斎の座敷飾りの記述があり、堀口はその中で慶長を下らない写本と見られる大永三年十二月吉日過剋斎宛の奥書を持つ書を最も原本に近く信頼がおけるとして分析の中心に据えている[2]。過剋斎本には当時同仁斎の炉の廻りと違棚に茶の湯道具が飾られていた様子が次のように書かれている。

御囲炉裏なんはん物つりもの、ゐふこ水指、同半桶、柄杓立細口、ことうの水こほし、四方ことうふた置、ことうくさりはつねのこ

とし（中略）間中違棚、建盞、台に、小壺、茶筅、茶杓盆にすえてをかるゝ、下重には食籠、剔紅《てきこう》、菱花

すなわち囲炉裏には茶の湯の釜が南蛮の鎖にて釣られ、その傍らに餌畚《えふご》の水指、半桶柄杓立、胡銅の水覆などが置かれ、間中《まなか》（半間）の違棚には建盞の天目茶碗や小壺（茶入）などが飾られていたのであった。

この当時座敷飾りを用いて茶を点てる慣習があったことを伺える史料に、大永三年（一五二三）の奥書を持つ相阿弥の茶伝書（東京国立博物館蔵）がある。この書は四畳半に一間より少し小さい床を設けて色々な飾りをした茶室の図を全部で三十九図載せていて、後の茶室のように床に絵を掛けて畳に炉を切り釜を据えている図もあれば、軸物・筆・墨・筆架・茶入などを床に飾り、畳においた一枚板の上に釜を据えた図があったりして、その中のひとつ、床の上に棚を置いてその棚に茶入・天目台・茶碗・水汲・柄杓・蓋置を設えた図の横には床に飾った道具を使用して茶を点てる作法が次のように記されている。

棚をおろして茶をたてゝ後亦床の上へあくへし。茶入はよき比なる盆にすえてたなに可ㇾ置。天目の台は棚に可ㇾ置。つり物ならハきりつめのふろにてもすゑへし。茶をたてゝ後床へあく時は茶入天目台斗もとのことく棚に置て、床へあくへし。ふすま障子の下の道具ハ皆物奥へ可ㇾ入。無上過候ハゝ水指取出、水を指て、其後水指又物置へ入也。床に如此の唐物多出候は、釜一種にて可然候也

すなわち床へ飾りつけておいた茶棚を下ろしてそこに飾られた茶道具を用いて茶を点て、茶を点て終わるとまた茶棚および茶道具を床の上へ戻したのであった。堀口はこの相阿弥の茶伝書の記述や、これと同じ内容のものでやや図が少ない『不在庵数寄屋飾之制』（天正五、一五七七）、時代は下るが紹鴎自筆茶書やあるいは宗達日記天文十八年（一五四九）二月十三日の紹鴎会に書院飾りを用いて行う点前が描かれていることを挙げて、当時書院飾りを用いて茶を点てる習慣があったことを示し、茶道具が飾られていた同仁斎は茶室足りうるとしたのであった。

同仁斎を茶室史の中で述べることは、歴史叙述の仕方としてまことに正しいと思う。中世住宅より発達した茶室は、長い年月をかけてその美意識を育み、利休の晩年に一気に花開く。その姿は歴史の中にぼんやりと現れて、最初は茶室の体裁をとっていない。堀口の姿勢は茶室史を豊かにするものであって、周辺の研究によって否定されるのではなく、むしろ研究の深化によって再解釈を与え歴史叙述に厚みを持たせるものだと思う。戦後の川上貢による同仁斎の考察も、かような視点で見直すことができると考える。

戦後、川上貢は中世住宅の論考の中で義政の東山殿の構成施設である東求堂に触れて堀口に対する批評を試みた（川上［一九五八］二

〇〇二〕：四二九－四三二）。川上が着目したのは東求堂と同じく東山殿にあった西指庵で、西指庵の書院「安静」との比較から同仁斎の空間を考察したのであった。西指庵は現存せずその詳細は不明なところが多いが、文献に書かれている内容から判断すると持仏堂的性格を持った庵室であったようである。『蔭涼軒日録』によれば、同仁斎および西指庵の書院「安静」に設えた棚にはそれぞれ本が置かれていて、この本は同仁斎では中国の詩文集・地誌・漢字辞書、西指庵では中国僧の伝記と語録とその性格を異にしていた。禅籍をおいた西指庵のほうが文学書を置いた同仁斎より禅宗的な雰囲気が強かったとも取れようが、一方で義政が西指庵の棚に飾る書籍を選ぶ下りが次のように書かれている。

自東府普灯録神僧伝大慧録三部四十冊。見置御棚。長大也。小本有之者相尋以可献。可有御取換之命有之（文明十七年五月二日条）

これによると東府（義政）は最初に選んだ本が棚に置いて見た時に大きすぎるので、より小さなものに取り替えたいと考えたのであって、西指庵の棚に飾る書籍はその内容よりも飾った時の体裁を重視して選ばれたのであった。川上はかように本の内容よりも棚に置いた時の体裁が重んぜられていることを引いて、西指庵は禅室として意図されたものではなく実際には禅僧の書斎を模した遊興の施設であったと考えた。そして西指庵の書籍の選定に見られた意図を同仁斎まで拡大して考察し、同仁斎の性格も西指庵と同じく禅僧の書院の模倣であって、義政の書斎とは言えず、室町将軍邸に設けられた遊興施設の域を出なかったのではないかと推察したのである。沢島らと考察の過程は違えども、川上もまた同仁斎を茶室でないと結論づけたのであった[3]。

同仁斎についての川上の考えは「北山殿と東山殿」においてより明確になっている（川上一九六四：一〇三－一〇五）。ここにおいて川上は、同仁斎に茶室四畳半の濫觴とする確証がないこと、建築形式としては初期の書院造に属すること、付書院と違棚のみで床がないために後の紹鴎四畳半とは空間構成に大きな隔たりがあること、唐物で飾りたてられた同仁斎に後の侘び茶の精神を見いだすのが難しいことを述べた上で、同仁斎の空間の性格は義持や義教の会所における奇麗座敷の扱いに近いとしている[4]。この時代の書院飾りは後世に見るように上段を伴って表座敷に設えられるものではなくまだ私室的な扱いの部屋の飾りに留まっていた。住宅史の立場に立った時、同仁斎はまさにこの時代の書院飾りの状況を示す遺構なのであって、だからこそ後の草庵茶室との隔たりは大変に大きく感じられるのであろう。

茶室は書院造の特殊な発達であり、書院と連続してあるいはその庭につくられたから、その空間の特質は常に書院とのつながりの中で捉えるべきだと思う。茶室の発達は書院造の発達とともに語られるべきであって、住宅史と茶室史をそれぞれ別個に考えることは空間構成の把握として物足りない。川上は前述の中世住宅の論文で、応仁の乱の勃発によって世が乱れると伝統的に足利将軍邸の中心の施設であった寝殿が維持されなくなることを指摘していて、義政の小川殿や東山殿は寝殿がなくなり、元来将軍用の庭園施設であった常御所や会所が代わって邸宅の中心施設としての役割を担うようになることを述べている（川上［一九五八］二〇〇二：三一五―四四六）。これは後の書院造の成立への大きな転機と言えようが、しかし私はここから更に一歩踏み込んで、将軍邸におけるかような施設構成の変化に後の草庵茶室の発達の萌芽も見いだしたいのである。

足利将軍は代々御所を新造するのが慣習であったが、川上によればこれらの御所は義満以来、伝統的に「寝殿を中心とした晴れの施設」「将軍用の諸施設」「将軍家族用の施設」の三つで構成されていた[5・6]。まず晴れの施設は、寝殿および公卿座・殿上・中門・中門廊・随寝所・車宿などの付随施設から成っていて四脚門と棟門（あるいは唐門）を西の街路に向けて開く。次に将軍用の施設はまず居住施設として常御所があって、他に池を囲んで会所・観音殿・持仏堂・泉殿・禅室などの庭園施設を点在させる。この将軍用の施設の構成は十四世紀中頃に西芳寺にて試みられた池を囲んで舎利殿や持仏堂などを配置する構成の流れを汲むもので、義満の北山殿や義政の東山殿は西芳寺庭園を参考にしている記録があるし、また室町時代の上層の邸宅は悉く西芳寺の影響が見られると言う。将軍家族用の施設としては対屋や小御所があった。かような中世住宅の伝統的構成が義政の小川殿や東山殿では諸々の事情から失われてしまうのである。それには小川殿、東山殿ともに特殊な事情があったことが挙げられる。

小川殿は元々細川勝元が遊興所として造営したもので、義政は竣工後まもなく経った文明三年（一四七一）に勝元よりこれを譲り受けて別邸として拡張を行った。そして同八年に類焼により室町殿が焼失すると夫人とともに移り住んだのであった。この御所は義政の東御所と夫人日野富子の西御所に分かれていて、東御所には常御所・御湯殿上・北向亭・持仏堂・中門・公卿座・築山が、西御所には常御殿・御末といった施設があったことが分かっている。しかしいずれの御所にも寝殿はなかった。小川殿においては常御所が寝殿の代わりを果たしたのであって『長興宿禰記』には勝仁親王（後の御柏原天皇）の元服の儀で、寝殿がないために常御所を充てたことが次のように記されている。

今日親王（当今皇子勝仁、十七歳）於准后（義政公）小河御所有御元服、（中略）先有三献、御所未無寝殿、常御所（南面也）御簾帖御屏風等失礼（文明十二年十二月二十日条）

ここでわざわざ未だに寝殿がないと書かれているところを見ると、小川殿の構成は当時の感覚としては大変に異例だったようである。この御所は元々遊興所として計画されたこともあってすこぶる狭かったようで、子の将軍義尚は最初室町殿焼失の際に父母とともに小川殿に移ってきたのであるが、狭小であることを理由にその九日後には伊勢貞宗の北小路室町殿に移り住んでいる。また義政の御所としての役割を果たした期間が短くて、義政は文明十三年には小川殿を出てしまうため、小川殿が義政の御所であったのは僅か五年に過ぎなかった。これらのことが小川殿に寝殿が造営されなかった理由として考えられるのである。

次に東山殿については、義政は最初寛正六年（一四六五）に東山恵雲院の地に山荘の造営を決定したのであったが応仁の乱の勃発により実現しなかったため、乱の収まった後に改めて土地を選んで文明十四年（一四八二）に浄土寺の旧地に東山殿の造営を開始した。翌十五年に移徙、延徳二年（一四九〇）に薨ずるまで工事を続け、この間に常御所・会所・持仏堂（東求堂）・観音殿・泉殿・西指庵・西指庵門（太玄関）、漱蘚（竹亭）・釣秋亭・超然亭・夜泊船（舟舎）・竜背橋（橋亭）といった施設が造営された。このうち東求堂・観音殿（銀閣）が現存する。東山殿においても小川殿同様に寝殿は設けられず、また山荘として計画されたためであろうか、小川殿にはあった公卿座や中門のような寝殿の付随施設も造営されていない。長享三年（一四八九）に近江で義尚が陣歿して義政がまた政務を執るようになると寝殿の造営が試みられたことがあったが、作事の途中で義政が中風にかかってそれが卦により寝殿作事が要因とされたために完成を待たずに破却されている。翌年義政が薨じたために結局東山殿に寝殿が造営されることはなく、東山殿は義政の生前の遺志に基づき菩提寺・慈照寺へとその役割をかえたのであった。

こうして見ると小川殿および東山殿に寝殿が造営されなかったことには、それぞれに特殊な事情があったと言えよう。殊に東山殿においては将軍権力の失墜から作事の費用や労力が確保できずに度々工事が中断しており、このことも寝殿の造営を後回しにさせた一因とも考えられる。また烏丸殿・室町殿と異なり、小川殿や東山殿は義政が将軍職を子の義尚に譲った後に計画された御所であるという違いもある。ただここで注意すべきは、この時代将軍邸に留まらず貴族の邸宅や禅宗寺院といった当時の上層の住宅においておしなべて寝殿の消滅が見られるという川上の指摘である。東山殿と同じく山荘として造営された義満の北山殿では寝殿が北御所と南御所のいずれにも造営されていたことを考えると、小川殿や東山殿における寝殿の消滅はやはり建築が大きな転換期を向かえたことを示していると見做してよいと思うのである。同仁斎の茶室史上の意味もこうした脈絡の中で捉えることが可能であろう。そしてこの時代はまた喫茶の習慣が大きく変わろうとする時代でもあった。

栄西が宗より将来した喫茶の風習は、日本においては嗜好性を高めて一般化していった。南北朝から北山時代に流行したのは茶寄合、いわゆる闘茶で、懸物を持って茶の産地や名物を当てるこの喫茶を楽しんだのは主に守護大名やその上級士官である。例えば『太平記』第七巻「千剣破《ちはや》城軍事」には、長期の包囲戦の最中に幕府の軍勢が百服茶を楽しむ場面があるし、また尊氏は建武三年（一三三六）の『建武式目』でわざわざ茶寄合を禁止していてその盛況ぶりが伺えるのである。(7) この世俗的で猥雑な喫茶は、東山時代になってもまだ行われていたようで『蔭涼軒日録』に義政が茶鬮《ちゃきゅう》を楽しむ場面が次のように記されている。

茶鬮之本鬮十一箇。以二春阿一被レ召也（長禄二年十一月七日の条）

茶鬮ノ鶴字。製作而雖レ献スレ之ヲ。春阿以テ二他出之故一不レル達セ二于上覧一也。蓋シ期スル二来日一ヲ也（同八日条）

一方で東山時代に全盛であったのは、少し前の義教の時代に興ってきた書院の茶であった。義教の時代、喫茶は社交性の高いものへと変化し、賭博性は影を潜めて代わりに様々な作法が定められるようになる。点前で台子が使用されるようになることはその一例である。この時代に設けられていた茶の湯のための空間は主室に付随する茶の湯の準備の部屋であって、義教の室町殿の三つの会所（南向会所・北向会所・新造会所）には御茶湯所と呼ばれる部屋あるいは御茶湯棚を設えた部屋があったことが『室町殿御幸御餝記』（徳川美術館蔵）によって明らかになっている。(8) それが準備のための部屋であったにせよ、茶の湯のための専用の空間が作られるようになったことは後の草庵茶室の大成に向けての大きな変化であって、東求堂はかような時代背景の中にあって造営されたのである。

同仁斎に茶湯道具が飾られていたことが過剋斎本に見えることは先に述べたが、東山殿では他にも西指庵に茶湯棚が飾られていたり、また会所・常御所には茶の湯の準備の間が備えられていたことが同じく過剋斎本に見える。茶の湯のための空間としては、社交や遊興の施設である会所やあるいは義政の日常起居した常御所の方が多く使われていたのであろうし、それに比べると同仁斎やあるいは西指庵に設えられた茶道具は私的なものであって、茶の湯のための空間という印象は甚だ薄い。しかしそれにも関わらず私が同仁斎に後の草庵茶室の大成への萌芽が見いだせると考えるのは、寝殿の消滅に伴って本来表向きの施設ではなかった私的施設に接客空間としての第一義が求められるようになるというこの時代の傾向が、東山殿の構成において見られるからである。同仁斎のような禅刹的な私室の雰囲気を持つ空間は、接客空間としての機能が大きく求められるようになったことで初めて、主客同座を第一とする後の草庵茶室のような空間へと変化しうると考えられよう。同仁斎の四畳半という間取り自体が当時新しい試みであったという伊藤延男の指摘がある（伊藤 一九六二：五九―六二）。伊藤は一間間中《まなか》と呼ばれた一辺を一間半とする四畳半の空間構成には、それまでの一間を柱間単位とする伝統的な構成からの脱却が必要であって、東求堂では技術的解決のために間中（半間）を隔てた二つの柱を共通の舟肘木で結んでいることを指摘している。これは極めて特殊な技法であって、伊藤が言うように四畳半の空間を創造することへの強い意志から生まれたものなのであろう。そしてこれ以後、紹鴎四畳半を始めとする数多くの四畳半茶室がつくられるようになる。東求堂はその施設構成だけでなく間取りにおいても後の草庵茶室への萌芽が見られるのであって、かような意味で中世建築史の中で茶室を捉えた場合、やはり後の草庵茶室の萌芽は東求堂に求めていいと思うのである。

註

1　現在の同仁斎は炉を切っていないが昭和のはじめに諸氏が論じた同仁斎は炉が切られたものであって、付書院の前の一畳を点前座として炉が切ってある様子が沢島の文中挿絵に確認できる。昭和三十九年から四十年にかけて行われた修理工事の報告書を見ると修理前の状態で既に炉がないから、これより以前に撤去されたのであろう。

2　堀口の異本の扱いについて戦後、野地修左の疑義を発端として議論が交わされたことがあったが、その検討を乗り越えて今なお堀口の研究は既往研究としての価値を失っていない。この議論の経緯については堀口の著作集のあとがきの中で稲垣栄三が詳しく書いていて（堀口［一九四二］一九七八：六〇〇―六〇五）、また稲垣は「慈照寺東求堂」においても同様のことを述べている（稲垣［一九六六］二〇〇六：一五七―一五九）。詳しくはこれらを参考にされたい。

3　同じ論文で川上は書院飾りの一般化について考察している（川上［一九五八］二〇〇二：四九九―五〇一）。川上によれば、書院の語は元々禅宗の寺院にて使われていたもので、初期には禅録を講読する空間を指したものが十四世紀末になると僧侶の居間および書斎の意味へと変化する。一方で作りつけの机である付書院は禅院以外で出文机と呼ばれていたものが、禅院においては十五世紀はじめに「書院押板」として現れる。ここで川上は付書院に最初に唐物の文房具類を置いたのが公家や武家だとは考えにくく、それは宋あるいは元へ往来していた禅僧であったのではないかとした上で、禅院の習慣であった唐物飾りが後に一般化して書院の用語とともに普及したと考えた。川上にとって同仁斎の座敷飾りはまず何よりも書院飾りの一般化の潮流の中で捉えるべきものであったのであろうし、だからこそ後の草庵茶室との繋がりは甚だ希薄に見えたのかも知れない。

4 中村昌生「金閣と銀閣」における同仁斎の解釈は、川上の影響を多分に受けているように見える（中村 一九六八：四〇五―四〇六）。ここで中村は同仁斎について、茶室は亭主と客の座が一室におさめられていて床を備えるのを条件としたが、同仁斎には床が欠けているために、あくまで持仏堂についた書院ないしは庵室と見做すべきだと述べている。この頃は、中村が既に学位論文『茶室の研究』（一九六三）を提出し終え、また堀口捨己監修による『茶室おこし絵図集』（一九六三―一九六七）の出版にも携わって、茶室研究者の地位を確立しつつあった時期である。川上の同仁斎に対する見解は、茶室研究を専門にする者すら容易には抗えない魅力を持っていることをここに註記しておきたいのである。

5 足利将軍は代々御所を新造するのが慣習で、初代の尊氏は押小路高倉邸・土御門高倉邸と移り住んだが、次の義詮はその晩年に三条坊門万里小路に新邸を造営した（三条坊門殿）。三代の義満は新たに北小路室町の地に新邸を造営し（室町殿）、さらに晩年に金閣で有名な北山殿を造営して移り住んだが、次の義持は室町殿に留まり続けることなく義詮の旧御所地に新たに三条坊門殿を造営している。五代の義量は夭折したため御所の新造はなかったが、六代の義教は三条坊門殿を捨て父義満の室町殿跡に新たに室町殿を造営した。この頃の足利将軍は三条坊門殿と室町殿を交互に御所としていたのである。七代の義勝は夭折したためにまた御所の新造がなかったが、次の義政は歴代足利将軍の中でも御所の造営が突出して多く生涯に四度御所を移っている。義政は最初、幼少を過ごした日野資任邸に義教の室町殿から寝殿等の施設を移建して烏丸殿として住み、次には義教の旧御所地に烏丸殿より施設を戻して室町殿として住んだ。更に細川勝元の遊興所を譲り受けて増改築した小川殿へと移り住み、そして応仁の乱が収まると東山殿を新たに造営して、移徙後も造営を続けそこで生涯を終えている。義政より後の時代は戦乱で将軍も御所も安定しない。

6 川上は西芳寺・東山殿・義持の三条坊門殿の施設構成の類似から、将軍邸の庭園施設は伝統的に同じ構成であったと推察している。東山殿についてはその構成を西芳寺庭園に倣ったことが有名で、殊に東求堂と西指庵の偏額の名は西芳寺を範にしたことが『蔭凉軒日録』に書かれているが、ここからさらに一歩踏み込んで、義持の三条坊門殿の将軍施設も西芳寺の構成に類似していたことを見いだして、その延長上に室町将軍邸の構成を考察したのが川上の考察の特徴である。

7 闘茶における懸物は様々であって『師寺記』や『祇園執行日記』には香炉・香筥・硯・紙・扇子・陶磁器・包丁・火箸・蝋燭・足駄が見えるし、また銭を懸けることもあったという。『太平記』三十六巻「細川清氏陰謀企事」には、婆娑羅大名と呼ばれた佐々木道誉が七百種の懸物をもって闘茶を楽しむ姿が描かれていて、軍記物特有の誇張があるにせよ、当時の懸事の派手さが伺える。

8 義教の室町殿の会所については『室町殿御幸御餝記』に基づいた宮上茂隆の復元図があるが、復元図内に原典の用語と宮上の用語の混在が見られるため扱いに注意が必要である（宮上 一九八四：五三、五四、七八）。『室町殿御幸御餝記』は佐藤豊三によって『金鯱叢書第二輯』において公刊されているので合わせて参考されたい。

参考文献

伊藤延男　一九六二「広間と小間」堀口捨己・稲垣栄三編『図説茶道大系第四巻　茶の建築と庭』角川書店
稲垣栄三　［一九六六］二〇〇六「慈照寺東求堂」『稲垣栄三著作集四　茶室・数寄屋建築研究』中央公論美術出版［初出：堀口捨己監修『茶室おこし絵図集第八集』墨水書房］
川上貢　［一九五八］二〇〇二『日本中世住宅の研究』中央公論美術出版［初出：『日本中世住宅の研究』京都大学］
川上貢　一九六四「北山殿と東山殿」赤松俊秀・川上貢『金閣と銀閣』淡交新社
沢島英太郎　一九三九「東求堂の四畳半同仁斎に就いて（下）」『画説』廿八号 東京美術研究所
重森三玲　一九三八『日本庭園史図鑑』第四巻　有光社
田中仙樵　一九三六「茶室に就ての故実」『茶道全集 巻の三』創元社
外山英策　一九三四『室町時代庭園史』岩波書店
中村昌生　一九六八「金閣と銀閣」奈良本辰也・林屋辰三郎監修『京都の歴史三　近世の胎動』学芸書林
堀口捨己　［一九四二］一九七八「君台観左右帳記の建築的研究：室町時代の書院および茶室考」『書院造りと数寄屋造りの研究』鹿島出版会［初出：「美術研究」第一二二、一二三、一二四、一二五、一二六　美術研究所］
宮上茂隆　一九八四「会所から茶湯座敷へ」『茶道聚錦七 座敷と露地（一）』小学館

身舎と向拝にまつわる史的諸問題

山岸　吉弘

一　切妻の普遍性

神霊を祀り、礼拝の対象となる社殿を本殿と呼ぶ。本殿の建築的な構成は、一つに身舎と向拝に区別されよう。神籬などを安置するための場所が身舎であり、それを拝む場所が向拝である。つまり、前者が神の空間、後者が人の空間、といえる。

信仰の形態を遡ると、当初は社殿という建築は存在せず、山や森、或いは岩や木などの自然そのものが礼拝の対象であり、祭祀の空間はその都度に仮設されたであろう。やがて、神霊を祀るための建築が常設されるようになり、本殿が成立したと考えられている。その際、まずは神霊のための内部空間を有する建築が出現し、それを礼拝するための外部空間は後から付加されたらしい。つまり、身舎に向拝が取り付く過程を想定することができる。伊勢や出雲の社殿は、そもそも身舎と向拝が分離している。

一方で、春日造りの形式を有する春日大社の本殿や流造りの加茂御祖神社の本殿では、どちらも身舎と向拝は一体であるが、建築の作られ方から区別されるべきものである。それは、両者の垂木の違いをみることで明瞭となる。身舎は繁垂木、向拝は疎垂木となり、垂木配りが異なる（図1）。

春日造りや流造りは、形式化が進む社殿にあって最も普及した形態である。いずれも切妻造りであることは共通するが、扉を開ける位置が異なり、春日造りでは棟通りに沿う妻入り、流造りは棟通りに向う平入りとなる。妻入りと平入りの違いは出入り口の場所で決まるが、それより必然的に建築の向きも定まる。つまり、向拝の身舎への取り付き方が両者で異なるということである。

流造りは、向拝を身舎の平側に設けることになる。一方で、春日造りは身舎の妻側に向拝が取り付く。この差は極めて大きく、技術的

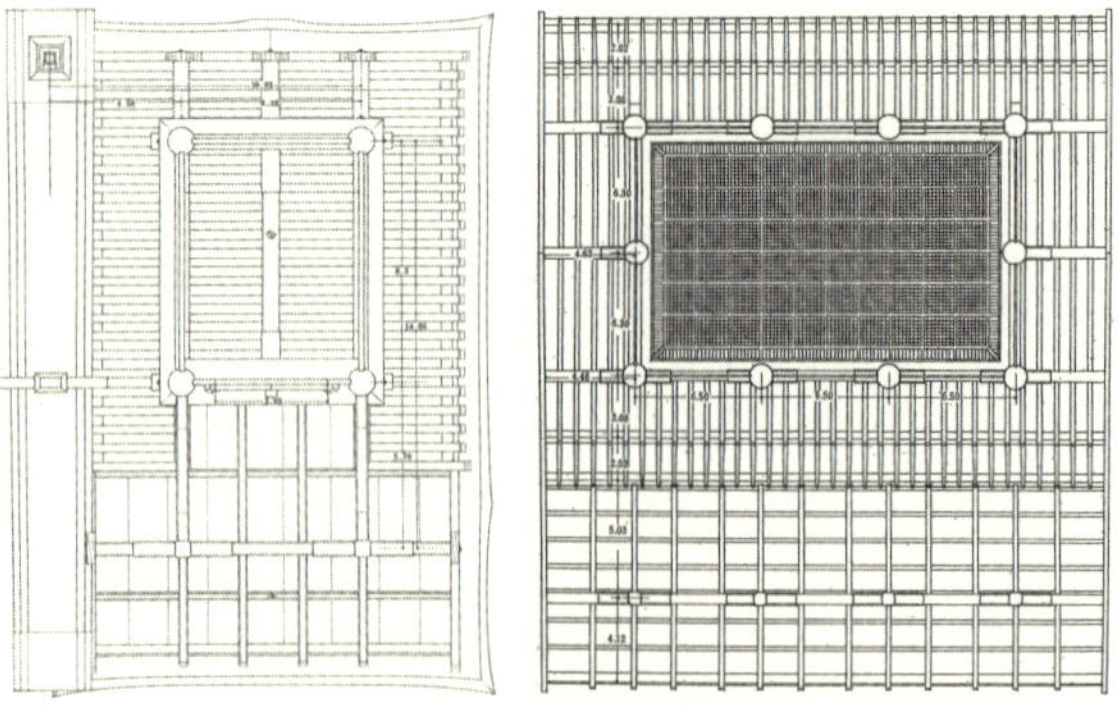

図１　春日大社本殿見上げ図（左）と
加茂御祖神社本殿見上げ図（右）

な難易だけでなく、そこから空間的・構造的・造形的など多くの問題を派生させる。

春日造りも流造りも、身舎の屋根は切妻となって等しい。大棟から両流れに葺き下ろして軒先へと至り、屋根の端は妻となって破風で留める。流造りの場合は、正面に向く側の屋根を延長させることで向拝を形成することができ、操作が容易である。春日造りの場合は、正面に妻をみせるため、破風越しに向拝を接続させなければならない。明らかに流造りの構成と比べて複雑となり、それだけ困難を伴うことになる。

身舎に向拝が取り付くという現象において春日造りと流造りには大きな差が認められ、その根本的な要因は妻入りか平入りかという違いに集約される。

扉が社殿の妻側か平側かどちらにあるべきかという問題は、春日造りや流造りといった形式として形態が固定し、洗練された後の状況からはなかなかみえてこない。やはり、それ以前の社殿が成立した時代に目を向けるべきである。

一般的に、神社の建築は寺院の建築の影響を受けて誕生したと考えられており、つまりは仏教の伝来以後ということになる。一方で、古墳時代の家形埴輪には堅魚木が多くみられるという単純な事実から、後の社殿に継承される建築的な要素は当然ながら既に存在した。伊勢や出雲が、ヤマト朝廷による政権の確立や諸豪族による地域の平定など政治的な事件の中で出現したこととは別に、より広く各地の首長層で行われていた祭祀のための建築が徐々に形作られていたのだろう。その過程の中で、妻入りや平入りなど扉の位置が決定する過程において特別な意味や必然性が存在していたのであろうか。

紀元前一万年以上の太古から、数千年の長きにわたって縄文時代の人々は竪穴住居を連綿と作り続けてきた。竪穴を掘るだけで内部空間を確保することができるという利点が、その営みを実現させた大きな要因の一つと考えられる。つまり、壁を建てる必要がなく、地面には直接に垂木を置き、屋根を葺くことで完成する。従って、出入り口となる開口部は屋根面を避けて設けられなければならず、その点から妻入りとなりこそすれ、平入りになることはない。

大陸から水稲農耕と共に様々な文物が日本列島にもたらされ、その中には高床建築も含まれることだろう。単に高く床が地面より浮いている建造物は縄文時代より存在していたであろうが、高床建築という学問的な概念には、床を支えるために必要な構造を実現させるために施す木材の加工（仕口という）や、その作業を叶えることのできる鋭利な鉄製の工具など、新しい生産様式や技術体系が内包されている。

高床建築の屋根は、切妻の形式であったろう。大棟から葺き下ろすという最も簡単な仕組みであり、東アジアや南洋の諸地域にみられる伝統的な高床建築にも切妻の屋根がある。切妻の屋根を有する高床建築は、出入り口の位置によって、妻入りや平入りの区別が付く（床に穴を開け、梯子を用いて床下から入るという方法もあったに違いない）。そのどちらも用いられていたであろうが、平入りの場合には軒の高さにより制限されることも想定される。

例えば、高床建築には屋根倉という形式がある。これは屋根を床に直接、置いたような格好となり、つまりは小屋組である垂木が大引・根太といった床を構成する横材に掛けられる。そうすると平側には屋根面のみが現れ、壁面は存在しないことから開口部を設けることができなくなり、必然的に妻側が出入り口となる妻入りになろう（図2）。古墳時代の総柱建築のように巨大な建物ならともかく、弥生時代の人々が日常的に使用する小規模な高床建築は、床より上の架構に影響されない妻入りが一般的だったのではなかろうか。

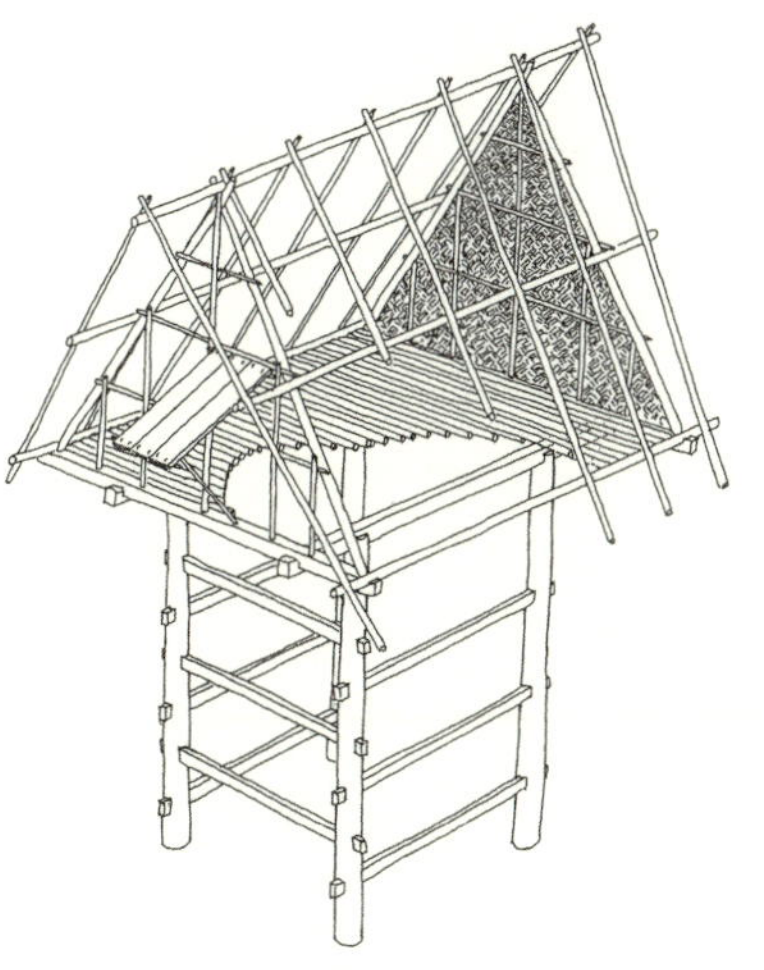

図2　屋根倉式の高床建築

豪族の居館を模しているといわれるように、家形埴輪は実際の建築を踏まえて作られていると考えられており、それは母屋桁（棟木）や大棟などの細部も作り込まれている点などから指摘できる。写実的な表現が認められる一方で、特定の部分を大きくするなど誇張した表現も行われ、その傾向は時代が下るにつれて顕著になるようである。特に強調して作られる要素の一つに、屋根がある。

家形埴輪では、概して屋根が大きく作られ、全体に対して占める割合も多い。明らかに、屋根を目立たせる意図を感じさせるが、それは棟に堅魚木や千木、或いは鰭といった装飾を付けることでより明確になる。堅魚木や千木は元来は機能的な部材で、後に装飾化したと考えられている。鰭はモノとして残っていないため、実際の建築の上に乗っ

図３　三ツ寺Ｉ遺跡の復元模型

図４　心合寺山古墳出土の囲形古墳

ていたのか、埴輪に固有の表現なのか定かでない。いずれにしても、大きく作った屋根には堅魚木や千木などを乗せて、造形表現の力点が置かれていることが分かる。

　堅魚木が、当時の社会において特別な意味を担っていたことは、自らの居館に堅魚木を上げた磯城県主に対して雄略天皇が激怒したという挿話からも理解できる。堅魚木は、それほどまでに権威の象徴を帯びていた。それら居館は、堅魚木をみせるために平側を正面に向けていたであろう。大きな屋根と、その頂に連なる堅魚木が、居住者である首長の存在を代弁していたはずである。ここにおいて、建築の向きが、つまりは妻と平の区別が明確に意識されることになる。それに付随して、妻入りや平入りも同じように差が生じたものと思われる。

　赤堀茶臼山古墳から出土した家形埴輪群から、豪族の居館の在り様を考えるべくそれらの配置が検討されてきた。その後、三ツ寺Ｉ遺跡から実際の遺構が検出され、かなり具体的に思い描くことができるようになった（図３）。弥生時代の環濠集落とは異なり、矩形の敷地には複数の建物が整然と配置され、空地では祭祀が行われたであろうことは取水のための施設が存在することからも窺われる。敷地は濠と柵で囲われているだけでなく、内側にも柵による区画が設けられ、空間の性格が異なることが分かる。

　特定の空間を区切るための装置が存在したことは、囲形埴輪から様々に論じられた。心合寺山古墳から出土した家形と囲形が一体となった埴輪には、導水のための樋と考えられる造形を伴っており、水に関連する祭祀施設を模したものという見解が有力になった（導水施設形埴輪と呼ばれるようになる）（図４）。このような設備は実際の遺構にも確認され、先の三ツ

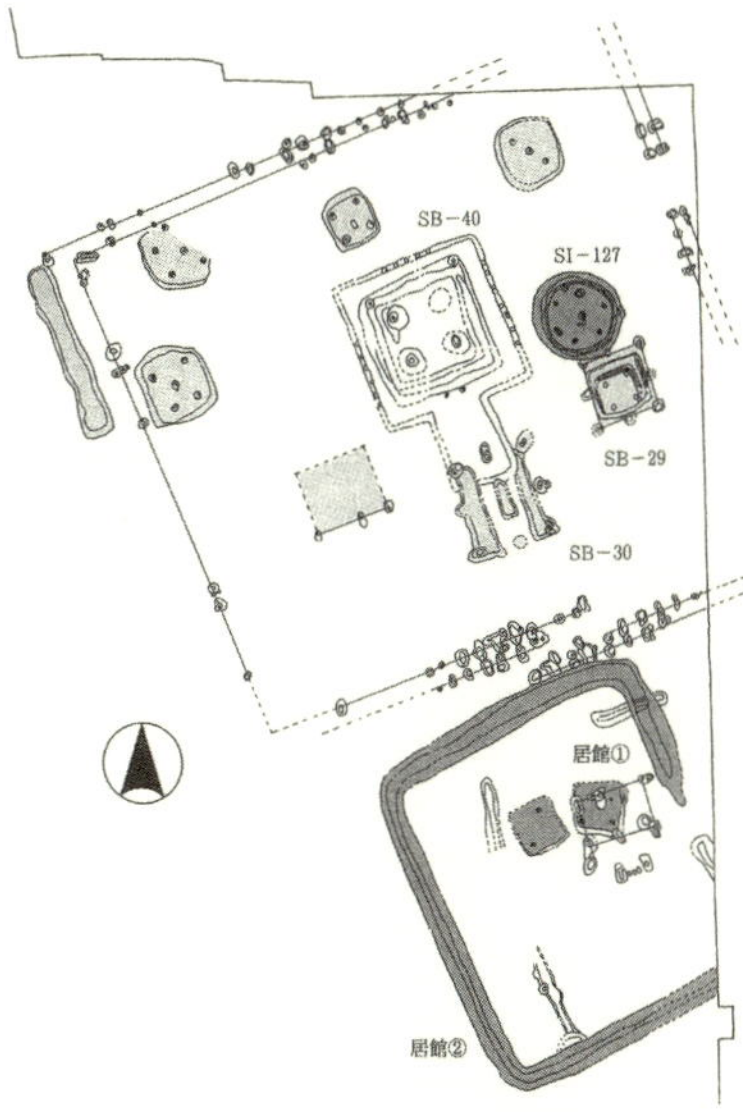

図5　長瀬高浜遺跡の配置図

寺Ⅰ遺跡の豪族居館にもあったとされる。

　囲形埴輪には方形のものがあり、更にはその一面に食い違いを設けて不整形とし、ずれた部分に囲いと直交して扉を取り付ける。囲いの内外を出入りするための作り方として、一つの典型といえるだろう。実際の遺構でも、四角く柵で囲った一辺を食い違いにしている例があり、隙間を開けてそこから出入りしたらしい。

　このように、埴輪からも遺構からも、特定の場所を柵のようなもので囲繞する空間が成立していたことが明らかとなり、日常生活を営む区域とはまた異なる意味が付与された特別な区域が存在していた。

　長瀬高浜遺跡にも柵を方形に巡らせていた痕跡が出土し、囲繞空間が存在していたことが明らかとなった。特にこの遺跡が注目されるのは、囲われた区画の中に立てられた竪穴を有する高床建築の周囲に、更に柵を立てていた点である（図5）。柵の形は建物の外形である正方形に相似し、単体の建物を囲うことが意図されていたことが読み取れる。つまり、建物そのものが柵で囲われ、区画され、特別視される状態が出現していたといえるだろう。

　建築が内部空間の使用という本来の用途から離れ、それ自身が造形物として意味を持ち始めたとき、建築という概念の拡張が認められ、それが建築を礼拝の対象にしたのであれば、極めて社殿の性格に近いといえる。そうであるならば、正面が妻側であるか平側であるかの違いは造形物の在り様を規定する大きな要素であっただろう。

二　春日造りの特殊性

　春日造りは、切妻の屋根を有する身舎の妻側に向拝を取り付ける形式である。身舎と向拝の屋根は葺き下ろす方向が直角にずれることになり、単純には接続できない。それを実現させるには、相応の工夫を要する。

　身舎と向拝を接続させることにおいて、その難しさを最も端的に物語るのは向拝の垂木である。特に、垂木の元を身舎のどこに掛けるかという問題が生じる。柱間の内側では身舎の柱筋にわたる桁に掛けることで事足りるが、柱間の外側では垂木を掛ける部材が存在しな

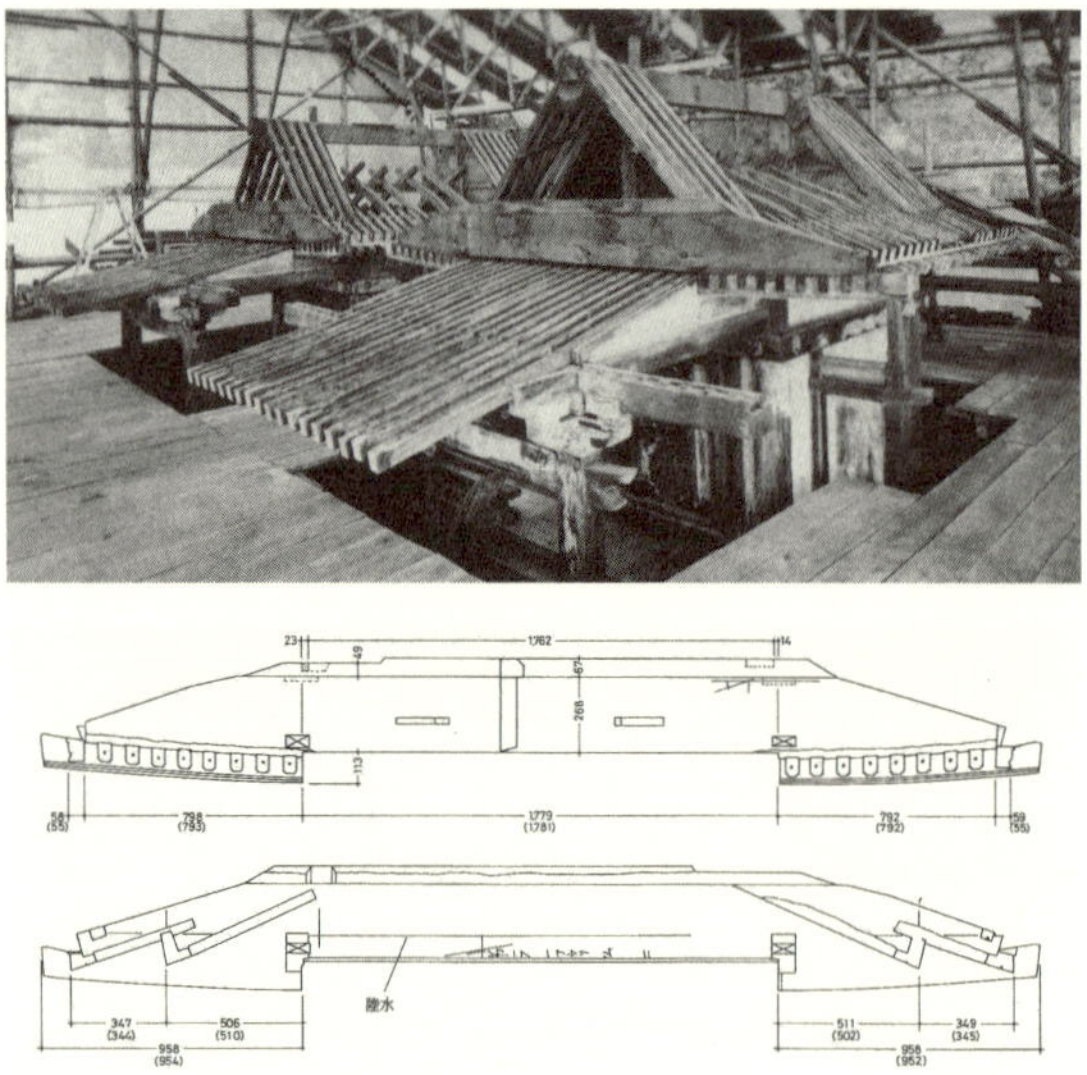

図7　博西神社の障泥破風の写真（上）と正面・背面図（下）

図6　三仏寺納経堂の軒下（柱間外において身舎側から向拝をみる）

い。春日造りの古い形式を保持しているという春日大社の本殿では、向拝の垂木を疎らとして数を減らし、柱間の内側に四本だけの垂木を配して身舎の桁に掛け、柱間の外側では垂木を省略して問題を回避している（図1の見上げ図を参照）。正面の切妻破風の先端が軒下に露出しており、既存の身舎に後から向拝を接続させた過程を想定させる。

　春日大社の本殿やその移しといわれている社殿は向拝が疎垂木となるが、その他の春日造りの建築は密に垂木を配する繁垂木を採るのが普通である。そのため、柱間の外側で向拝の垂木を掛ける部材を新たに用意しなければならない。現存する春日造りの建築で最古の一つと考えられている三仏寺納経堂（鳥取県東伯郡三朝町・平安時代後期）では、正面の切妻破風がそのまま軒先まで伸びており、その隙間に三角形の部材を継ぎ足して延長させ、それに垂木を取り付けるという強引な方法を用いている（図6）。

　三仏寺納経堂は場当たり的な処置であったが、一般的には障泥破風を用いて身舎と向拝を接続させる。障泥破風は身舎と向拝の間にあって、両者との納まりを一手に引き受ける部材である。そのために複雑な形状をしており、向拝や身舎がそれぞれ接続する前面と背面では施される仕口が全く異なる（図7）。正面では向拝の垂木が突きつけとなって木口を受ける仕口が左右に連続し、背面では身舎の垂木が斜めに当たり勾配の付いた側面をそのまま引き写した形状の仕口となる。異質な身舎と向拝を接続させるという行為の困難さを、障泥破風の複雑な形状が象徴していよう。

　つまり、三仏寺納経堂の三角形の部材と切妻破風を一体に作ったのが、障泥破風である。従って、本来は身舎と向拝の間に大きな板（妻面を留める板、つまり破風板）を挿入する格好であった。実際には一枚板ではなく上下で分離しており、

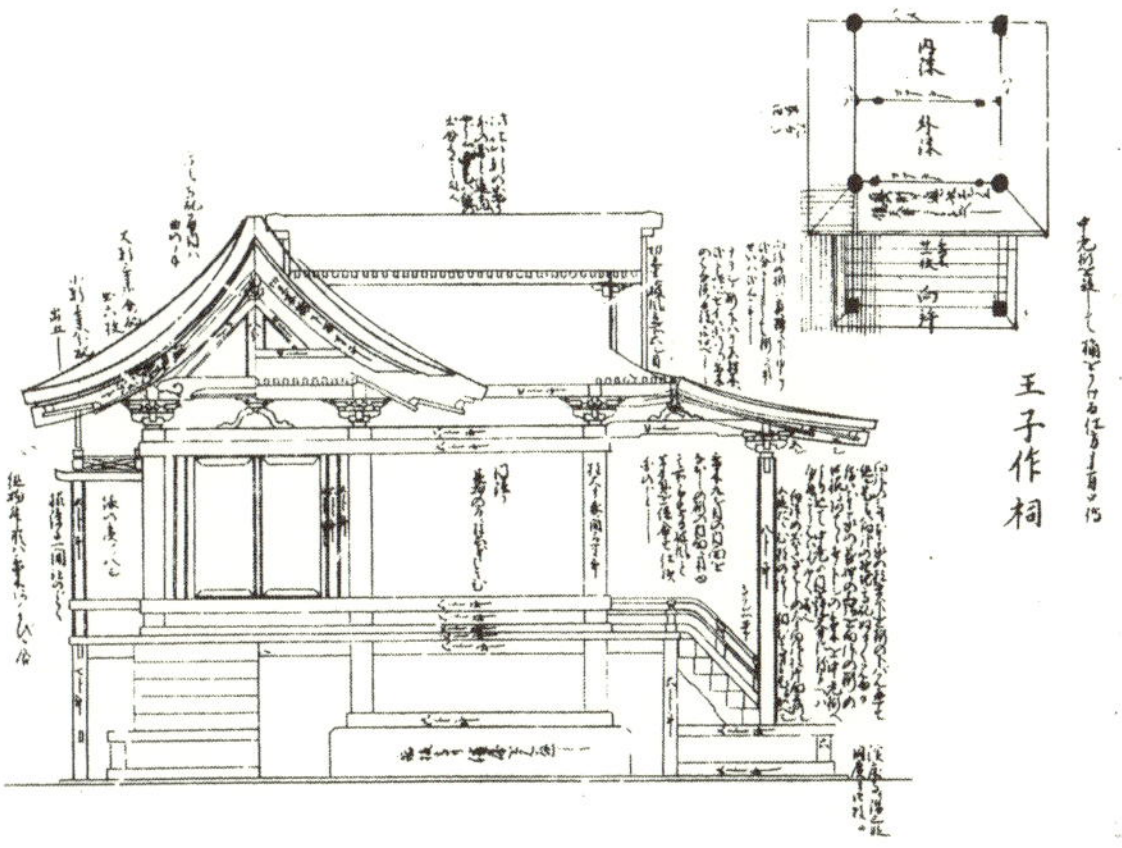

図８『諸堂』の「王子作祠」

図９　北野天満宮境内社十二社

上側の部材が千鳥破風となり下側が障泥破風となった、という理解が成り立つ。それは、障泥破風の上面に千鳥破風を乗せるという納まりを採用する事例が存在することからも窺える（図７の博西神社も障泥破風の上面に破風台を設け千鳥破風を受ける）。

この障泥破風を用いることで、向拝の繁垂木を掛けることが可能となった。一方で、障泥破風を用いずに垂木を処理する方法もある。隅木を掛けて身舎と向拝を接続させる、いわゆる隅木入り春日造りと呼ばれる形式である。身舎の柱上から斜めに隅木を伸ばし身舎の垂木も向拝の垂木と同じように扱うことを目指したもので、異質な両者を融合させている。但し、軒出が制限されたり隅木が四十五度にならない振れ隅になったりと、決して利点だけではない。

以上のように、春日造りの形式における身舎と向拝の接続には、特別な問題が孕んでいる。そのような問題に意識的であるのが、木割書に記される王子造りの建築である（図８）。王子造りは切妻妻入りの身舎に向拝を接続させた形式であり、一見すると春日造りと同じである。

現在、広く知られている春日造りの名称は江戸時代以前において決して一般的な用語ではなく、木割書では切妻妻入りの形式に対して一間社などの名称が用いられていた。明治時代になって学問としての神社建築史が成立した後に、春日造りの名称が普及した。その際、王子造りの名称は用いられなかったがために、今日では使われなくなっている。

切妻妻入りの身舎に向拝を接続させるには、障泥破風を用いる場合と隅木を用いる場合と、大きく分けて二通りの方法が存在する。そのような中で、王子造りは積極的に障泥破風を採用する。

なぜ障泥破風なのかという理由の一つに、神社建築における規模の拡大に都合がよいという点が挙げられよう。社殿には、一間社という呼称が存在することから分かるように、正面の柱間数に意味がある。それは、一柱に一扉を対応させて祭神を安置していくためであり、祭神が複数の場合は社殿も二間社や三間社というように柱間を横に増やしていくことになる。そのため、正面の柱間数を増やすことが建築に求められ、長くなると十二間社なるものもみられる（図９）。

そのような複数の柱間を有する社殿の多くは、流造りの形式である。反対に、春日造りの社殿によるものは原則的に存在しない。それは、構造的に春日造りの社殿を横に拡張することは困難を伴い、圧倒的に流造りが有利であることによる。

例えば、拡張させる方向と棟通りの方向を考慮すれば違いを理解することができる（図10）。流造りは両者が平行しており、単純に棟を伸ばすことで拡張が可能である。春日造りは両者が直交しており、棟から葺き下ろされた屋根面の突端である軒先が接続することになり、拡張は容易でない。

しかしながら、横に拡張することが神社建築に普遍的な課題であるならば、それは形式を超えて目指されていたはずであろう。春日造りの形式が伝世される神社に限って、祭神が増えないということはない。例えば、春日大社の本殿は四棟の春日造りを並置しているし、

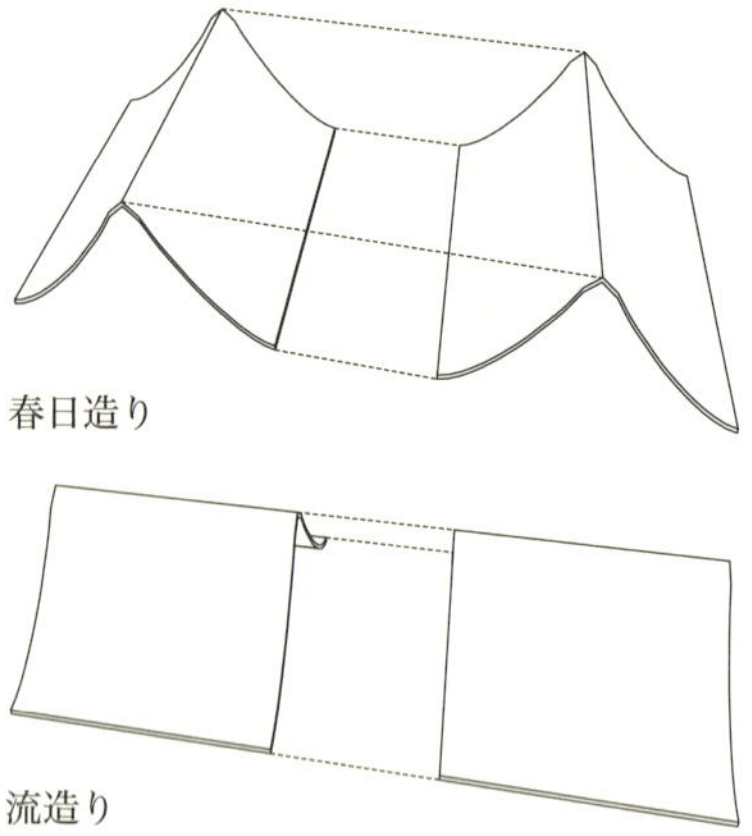

図 10　接続の原理

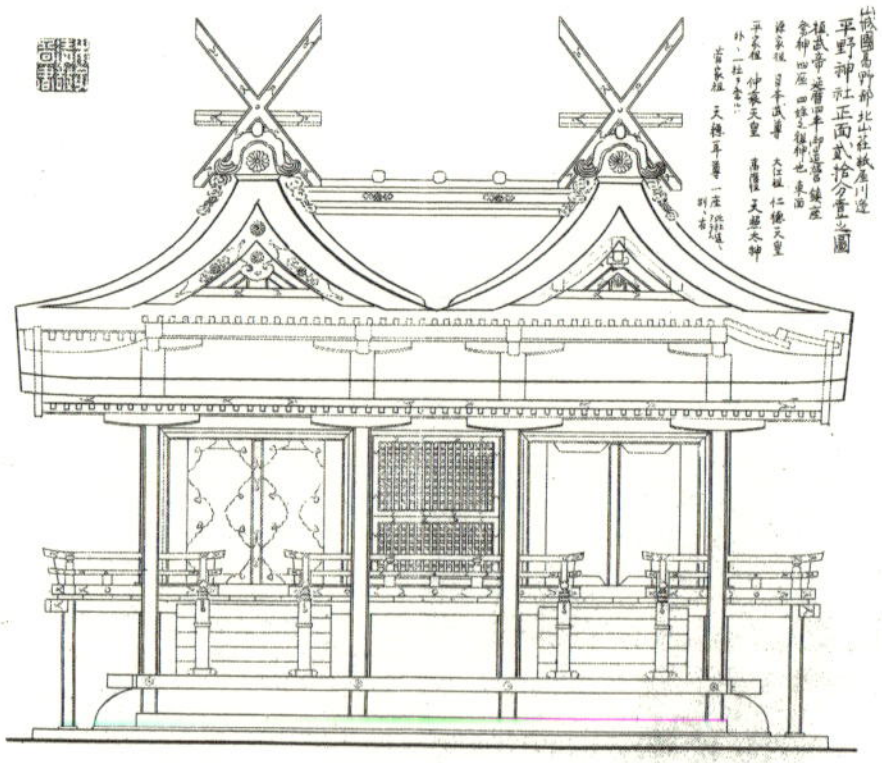
図 11　平野神社の指図

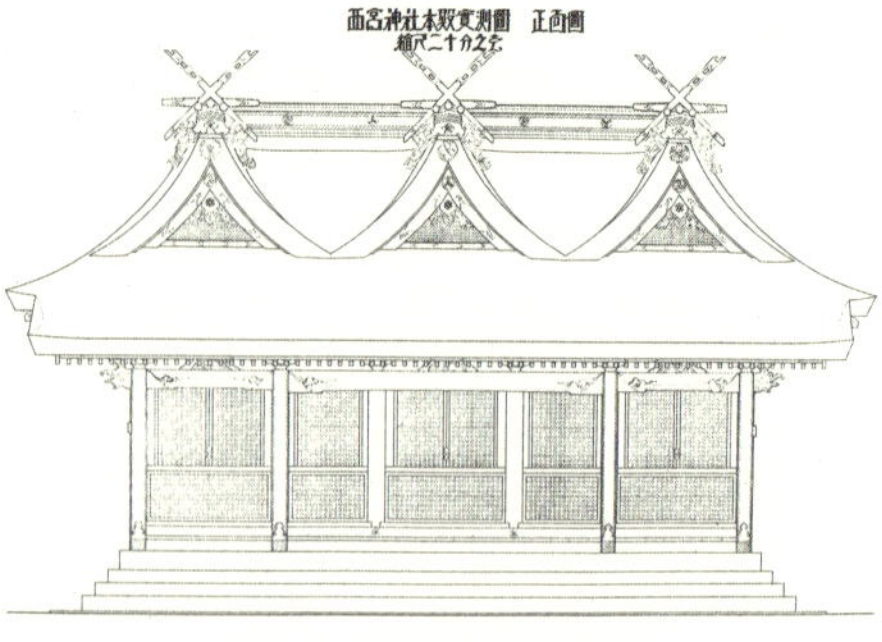
図 12　西宮神社正面図

それ以外にも複数棟の春日造りを連ねる場合がある。しかし、いずれも春日造りの各社殿は分離している。

そのような中にあって、平野神社や西宮神社は特異である。平野神社は、いわゆる比翼春日造りと呼ばれ、二棟が連続する二連春日造りになっている（図11）。同様に、西宮神社は三棟が一体となる三連春日造りである（図12）。

以上のような、社殿を並列させて規模を拡大させるという特徴を踏まえると、障泥破風の存在意義が明確になる。春日造りを拡張させることは構造的に困難を伴うが、障泥破風は有効に機能する。連続させた切妻の棟数に関係なく、障泥破風は自由に左右に延長させることが可能であり、その結果、全体を一様に賄い向拝を取り付けることができるのである。木割書には王子造りの建築を横に並べて二間社・三間社……と拡張させる原理を示した宇之葉造りなる形式もみられ、広く神社建築の特性が踏まえられている（図13）。

木割書には、身舎と向拝の接続に関心を向けるものとして、王子造りとは別にせき棟造りという建築がある（図14）。せき棟造りは文章の他に指図を伴い、それより切妻妻入り形式の建築であることが分かるが、決まって屋根を中心とする上半分のみが描かれる。文章中には、身舎と向拝の間

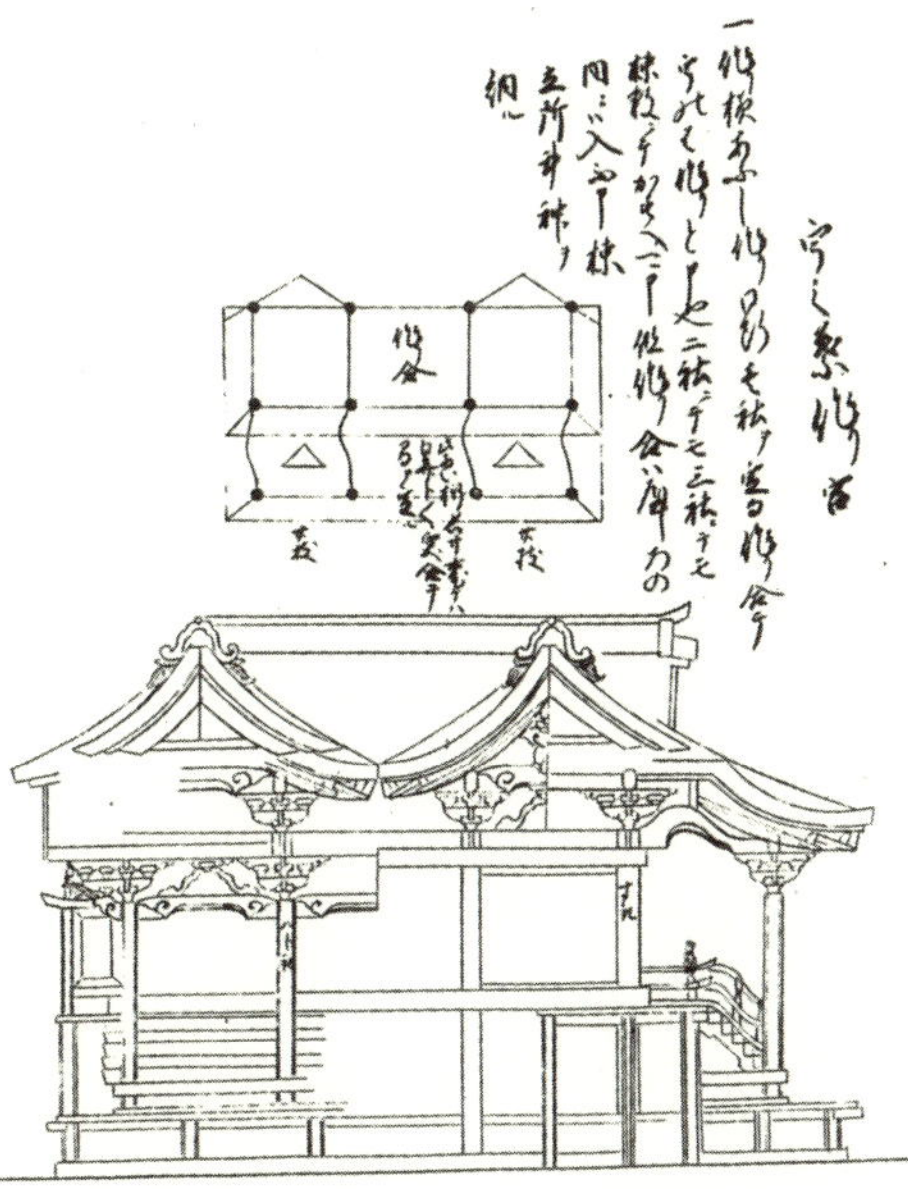
図13　『（柏木政等伝来目録）・（社の部）』にある「宇之葉作リ宮」

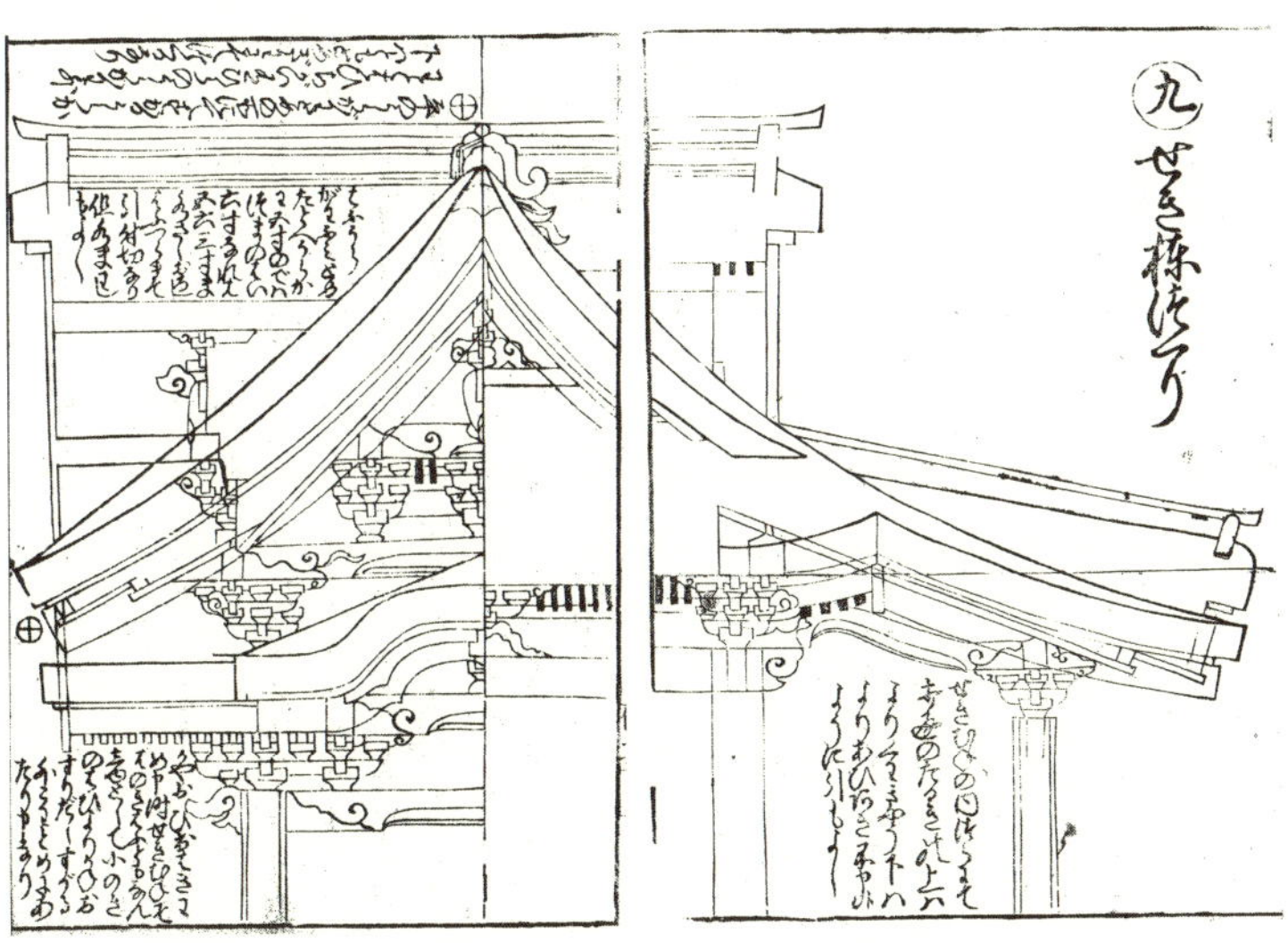
図14　『大工雛形秘伝書図解・坤』にある「せき棟つくり」の指図

図15　繋虹梁に乗る蟇股と桁

に挟まれるせき破風（つまり障泥破風）の位置を定める方法が指示されており、母屋桁の延長線上と向拝の垂木が交わる部分にせき破風を合わせるという。指図でも、文章にある通りに描かれている。

障泥破風の位置は、前後・上下を決めることで定まる。それにより向拝垂木の勾配や縋破風の取り付きが導かれ、向拝の屋根の全体的な形姿が描き出される。つまり、向拝の形態は障泥破風の位置に全てが帰結する。せき棟造りでは繋虹梁の上に蟇股を乗せ、間に斗をかませて障泥破風をわたす。蟇股を前後・上下に動かすことで、障泥破風の位置を調整することができる。しかし、繋虹梁・蟇股・斗・障泥破風という構成を用いる遺構は極めて稀であり、余り普及した方法ではなかったようである（図15）。

春日造りの形式では、切妻妻入りの身舎に向拝を接続させるために障泥破風もしくは隅木を用いる二つの方法が存在する。両者の性質は全くことなり、建築史的に優劣を付け得るものではない。また、障泥破風を用いる場合の建築は王子造りという固有の形式で理解されていたのであり、それだけの特別な意味が付与されていた。それは、神社のための建築という観点に起因するものであり、身舎と向拝の接続という問題は社殿の空間における特性を濃厚に反映しているといえよう。

三　繋梁の独創性

繋梁に注目して春日造りの各遺構を比較してみると、実に様々な形状・方法が用いられており、形式化が顕著に進行した神社建築にあって個々の違いがよく分かる（表1）。

繋梁は、文字通り身舎と向拝を結び付ける横架材のことをいう。およそ身舎と向拝の柱の上方に掛けられる繋梁の仕組み

向拝側取付	琵琶板	垂木
桁相欠	○	一軒
桁相欠	○	一軒
桁相欠	○	輪垂木
—	×	二軒＋地垂木
桁相欠	×	二軒＋地垂木
舟肘木	×	一軒
桁相欠	○	一軒
桁相欠	○	一軒
桁相欠	×	二軒＋地垂木
桁相欠	×	二軒＋地垂木
桁相欠	○	輪垂木
桁相欠	○	一軒
桁相欠	×	一軒＋地垂木
桁相欠	×	二軒＋地垂木
桁相欠	×	二軒＋地垂木
桁相欠	○	一軒
桁相欠	○	一軒
桁相欠	○	二軒
桁相欠	○	一軒
桁相欠	×	二軒＋地垂木
桁相欠	×	二軒＋地垂木
肘木相欠	×	一軒＋地垂木
桁相欠	○	二軒
桁相欠	○	二軒
桁相欠	○	二軒
桁相欠	○	二軒
桁相欠	○	一軒
桁相欠	○	一軒
桁相欠	○	一軒
桁相欠	○	二軒
桁相欠	○?	一軒
桁相欠	○	一軒
桁相欠	○?	一軒
—	×	二軒＋地垂木
桁相欠	○	一軒
桁相欠	△	二軒
桁相欠	○	二軒＋地垂木
桁相欠	×	二軒＋地垂木
桁相欠	×	輪垂木
桁相欠	○	輪垂木
桁相欠	○	二軒
突付	×	一軒
桁相欠	×?	二軒
桁相欠	×	二軒＋地垂木
桁相欠	×	一軒
突付	×	一軒

は、一見すると単純なようであるが、全体の形式や部分の構成に制約を受けており、相応の工夫の上に実現する。特に、身舎側の納まりでは他の要素との関係について考慮すべき点が多い。

身舎側の納まりを検討する前に、向拝側における繋梁の接続に目を向けると、個々の遺構でそれほど方法に違いはないことが確認できる。多くは桁へ突き付けたり相欠きにしたりしており、要するに繋梁は桁の位置に従う。その点で、繋梁を掛けるという行為において向拝側では選択の余地はないのである。

表1　春日造りにおける身舎と向拝の構成

番号	建物名	時代	西暦	所在地	分類	身舎組物	向拝組物	繋梁	身舎側取付
01	圓成寺春日堂	鎌倉	1227-1228	奈良県	春日	舟肘木	平三ツ斗	虹梁	突付
02	圓成寺白山堂	鎌倉	1227-1228	奈良県	春日	舟肘木	平三ツ斗	虹梁	突付
03	泉穴師神社摂社住吉神社本殿	鎌倉	1273	大阪府	背入	二手先	三ツ斗	虹梁	突付
04	宇太水分神社本殿	鎌倉	1320	奈良県	隅木	二手先	三ツ斗	手挟	―
05	一乗寺護法堂	鎌倉	1275-1332	兵庫県	隅木	二手先	三ツ斗	虹梁	肘木
06	三仏寺納経堂	鎌倉	1275-1332	鳥取県	見世	舟肘木	舟肘木	虹梁	突付
07	十六所神社本殿	室町	1384	奈良県	春日	三ツ斗	三ツ斗	虹梁	突付
08	矢田坐久志玉比古神社本殿	室町	1333-1392	奈良県	春日	三ツ斗	三ツ斗	海老虹梁	頭貫
09	鶴林寺行者堂	室町	1406	兵庫県	背入	二手先	三ツ斗	海老虹梁	肘木
10	大笹原神社境内社篠原神社本殿	室町	1427	滋賀県	隅木	（なし）	三ツ斗	虹梁	突付
11	意賀美神社本殿	室町	1442	大阪府	春日	三ツ斗	三ツ斗	虹梁	頭貫
12	白山神社本殿	室町	1442 頃	京都府	春日	舟肘木	三ツ斗	虹梁	突付
13	葛山落合神牡本殿	室町	1465	長野県	隅木	三ツ斗	三ツ斗	海老虹梁	指肘木・巻斗
14	熊野神社本殿	室町	1393-1466	山梨県	隅木	三ツ斗	三ツ斗	虹梁	指肘木・巻斗
15	一乗寺弁天堂	室町	1393-1466	兵庫県	隅木	大斗	三ツ斗	虹梁	肘木相欠
16	天神社本殿	室町	1393-1466	奈良県	春日	三ツ斗	三ツ斗	虹梁	突付
17	矢田坐久志玉比古神社末社八幡神社社殿	室町	1393-1466	奈良県	春日	舟肘木	連斗	虹梁	突付
18	丹生都比売神社本殿	室町	1469	和歌山県	春日	三ツ斗	三ツ斗	虹梁	突付
19	御霊神社本殿	室町	1472	奈良県	春日	舟肘木	三ツ斗	海老虹梁	突付
20	広八幡神社摂社若宮社本殿	室町	1493	和歌山県	隅木	三ツ斗	三ツ斗	虹梁	頭貫
21	広八幡神社摂社高良	室町	1493	和歌山県	隅木	三ツ斗	三ツ斗	虹梁	頭貫
22	窪八幡神社末牡高良神社本殿	室町	1500	山梨県	隅木	三ツ斗・木鼻	連斗	虹梁	突付
23	八幡神社本殿	室町	1514	奈良県	春日	舟肘木	三ツ斗	海老虹梁	指肘木・巻斗
24	丹生官省符神社本殿	室町	1517	和歌山県	春日	三ツ斗	三ツ斗	海老虹梁	頭貫
25	金剛峯寺山王院本殿高野明神社	室町	1522	和歌山県	春日	三ツ斗	三ツ斗	虹梁	突付
26	金剛峯寺山王院本殿丹生明神社	室町	1522 頃	和歌山県	春日	三ツ斗	三ツ斗	虹梁	突付
27	戸隠神社本殿	室町	1524	兵庫県	春日	三ツ斗	三ツ斗	海老虹梁	頭貫
28	博西神社本殿	室町	1538	奈良県	春日	舟肘木	三ツ斗	虹梁	突付
29	金剛三昧院四所明神社本殿	室町	1552	和歌山県	春日	三ツ斗・木鼻	三ツ斗	海老虹梁	肘木
30	白岩丹生神社本殿	室町	1560	和歌山県	春日	三ツ斗	三ツ斗	海老虹梁	頭貫
31	十三神社摂社八幡神社本殿	室町	1561	和歌山県	春日	三ツ斗	三ツ斗	海老虹梁	頭貫
32	小泉神社本殿	室町	1467-1572	奈良県	春日	舟肘木	三ツ斗	虹梁	突付
33	十三神社摂社丹生神社本殿	室町	1467-1572	和歌山県	春日	三ツ斗	三ツ斗	海老虹梁	頭貫
34	高倉神社境内社春日社本殿	桃山	1574	三重県	隅木	三ツ斗・木鼻	三ツ斗	手挟	―
35	総福寺鎮守天満宮本殿	桃山	1576 頃	大阪府	春日	三ツ斗	三ツ斗	海老虹梁	突付
36	伊弉冊命神社本殿	桃山	1580	奈良県	春日	三ツ斗・木鼻	三ツ斗	海老虹梁	肘木
37	天満神社末社多賀神社本殿	桃山	1596-1615	和歌山県	春日	三ツ斗・木鼻	三ツ斗	海老虹梁	大斗脇
38	三船神社摂社丹生明神社本殿	桃山	1599	和歌山県	隅木	三ツ斗	三ツ斗	海老虹梁	頭貫
39	泉穴師神社摂社春日神社本殿	桃山	1602 頃	大阪府	背入	二手先	三ツ斗	海老虹梁	木鼻の上
40	聖神社末社滝神社本殿	桃山	1604	大阪府	春日	三ツ斗	三ツ斗	海老虹梁	頭貫
41	宝来山神社本殿	桃山	1614	和歌山県	春日	三ツ斗	三ツ斗	海老虹梁	頭貫
42	長尾神社本殿	桃山	1573-1614	奈良県	春日	舟肘木	舟肘木	虹梁	突付
43	福王子神社本殿	江戸	1644	京都府	春日	三ツ斗	三ツ斗	海老虹梁	頭貫
44	広八幡神社摂社天神社本殿	江戸	1652	和厭山県	隅木	三ツ斗	三ツ斗	虹梁	頭貫
45	夜支布山口神社摂社立磐神社本殿	江戸	1727 造替	奈良県	春日	舟肘木	舟肘木	虹梁	突付
46	春日大社本社	江戸	1863	奈良県	春日	舟肘木	舟肘木	虹梁	突付

一間社春日造は「春日」、一間社隅木入春日造は「隅木」、一間社春日見世棚造は「見世」、一間社春日造（背面入母屋）は「背入」と表記する。

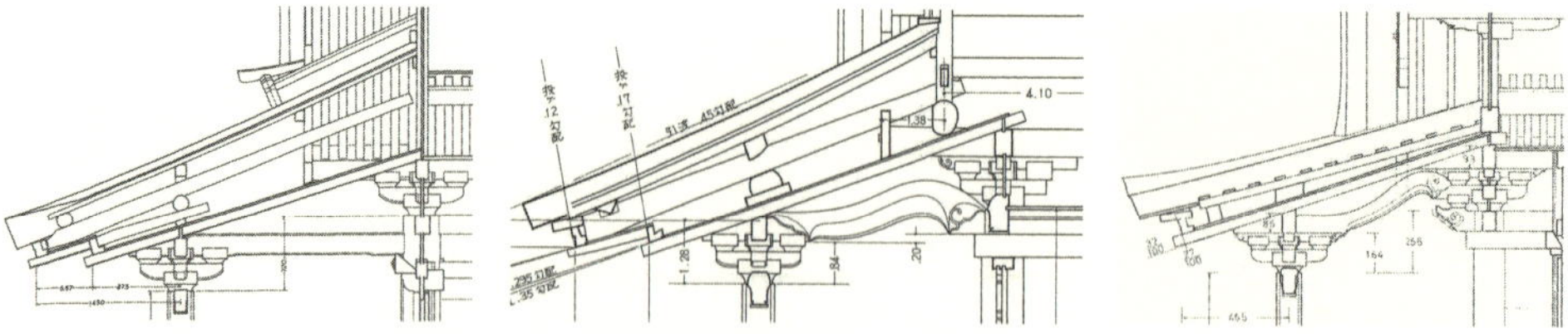

図16　身舎と繋梁を接続させる三つの方法
（左は柱身の位置・中は柱頭の位置・右は柱上の位置）

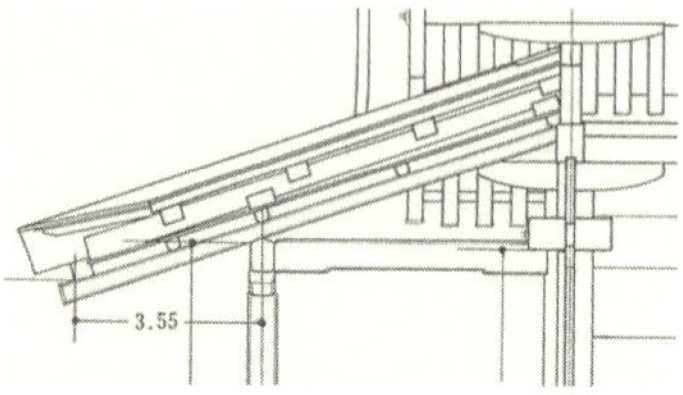

図17　春日大社本殿断面図（部分）

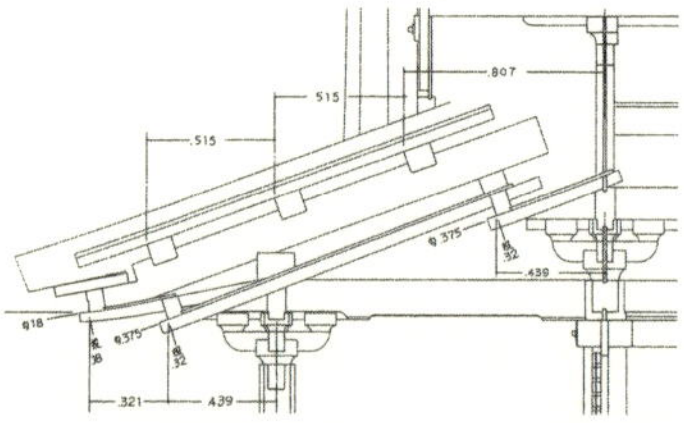

図18　広八幡神社摂社若宮社本殿断面図（部分）

一方で、身舎側では繋梁の納まりに変化が多い。例えば繋梁が直線的である場合、向拝の桁と同じ高さで身舎でも受けることになる。その部分に内法長押や幣軸などが重ならず、柱の面がみえていれば突き付けにでもすることはできるが、そうでなければ取り付き位置を変えなければならない。その際、繋梁を湾曲させた海老虹梁にすることで解決できる。

海老虹梁を用いることで、向拝側での取り付き位置（つまりは桁の位置）とは無関係に、身舎側における繋梁の高さを調節することが可能となる。身舎と繋梁の接続は、取り付きの位置で三つに大別することができる（図16）。一つは、柱頭の頭貫や木鼻の部分で、繋梁を蟻掛けなどにして留める。一つは、柱身の部分で、柱面に突き付けとする。一つは、柱上の組物の部分で、肘木と一体にして作る。但し、接続の位置が同じという複数の事例を比較しても、細部の納まりは一様でない。

以上のように、繋梁により身舎と向拝を接続させるという事象の中核は、身舎側の構成に応じて繋梁の納まりを決定するという問題に集約される。春日大社の社殿は柱上に舟肘木を置くが、その結果、繋梁は柱身に付けることになる（図17）。他の遺構も含めていくつかの事例をみてみると、舟肘木に繋梁を接続させることはなく、直下の頭貫の位置も避けられている。要するに、身舎側に舟肘木を用いる場合はいずれも繋梁を柱面に突き付けて納めている。それは、舟肘木のみという単純な構成から比較的に制約は緩いことから、身舎側の取り付き位置は向拝の高さに合わせることが容易であり、直線的な繋虹梁でも問題は生じないことによる。

身舎柱上に組物を乗せた場合でも、繋梁が直線的な虹梁型と湾曲した海老虹梁型の二通りがある。虹梁型では繋梁の高さは向拝の桁の位置で決まるため、身舎側では高さを調整し易い柱身への突き付けとなることが多い。海老虹梁型では、身舎側と向拝側で独立しているために高さを揃える必要がなく、身舎の組物に海老虹梁を組み込んだり、頭貫の位置に留めたりする。

先述の通り、身舎と向拝を接続させるためには、障泥破風か隅木を用いる。どちらを選択したとしても、繋梁を架けるということに対して直接的には関連しない。しかし、隅木にした場合は、海老虹梁よりも直線的な虹梁の方が都合はよい。それは、隅木を掛けると身舎の垂木が必ず正面の軒先にも出現することによる。隅木は、平の垂木の構成を隅木を介して直角に曲げ、妻にも同様に連続させるという手法である。従って、平と同じ程度の出となる垂木が妻にも存在し、その垂木が繋梁の上方に伸びてくることになる（図18）。そのために、繋梁を湾曲させて海老虹梁とすることができないのである。或いは、海老虹梁であっても組物に組み込むことはなく、せいぜい頭貫の位置に取り付けることになる。また、曲率は小さくなり、垂木と接近・接触する。

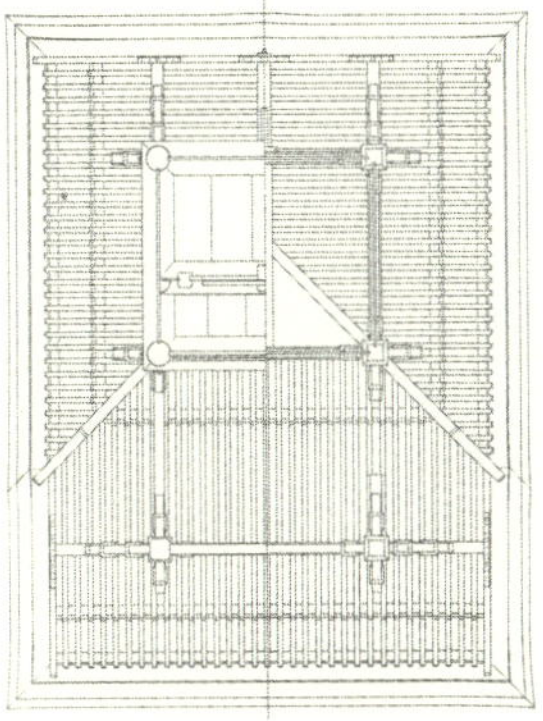
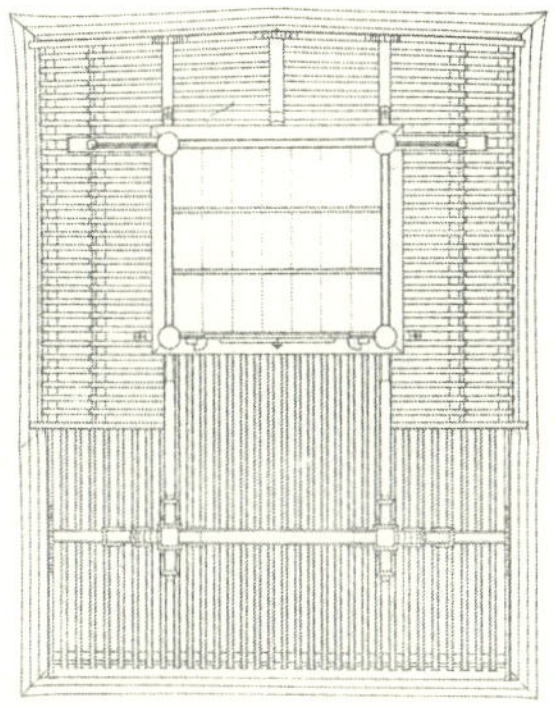

図19　隈木を用いた春日造りの見上げ図（左）
図20　障泥破風を用いた春日造りの見上げ図（右）

一方で、隅木入り春日造りの場合は、身舎と向拝の間に繋梁を掛けるだけでなく手挟みとすることができる。それは、柱間の内側において身舎の垂木が化粧として機能するためである（図19）。反対に、障泥破風の場合は化粧となる部材が存在せず、柱間の内と外で、つまりは繋梁筋の左右で、天井となる要素を変えるため、手挟みを用いることが基本的にはできない（図20）。

通常、障泥破風を用いた春日造りでは、繋梁の上端に琵琶板を立てる。それは柱間の内から外を、外から内を、見通すことができないようにするためである。障泥破風の形状をみれば分かるように、柱間の内と外で垂木の扱いが異なる。向拝の垂木は、柱間の内側では障泥破風を通り抜けて後方にある身舎の桁に掛かり、柱間の外側では障泥破風に突き付けとなる。つまり、身舎と向拝の接続部分を見上げたとき、柱間の内と外で仕様が異なるのである。それを区画するのが、琵琶板の役割である。稀に琵琶板を立てない事例をみるが、柱間の内外で端がそのまま露出している。

以上のように、身舎と向拝の間に繋梁を掛ける方法は様々な制約の下に決定されるが、納まりに目を向けると細部は一様でなく、個々で異なっている。つまり、繋梁に関して自動的に形

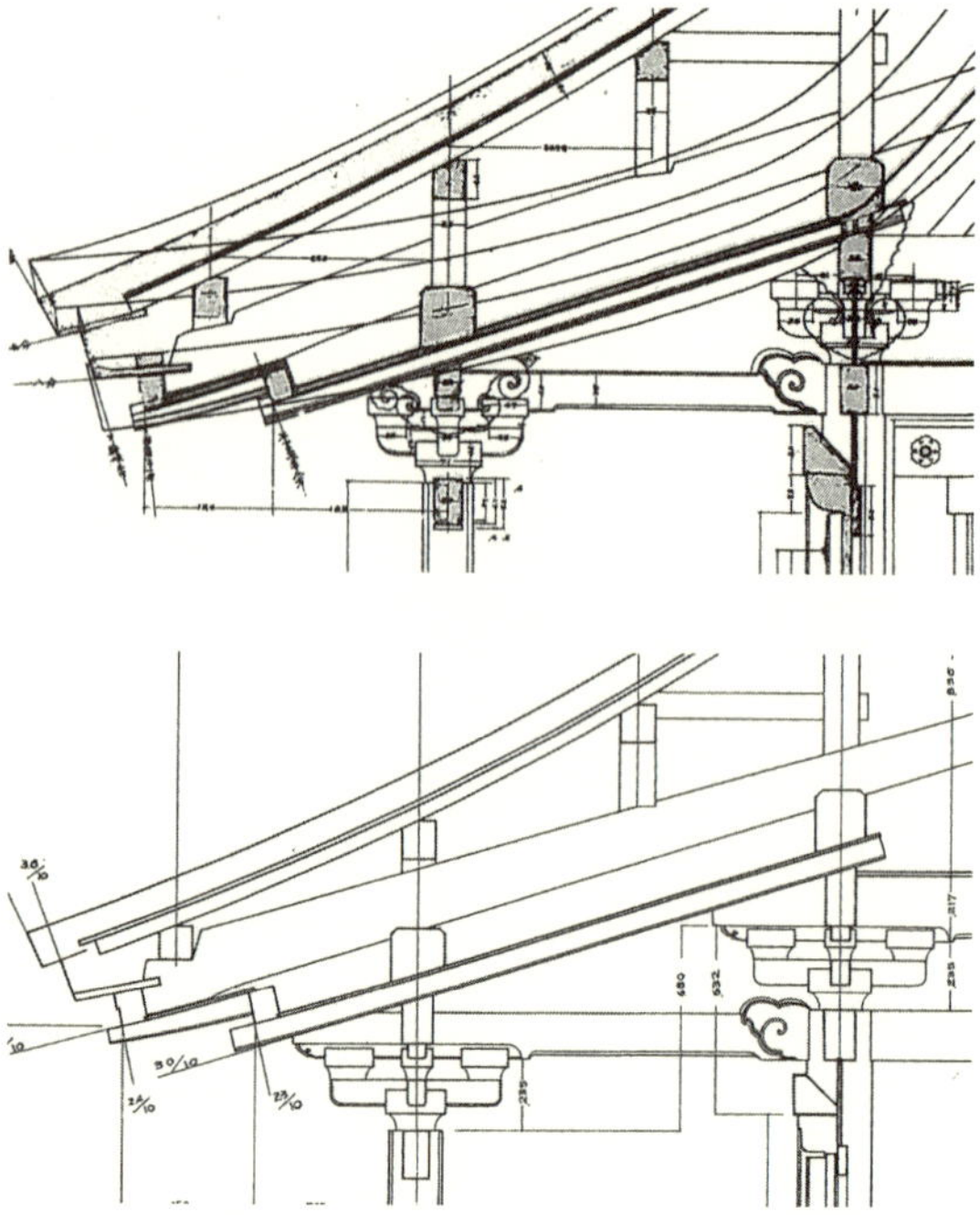

図21　窪八幡神社末社武内大神本殿（上）と天神社本殿（下）の断面図（部分）

態が求められるような形式化は起こっておらず、任意に定められる。その場合に置かれる力点の所在は様々に考えられようが、いずれにしても意匠的な個性が発揮される部分といえる。

伝統建築のいわゆるデザインを誰が決定したのかということを問題にしたとき、繋梁の納まりは一つの指標になる。そのような発想から、窪八幡神社末社武内大神本殿（山梨県山梨市北・一五〇〇か）と天神社本殿（山梨県山梨市大工・一五二二）は注目される。どちらにも棟札が残されており、建立年代が分かると共に、携わる大工の名前も列記されている。なお、天神社は窪八幡神社の社領の中にある。

窪八幡神社末社武内大神本殿の棟札には、「番匠大工石見守、小工平右衛尉（ママ）・清左衛門尉・神左衛門尉・兵部左衛門尉・藤七郎・四郎次郎・又七郎・角窪ノ又次郎・コセ村善七郎・佐久郡人七郎右衛門尉、番匠人数 以上百十九人」とあり、天神社本殿の棟札には「大工佐渡守家安、小工七郎右衛門尉・縫右衛門・与一左衛門・清左衛門・又七郎・神九郎・伊勢房、番定（匠）衆五百人」とある。いずれも「大工・小工・番匠」の大工からなる生産組織であることに共通する。特に、「小工」の中には双方の棟札に記載される大工の存在を確認することができる。

両棟札にある「清左衛門（尉）・又七郎・七郎右衛門尉」や「神九郎（神左衛門尉）」など、名前が一致ないし類似する大工はおそらく同一人物であるだろう。天神社の所在地は「大工」（これは地名）の字であり、大工が居住していたことに由来する。「小工」には地名を併記する大工がいることからも、地名のない大工は在地と理解することができる。つまり、どちらも土地の大工が関与していた。更に、実際の現場で中心的に働くのは「大工」ではなく「小工」の集団と考えられる。

これら土地の大工である「小工」が手掛けた窪八幡神社と天神社の社殿の繋梁は、酷似する（図21）。どちらも流造りの形式であるが、これまで考察してきた春日造りにおける繋梁の史的意義と大きくは違わない。むしろ、身舎と向拝の接続という問題から解放されている流造りにあっては、より自由度が高いといえる。つまり、大工の意図がより直接的に繋梁の作り方に反映し得る。

そのような中で、窪八幡神社と天神社の繋梁はどちらも身舎側の接続において独特な形態をみせている。身舎の柱頭に木鼻を嵌め、その木鼻の先と繋梁の尻を一体にしている。木鼻と繋梁を連続させるという納まりは決して常套の手法ではなく、そのような意匠を採用する両社殿の共通性が窺われる。

四　造形の母体

以上のように、建築の形態を決定する要因を幾つかの視点で区切ってみると、一つに屋根、一つに春日造り、一つに繋梁、これら各位相に別けられる。それは、生産の担い手である人が、それぞれ自然・社会・建築に対峙した結果として導き出された形態と理解し得る。切妻の屋根を有する建築、春日造りの形式を有する建築、繋梁を有する建築、これらの建築が繰り返し作られ続けてきた。建築はかたちあるものであり、その数え切れない建築の営みには必ず形態が定まる（生み出される）瞬間が存在する。その時、何が建築の形態を決めるのかという問に対して、三つの異なる位相をみた。これら建築生産の有り様を大きく規定し特徴付ける各段階を経る過程が、即ち建築の一つの歴史といえよう。

図版出典

図1　左：『日本建築史基礎資料集成一　社殿1』、中央公論美術出版、一九九八年六月
　　右：『日本建築史基礎資料集成二　社殿2』、中央公論美術出版、一九七二年六月
図2　宮本長二郎『日本の美術　第四九〇号　出土建築部材が解く古代建築』、至文堂、二〇〇七年三月
図3　『豪族居館三ツ寺I遺跡のすべて～出土品を総覧する～』、かみつけの里博物館、二〇一〇年九月
図4　『導水施設と埴輪群像から見えてくるもの～古墳時代の王権とまつり～』、滋賀県立安土城考古博物館、二〇一〇年四月
図5　寺沢薫「古墳時代の首長居館――階級と権力行使の場としての居館――」『古代学研究』第一四一号、古代学研究会、一九九八年二月
図6　伏見唯氏 撮影

図7　奈良県教育委員会事務局文化財保存事務所 編『重要文化財博西神社本殿修理工事報告書』、奈良県教育委員会、二〇〇〇年一二月
図8　東京都立中央図書館 蔵
図9　著者 撮影
図10　著者 作成
図11　東京都立中央図書館 蔵
図12　『西宮神社本殿並ニ表大門実測図集』、神戸高等工業学校建築科木南会、一九二七年四月
図13　竹中大工道具館 蔵
図14　著者 蔵
図15　京都府教育庁文化財保護課 編『京都府の近世社寺建築 近世社寺建築緊急調査報告書』、京都府教育委員会、一九八三年三月
図16　左：和歌山県文化財研究会 編『重要文化財丹生都比売神社本殿修理工事報告書』、丹羽都比売神社、一九七七年一一月
中：重要文化財白岩丹生神社本殿修理委員会 編『重要文化財白岩丹生神社本殿修理工事報告書』、重要文化財白岩丹生神社本殿修理委員会、一九五九年一二月
右：『重要文化財金剛三昧院客殿及び台所・四所明神社本殿・多宝塔修理工事報告書』、高野山文化財保存会、一九六九年九月
図17　『日本建築史基礎資料集成一 社殿1』、中央公論美術出版、一九九八年六月
図18　和歌山県文化財研究会 編『重要文化財広八幡神社本殿拝殿摂社若宮社本殿摂社高良社本殿摂社天神社本殿修理工事報告書』、広八幡神社、一九八〇年三月
図19　『重要文化財十六所神社社殿修理工事報告書』、奈良県教育委員会文化財保存課、一九五三年三月
図20　和歌山県文化財研究会 編『重要文化財広八幡神社本殿拝殿摂社若宮社本殿摂社高良社本殿摂社天神社本殿修理工事報告書』、広八幡神社、一九八〇年三月
図21　上：『重要文化財窪八幡神社本殿・拝殿・若宮本殿・若宮拝殿・武内大神本殿・神門高良神社本殿・比咩三神本殿・鳥居修理工事報告書』、重要文化財窪八幡神社修理委員会、一九五七年一二月
下：奈良県教育委員会奈良県文化財保存事務所 編『重要文化財天神社本殿修理工事報告書』、奈良県教育委員会、一九七六年三月

賀茂別雷神社における本殿形式の過渡性

伏見　唯

本稿は、「伝統の墨守」の傾向が強い神社建築の形式が、実際には時代を経るなかで修正されていくことに注目し、その過渡的な性格を扱うものである。具体的には、いわゆる流造の代表例である賀茂別雷神社本殿が、その起源から現代の形式に至るまでの過渡期の形式を明らかにしていく。神社建築の形式において、「墨守」とともに「修正」の機能が働いてきたことを示したい。

一　建築形式の「墨守」と「修正」

「伝統の墨守」(1)という傾向は宗教建築、とくに神社建築の歴史のなかでは、数多く確認されてきた。新しく修理したり、再建をする場合においても、古い形式を慎重に維持しようとする傾向であり、ときにはそうした古式の連綿性が、物の背後に意味を付加してきたのは明らかである。新しくつくられた建築であっても、くり返される「伝統の墨守」を感じることができれば、極端に言えば千年あるいは二千年の範囲にまで意識が及ぶ。そうした時間との接点とともに、そこから、あるいは「伝統の墨守」というある種の共同体的な性格そのものから、たとえば宗教や国家との接点も感じられるということが、「伝統の墨守」という慣習によって造営された建築の重要な側面であろう。ちょうど二〇一三年から一五年にかけて伊勢神宮（内宮・外宮・別宮）の遷御の儀が行われたが、伊勢の式年遷宮こそ、まさにそうした慣習を厳格に遵守しようとするものである。

しかし、式年遷宮によって造営されてきた建築は、もちろんまったく同一の姿で、古代から、中世、近世にわたってつくられてきたわけではない。とくに厳格な遵守を行ってきた伊勢神宮正殿ですら、長い歴史のなかで形式や構造の変化があったことが知られ、克明な考証とともに復原形式が提示され[2]ている。つまり過去の形式を墨守してきた式年遷宮と言えども、各時代の状況において修正が行われながら更新されてきたということである。そのことは、本来は完全に古式を墨守すべきところを妥協して修正がなされた、と捉えるよりも、各時代に思想的、あるいは技術的に発生した不可避な変更を受け入れ、それを僅かな修正として表現する思考過程が、むしろ墨守の思想を第一のものとして中心に据えていることの現れである、と捉えたい。したがって、建築形式の「墨守」は古式の連綿性を求めるものではあるが、現前する建築には各時代の「修正」を経て、古式をめぐる思想と技術の重層性が具象しているのではないか。本稿の関心は、そこにある。

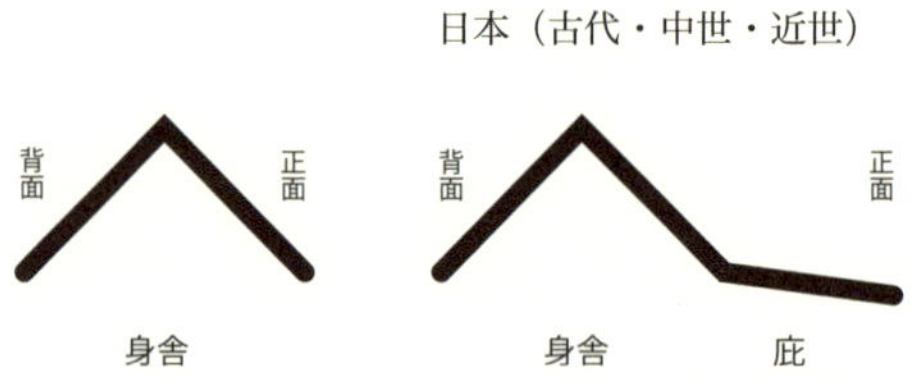

図1　平造（左）と平庇造（右）の模式図

二　平造から平庇造へ

そうした神社建築史のなかの「墨守」と「修正」の機能を考察するにあたって、本稿ではいわゆる「流造[3]」の代表例である賀茂別雷神社（上賀茂神社）本殿を扱う。流造は身舎から庇まで連続して流れるような屋根を由来とする名称であり、その外観の特徴を言い得ているが、日本建築史学のなかでは、春日造と対をなし、流造が切妻屋根の平側、春日造が妻側に庇（向拝）を取り付ける、というおもに屋根の構造形式に特化した用語でもある。そのため、即物的に構造を表現した平庇造や向庇造と呼ぶことも提案されて[4]いる。

この新名称の提案は、神明造のような平造から原始平庇造を経て平庇造へ至る、という展開を想定したものであるが、新名称の浸透はさておき、図1のように平造が平庇造に発展したという認識自体は多くの建築史研究者のあいだでおおよそ共通している。まず伊東忠太の頃から「若しも神明造の社殿に、その前面の間数と同じ間数の向拝を附け、其屋根は本屋の屋根と連続させれば流れ作りになります[5]」とされ、後に稲垣栄三も「庇はおそらく当初から神官ないし礼拝者の便宜のために設けられたのであって、伊勢の神宮正殿の前に造られる幄舎の固定化したものにほかならない[6]」としている。

つまり伊東の進化論的な文脈のなかでも、稲垣の儀礼的な観点でも、流造は神明造、あるいは平庇造は平造の発展形だと考えられているのである。本稿では、そうした庇の取り付きが流造の成立起源であることを前提として、現在と過渡期の建築形式を分析していく。

三　過渡的な形式1（垂木配り）

三―一　文久期の垂木配り

文久期の造替による現在の賀茂別雷神社本殿の垂木配り（図2）は、ほかの神社建築と比べると、非常に特徴的なものである。まず通常、庇には身舎の垂木が打ち越して延びていくものだが、賀茂別雷神社本殿の庇の垂木は身舎の茅負に掛けてある。そのため身舎とは無関係に庇の垂木を配すことができる構造となり、身舎は計三十四本の繁垂木だが、庇は計十二本の疎垂木になっている。さらに興味深いのは、身舎は繁垂木として一般的な柱を手挟んだ配置、庇は疎垂木として一般的な柱の真を踏んだ配置になっているため、身舎と庇の垂木が食い違った形になっているのである。そして柱真以外は身舎の垂木と揃えてあるため疎垂木の間隔が一定ではないということもあり、何とも特殊な垂木配りになっている。

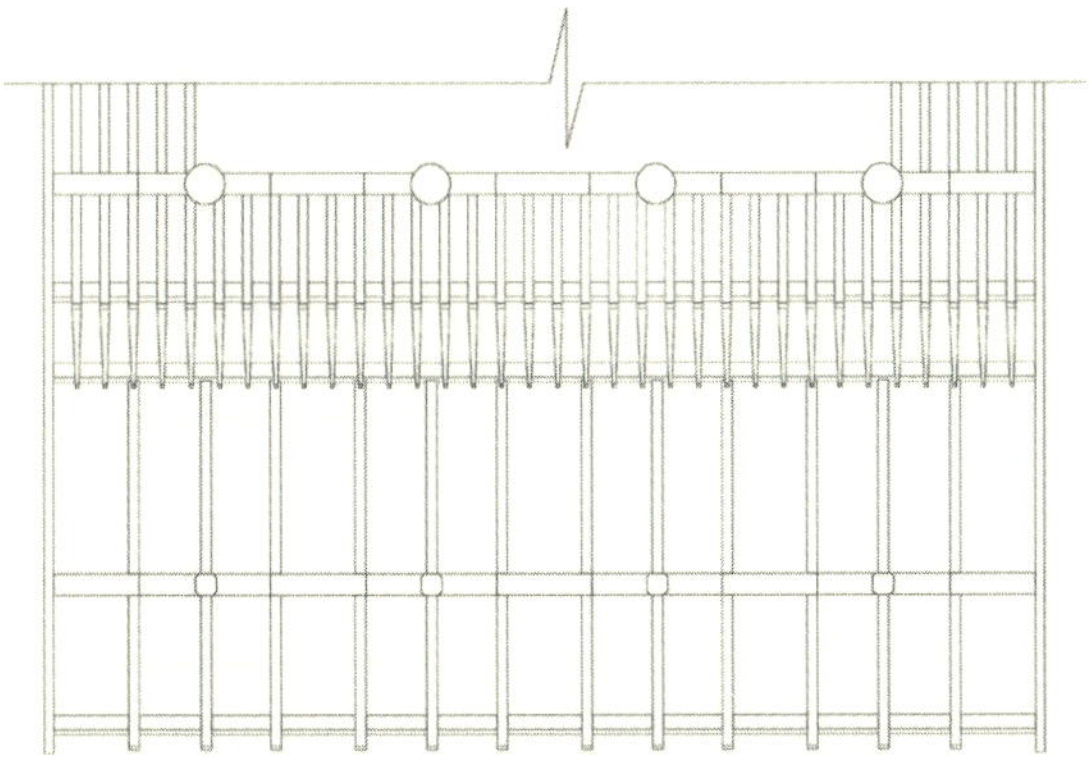

図2　現在の賀茂別雷神社本殿の垂木配り

この特殊な構造を、大森健二は「向拝部分のみは疎棰で、しかも打越棰は茅負に取り付けられています。（中略）向拝打越棰は多分に仮設的なもの（例えば伊勢神宮御正殿前に造られている屋舎の固定したもの）のように思われます。そうすると、賀茂御祖・別雷両神社の向拝（庇）部分は、たんなる階段の雨覆いとしての施設が固定化して身舎と一体化したといってよいかもしれません」[7]と述べ、稲垣も「角柱、疎垂木という明瞭に母屋とは区分される手法によって庇を設けた」[8]としている。

身舎への庇の取り付きという流造の成立起源を踏襲した、いわば「墨守」の傾向の現れと捉えることができるだろう。

三―二　林家木割書の垂木配り

それでは、現在の垂木配りは流造の黎明期まで遡るものだろうか。その手掛かりになる史料として東京都立中央図書館に所蔵されている林家木割書がある。林家は、大徳寺と賀茂別雷神社の中間辺りに位置していた林村に住まい、江戸時代を通じて大徳寺および同寺

図4　宇治上神社本殿覆屋の垂木配り

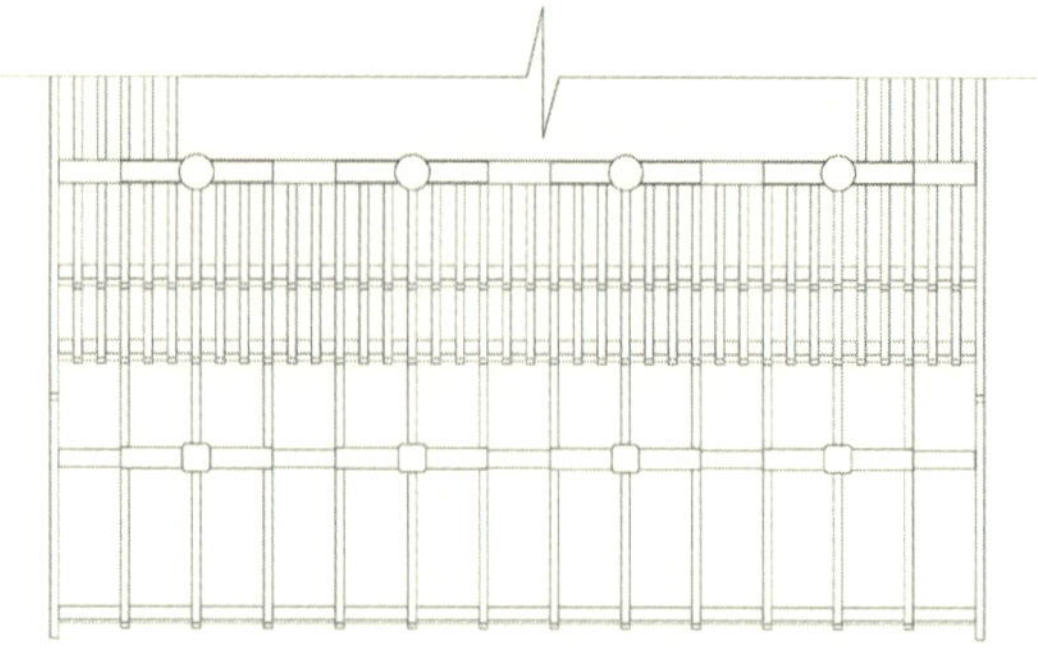

図3　木割書「賀茂様之三間社」の垂木配り

諸塔頭の作事を担ってきた匠家である。作事記録からはっきりと確認できるわけではないが、林家の由緒書には「賀茂別雷皇太神宮正大工譜代之家」とあり、大徳寺だけでなく賀茂別雷神社の正大工でもあったとの伝承を残している。[9] その林家が賀茂別雷神社本殿の木割とうたう「賀茂様之三間社」という延宝期の木割書がある。[10] その木割書のなかの垂木配りについての記述は以下である。

一、タル木ノ打様ハ、アバラタルキヲ一まノ中ニ弐本ツ、うつ、その中ニ二本ツ、うちてしけたるトスル也、ケントニ打テ間ニノホリヲ打也、そば軒ニ中ニアバラ一本打、破風共ニ六枝打也、

林家木割書のほかの箇所と併せて検討すると、言葉の意味は「アバラタルキ」＝「疎垂木」、「しけたる」＝「繁垂木」、「ケントニ打テ」＝「柱真上に垂木を打って」、「ノホリ」＝「柱真を踏む垂木」である。そして、向拝（庇）については「御拝軒廻ハ常ノアハラ物ト同事」とあるから、全体の垂木配りをまとめると図3のようになる。三等分を二回くり返して身舎の垂木配りを繁垂木とし、そのうちの三本に一本を疎垂木とする手法である。

この手法だと、身舎が繁垂木であり庇が疎垂木であるところは現状と変わらないが、身舎と庇が食い違うことはない。また、食い違わなければ、身舎の繁垂木と庇の疎垂木という構成と、庇の垂木が身舎の茅負に掛かるという構造は、片岡御子神社などの賀茂別雷神社・賀茂御祖神社の摂社や末社にも見られるものであり、さらに最古の神社建築遺構として知られている宇治上神社本殿覆屋（流造）においても、同様の手法（図4）が用いられている。

したがって、身舎への庇の取り付きという流造の成立起源が素直に現れた形式としては、ほかの例が確認できる点でも、現状よりも林家木割書の垂木配りのほうが自然であろう。摂社や末社だけでなく、本殿においてもこの垂木配りが用いられていたが、いずれかの造替の機会に、身舎の繁垂木が一般的な柱を手挟んだ配置に変更されたのではないか。

つまり、中古の段階において、身舎への庇の取り付きという流造の成立起源を「墨守」した形式として、林家木割書のような垂木配りをしていたが、それ以降の段階において身舎の垂木配置が一般的な方向へ「修正」されたと言える。現状の垂木配りは、端的に言えば「修正」を経たうえでの「墨守」である、と改めて捉え直すことができるだろう。

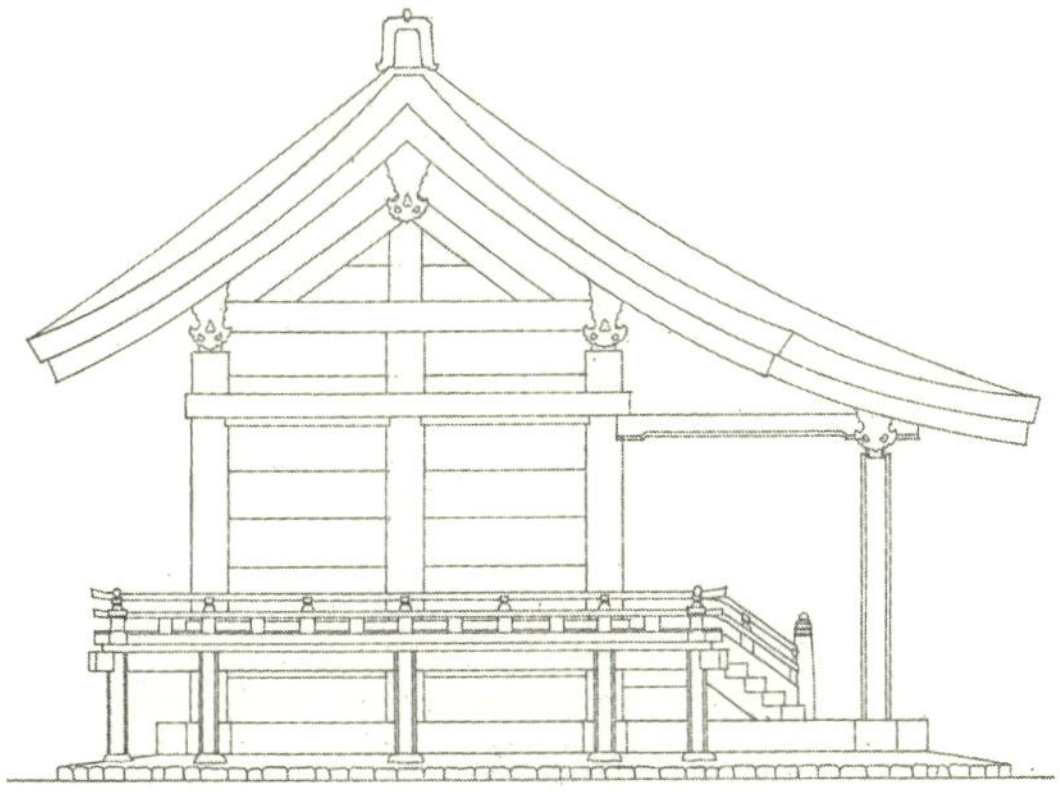

図５　谷重雄による嘉元期の賀茂別雷神社本殿の復原案

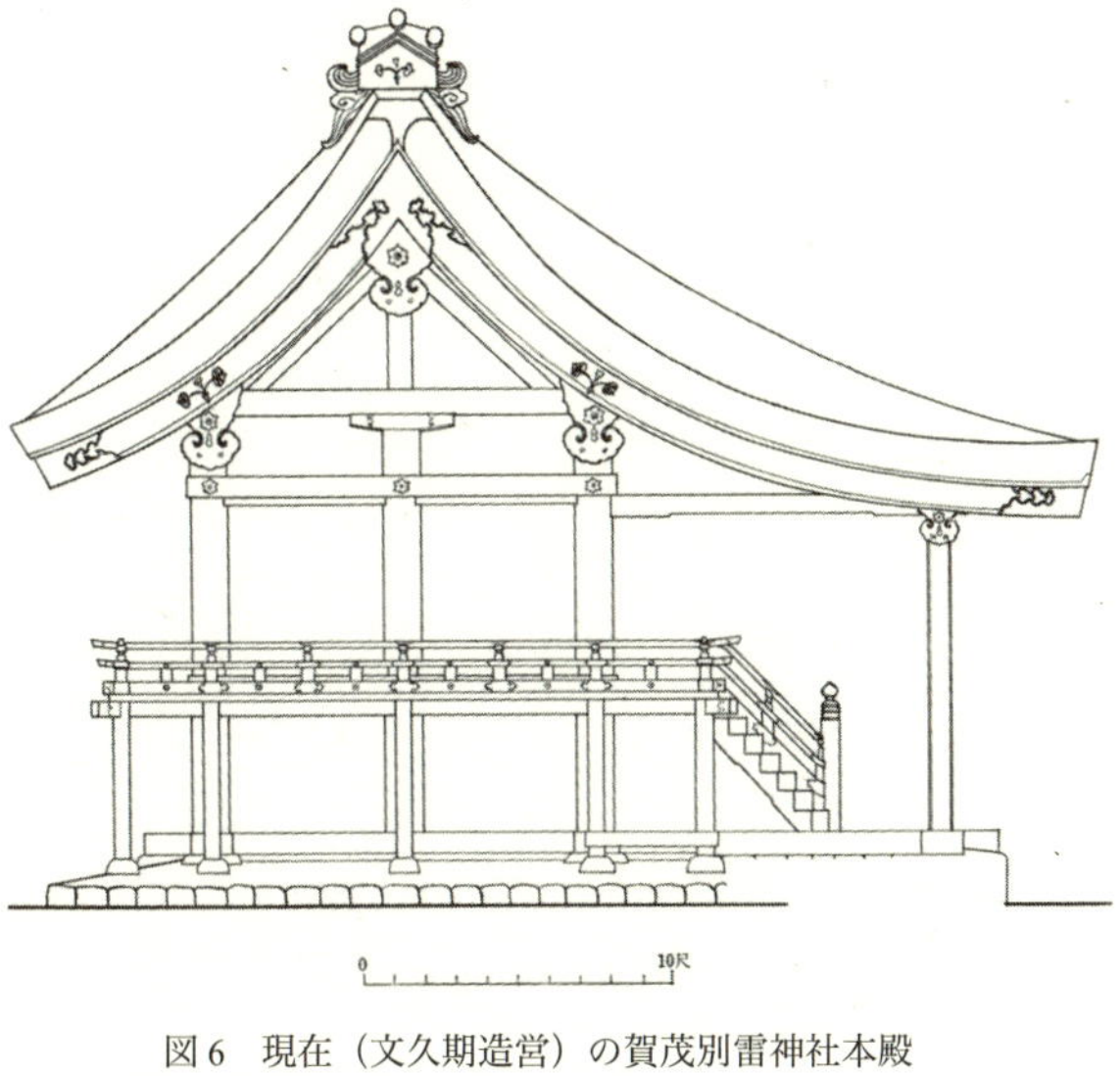

図６　現在（文久期造営）の賀茂別雷神社本殿

四　過渡的な形式２(破風板の形状)

四―一　嘉元期の復原案

流造が切妻屋根の身舎に後から庇が付加されたことによって成立したことを裏付ける建築の特徴としては、垂木配りのほかにも、破風板の形状がある。

それは谷重雄による嘉元期の賀茂別雷神社本殿の復原考察(11)（図５）によって示されたものである。谷は賀茂別雷神社に残されていた「乾元二年癸卯度造榮寶殿寸法書」と「嘉元三年御遷宮日記」を史料として嘉元期の復原をした。同復原では、庇の出や垂木数など、現状の本殿との相違点がいくつか指摘されたが、身舎と庇の破風板の繋ぎ部分の下端に刻み目があったとの指摘が、身舎と庇の破風板に異なる部材が用いられていた時代を示すものとしてとくに注目されている。

稲垣も谷と同史料を用いて別の復原案を提示しているが、破風板の刻み目については谷の復原案に同意し、「流造における身舎と庇が構造的にも機能的にも全く分離しており、しかも庇はおそらくあとから付加されたことを暗示している」[12]と述べている。

この刻み目の存在を示す史料は、谷・稲垣が用いた「寸法書」の「一もやのはふ　四まい（中略）一ひさしのはふ　二まい」という身舎の破風板と庇の破風板を別々に計上している記述と、「遷宮日記」の「はふのこしり六まい（中略）もや二まい（中略）ひさし二まい（中略）きさみめ二まい」という飾金具を取り付ける「きさみめ（刻み目）」と称する部位の記述である。このふたつの記述から復原案を提示した洞察には驚くが、史料中の記述は具体的で、破風板に刻み目があったことに十分な蓋然性を与えるものであろう。

この破風板の形状は、巨大な破風板材を二材に分けることによって材料調達や施工の便を図ったという技術的な要因もあるかもしれないが、身舎と庇が分離していた流造の起源を踏襲しようとする、強い「墨守」の機能の現れでもあるだろう。

四―二　木割書と建地割図における破風板の形状

前述の賀茂別雷神社の正大工であったという林家の延宝期の木割書[13]には、この破風板の形状についても記されている。また木割書の著者と同一人物（林宗名）が描いた建地割図[14]もあり、そこでも破風板の形状を確認することができる。木割書の記述は以下である。

表御はいノ所ハ、はふノ筒下ハニテ、壱分半切トメテホソクスルベキモノナリ、

林家木割書のほかの箇所と併せて検討すると、「筒」は「身舎」を意味することが多いので、全体は「表の向拝の所は、破風の身舎の下端にて、一分半切って細くするべき」といった意味である。「切トメテホソクスル」なので、嘉元期の復原案にあるように、身舎と庇の破風板が別々の部材であるとは考え難い文章である。おそらく破風板は一材であり、刻み目のみが装飾的に施されているのであろう。

次に林宗名が描いた建地割図は図7である。これは木割書に則して描かれたと考えられる図面であり、木割書に記されている通り、破

図8　建地割図「上賀茂御本社・御拝・権之社同断」
（上：全体／下：刻み目部分）

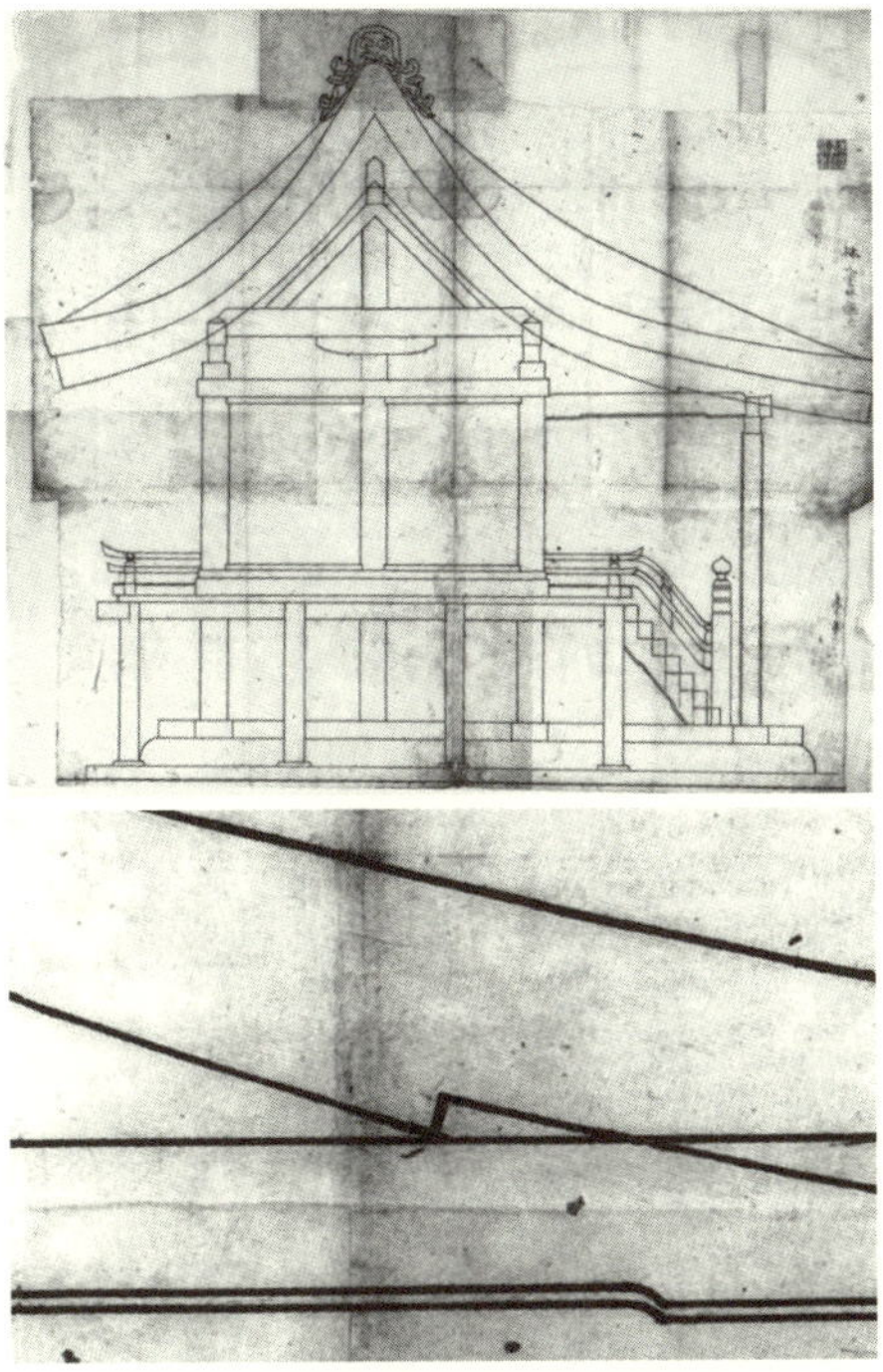

図7　建地割図「賀茂本社造社殿建地割」
（上：全体／下：刻み目部分）

風板を途中で細くしているのを確認することができる。この刻み目の位置は、庇が付いていなければ、身舎の破風板の木口に相当する場所であることが分かる。また、身舎と庇の破風板は別材ではなく、同一材が刻み目によって途中から細くなっているように見える。

この木割書と建地割図は延宝期頃のものであるが、この頃に林家が実際の作事を担当していた記録が見られないので、あくまで「賀茂様」という形式を記述したものである。賀茂別雷神社正大工だったという林家が、「（賀茂別雷皇大神宮正大工譜代之家という）縁故ニ依り賀茂様正殿其他之木摧書家ニ傳フ」[15]ということで伝承してきたものである。したがって、ここからは賀茂別雷神社本殿に刻み目のあった時期までは分からない。

また、斑鳩町教育委員会が所蔵している法隆寺大工・安田家の文書のなかにも、「上賀茂御本社・御拝・権之社同断」と記された建地割図[16]があり、図8である。こちらでも同様に破風板が途中で細くなっているのを確認することができる。なお、安田家文書にはほかにも詳細な賀茂別雷神社の図面が複数含まれているが、これらの図面の由来は定かではない。しかし、安田家は京都大工頭・中井家の配下として棟梁を担っていた匠家であり、中井家[17]が担当していた寛永期や延宝期などの賀茂別雷神社の公儀作事におそらく関与していたため、手元に残ったものであろう。そうすると、中井家や安田家が賀茂別雷神社の作事を担いはじめた近世まで、刻み目は存在していたことになる。

谷・稲垣の復原案にこれらの史料を加えることによって、破風板の刻み目はより明確な存在として明らかになったと言えよう。しかし、木割書と建地割図は嘉元期の状態とは異なるところがある。それは嘉元期には身舎の破風板と庇の破風板は別材であり、その二材の寸法差によって刻み目を生み出すものであったが、延宝期の木割書や建地割図では、おそらく破風板は一材であり、途中で細くすることで刻み目を生み出すものである。これは流造が一般的となった時代での造営の便宜性を考えると納得のいく省略形である。文久期に造営された現状では消失している破風板の刻み目が、段階を経て変化していたことは興味深い。

身舎と庇が分離していた流造の起源が暗示されている破風板の分離と刻み目は、強い形式の「墨守」の現れだと考えられる。しかし、その破風板の分離と刻み目は、ときを経て刻み目だけの状態に「修正」されながら維持されていったと言えるが、遅くとも文久期の頃には、遂に消失したのである。

五　まとめ

以上、流造の成立起源を基底に据えながら、現状に至るまでの賀茂別雷神社本殿の過渡期を見てきた結果、身舎を繁垂木とし三本に一本が庇の疎垂木になる垂木配りと、身舎と庇の境において破風板の下端に刻み目のある形式が明らかになった。

また、垂木配りについては、「身舎に庇が仮設的に取り付いた起源」→「身舎が繁垂木、庇が疎垂木となる（身舎と庇の垂木が揃う）」→「身舎が繁垂木、庇が疎垂木となる（身舎と庇の垂木が食い違う）」、破風板の形状については、「身舎と庇の破風板が別部材、境には刻み目がある」→「身舎と庇の破風板が同一部材、境には刻み目がある」→「身舎と庇の境の刻み目がなくなる」という順番で変遷していることを示した。

このことから、全体的には伝統を墨守する傾向にある賀茂別雷神社本殿においても、部分的には一般的な構造に「修正」されたうえでの「墨守」の傾向や、過去の強い「墨守」の傾向が「修正」されながら段階的に失われていったことが認められた。現在の本殿はまさに流造の典型といえる洗練に至っているが、そこには過渡の痕跡も潜在している。つまり、ひとえに「伝統の墨守」といっても、実態としては古式への思索の連綿性とでも言うべきものがあり、ときには各時代の古式をめぐる思想と技術が重層しているものだと言えよう。

註

1 墨守の意味は、「(墨子がよく城を守った故事から)古い習慣や自説を固く守りつづけること(『広辞苑　第四版』、岩波書店、一九九一、二三五三頁)」。神社建築の保守的な性質は、伝統の「維持」などとも表現されるが、稲垣栄三は度々「墨守」を用いている(稲垣栄三　一九六八「神社と霊廟」、『原色日本の美術　第一六巻　神社と霊廟』、小学館、一九五頁／稲垣栄三　一九九八「概説」、『日本建築史基礎資料集成　一　社殿Ⅰ』、中央公論美術出版、三頁)。本稿では「固く」というニュアンスが重要であると判断しているため、「墨守」を用いている。「固く守りつづける」という基盤があるからこそ、変化には困難と慎重さが伴うのだろう。

2 たとえば、福山敏男　一九四〇『神宮の建築に関する史的調査』、造神宮使庁／丸山茂　一九九二「中世における伊勢神宮内宮正殿の構造について」、『跡見学園女子大学短期大学部紀要』二八、跡見学園女子大学短期大学部。

3 管見の限り、近世の大工技術書では「流造」という名称は用いられていない。内容から流造を示しているものでも、単に「一間社」などといった名称が通例である。「流造」は明治時代以降の造語か。

4 谷重雄　一九三九「春日造の名称に関連して」、『建築史』第一巻第五号、建築史研究会編、吉川弘文館。

5 伊東忠太　一九〇一「日本神社建築の発達(上)」、『建築雑誌』第一六九号、日本建築学会、一七頁。

6 稲垣栄三　一九七二「賀茂別雷神社本殿・権殿その他社殿」、『日本建築史基礎資料集成　二　社殿Ⅱ』、中央公論美術出版、二一頁。

7 大森健二　一九九八『社寺建築の技術　中世を主とした歴史・技法・意匠』、理工学社、一五五頁。

8 稲垣栄三　一九七二「賀茂別雷神社本殿・権殿その他社殿」、『日本建築史基礎資料集成　二　社殿Ⅱ』、中央公論美術出版、二一頁。

9 拙稿　二〇〇七「林家木割書について(1)――林家の由緒――」、『日本建築学会関東支部研究報告』、日本建築学会。

10 『林家木割書「日本社之木摧」』。東京都立中央図書館特別文庫室木子文庫所蔵。木〇二〇―〇八。

11 谷重雄　一九四〇「上賀茂神社嘉元造替の本殿」、『建築史』第二巻第四号、建築史研究会編、吉川弘文館。ただし図5は、谷重雄自身によって更新された未発表の復原案。後に稲垣栄三によって紹介された(稲垣　一九七二)。

12 稲垣栄三　一九七二「賀茂別雷神社本殿・権殿その他社殿」、『日本建築史基礎資料集成　二　社殿Ⅱ』、中央公論美術出版、二一頁。

13 『林家木割書「日本社之木摧」』。東京都立中央図書館特別文庫室木子文庫所蔵。木〇二〇―〇八。

14 『賀茂本社造社殿建地割』。東京都立中央図書館特別文庫室木子文庫所蔵。木〇二一―一―一五。

15　『林準次郎（宗栄）建築書「賀茂山の枝打」』。東京都立中央図書館特別文庫室木子文庫所蔵。木〇二〇―一三。
16　『上賀茂御本社・御拝・権之社同断』。斑鳩町教育委員会所蔵。箱番一四文書一五。
17　谷直樹　二〇〇三「大工頭中井家の職掌と建築指図」、『大工頭中井家建築指図集――中井家所蔵本――』、思文閣出版、二九三頁。

参考文献

東京都立中央図書館　一九九八『東京都立中央図書館蔵　木子文庫目録　第一巻　江戸期資料・木子清敬資料（明治宮殿除く）』、東京都立中央図書館

斑鳩町教育委員会　二〇〇九『斑鳩町文化財調査報告書第六集　奈良県生駒郡斑鳩町　安田家文書調査報告書』、斑鳩町教育委員会

図版出典

図1・図2・図3　筆者作成
図4（左）　筆者撮影
図4（右）・図5・図6　『日本建築史基礎資料集成　二　社殿Ⅱ』、中央公論美術出版、一九七二
図7　註14参照
図8　註16参照

日本（近現代）

建築メディアの一九八〇年代

大森　晃彦

一九八〇年に大学院を修了後、株式会社新建築社に入社し、二〇一〇年までの三〇年間、雑誌『新建築』を中心とした建築専門メディアに関わった。その後も、建築専門の出版社、株式会社建築メディア研究所を設立し現在に至っている。

人は「どうやらこれが一生の仕事」と見えてきたところで、後に続く者に歴史を伝える役回りであることに気付く。気付くというよりも、それは自らが存在した場所を時間の中に位置づけたいという願望の表出なのだろう。私の場合、建築メディアの歴史というきわめてニッチな世界ではあるが、後からあれこれ詮索される前に書けることを書いておこう、聞ける人がいるうちに聞いておこうという気分になっている。そんなわけで昨今、少しずつ先輩諸氏へのヒアリングを開始しつつ、その背景となる状況の調査を進めている。いずれ参照可能なドキュメントとしてまとめる予定だが、ここでは、ごく個人史的なところから始めたい。

一　初仕事は電話帳を手書きで

一九八〇年、初めて座った編集部スタッフ用のデスクは一、八〇〇×九〇〇ミリの両袖。やたらとデカかった。前年秋に穂積信夫先生のご紹介で入社が決まってから、いつから来るのか、という催促をかわして初出社したのは三月末だった。

新建築社の社屋は文京区湯島にあった。地下鉄の湯島駅から湯島中坂を上がったところで、文京区立湯島小学校正門の北向かい、クジラのかたちの遊具のある新花公園の東隣りの敷地である。社屋は自社ビルで、清家清の基本設計、戸田建設の実施設計・施工により一九七五年に竣工。新建築社は一九六〇年に中央区宝町からこの場所にあった古い建物に移転していて、それを建て替えたものである（『新建築』一九七五年五月号に掲載）。湯島に越してきた経緯は定かではないが、一九五七―五八年に編集を担当していた佐藤正己（一九二六―二〇一二）によれば、創業者で当時の社長だった吉岡保五郎（一八八八―一九七二）の湯島の自宅に、月一回、宝町から写真や頁割りを持って行った（『新建築』一九七四年一〇月臨時増刊「日本近代建築史再考／虚構の崩壊」収録の佐藤正己の寄稿）ということだから、吉岡が会社を自宅の近くに移転させたのだろう。新建築社は二〇一四年に霞が関ビルディングに移転し、清家による社屋は取り壊され（享年四〇）、今はマンションが建っている。

編集部での最初の仕事は自分用の電話帳の作成。スチール製の蓋の右側にあいうえお順のスライドノブがあって、下のボタンを押すとバネで跳ね上がるものだ。建築家の名前と電話番号だけが書かれた先輩社員の電話帳を手書きで写し取った。大きなデスクの上の黒い電話だけが外との通信手段だった。

二　一九八〇年の『新建築』編集部

入社前年の秋に穂積先生に紹介されるまでは、建築専門誌の編集に携わることなど、想像したこともなかった。『新建築』を「見る」ことはあったが、毎月の号が出たらすぐに目を通すような良き読者ではなかった。ただ、稲垣栄三（一九二六―二〇〇一）の『日本の近代建築――その成立過程』（一九五九年、丸善刊）の読解が修論のテーマだったから、ある連続感は感じていて、すんなりと仕事に入ることができた。端から見れば当時の私は学生気分そのままだったと思う。

一九八〇年の入社時、編集長の馬場璋造（当時四五歳、一九三五―、早大建築・政経卒、一九五九年入社）が病気療養中だったために、石堂威（三八歳、一九四二―、早大建築卒、一九六四年入社）が前年の途中から編集長を代行していた（一九八一年から正式な編集長になり、馬場は編集人に就任）。当時の『新建築』編集部のメンバーは、中谷正人（三二歳、一九四八―、千葉大建築卒、一九七一年入社）、伊藤真人、淵上正幸、小田道子、鈴木明、そして私。年齢構成が絶妙で、石堂は「野武士」世代（槇文彦が『新建築』一九七九年一〇月号に発表した評論「平和な時代の野武士達」に由来、「野武士」は石堂の企画）、中谷は団塊の世代である。編集会議では活発な議論が交わされたことを記憶している。

すこし遡って、入社前。私にとって印象的だった『新建築』は、一九七六年一一月臨時増刊の「昭和住宅史」だった。横山正が監修し、昭和の住宅六〇作品を時系列に並べ、作家論として、小能林宏城：藤井厚二、磯崎新：堀口捨己、林昌二：吉村順三、伊東豊雄：篠原一男を収録している。刊行されてからすこし経ってのことだったが、なによりも巻頭のカラー口絵の「聴竹居」に惹き付けられた。この「建築昭和史」の編集担当が石堂だったので、入社前だったが連絡先を教えてもらい、一九七九年の晩秋に「聴竹居」を訪ねた。

「昭和住宅史」は、今改めて見直してみても秀逸な編集である。印象的な撮り下ろし写真のカラー口絵が伝える建築の魅力。各作品のページではすべてモノクロではあるが写真を軸に、図面とテキストで作品をきちんと伝え、軸となる作品に対してその背景を伝える作家論のテキストを収録している。

ちなみに、新建築社が臨時増刊号を初めて刊行したのが、創業五〇周年を記念した一九七四年一〇月臨時増刊「日本近代建築史再考／虚構の崩壊」（監修：村松貞次郎、近江栄、山口廣、長谷川尭）で、その後、一九七五年一二月臨時増刊「新建築に見る建築昭和史」、一九七六年六月臨時増刊「日本の様式建築」と歴史物が続き、その最後が「昭和住宅史」だった。すべて石堂が関わったものである。いずれも歴史的作品を時系列に並べているが、それぞれを「作品」として歴史的な文脈から切り出し、同一の地平に置いて眺めてみようという編集意図が感じられる。二年後に『a＋u』一九七八年一〇月臨時増刊「ポスト・モダニズムの建築言語」（チャールズ・ジェンクス著、竹山実訳）が刊行されたことも、同時代のシンクロ現象といえるだろう。

三　一貫生産の編集

デスクが大きいのはレイアウト用紙を広げて作業する必要があったからだ。

編集担当者は、担当する作品について、その取材から原稿依頼、写真撮影のサポート、建築家との打ち合わせ、レイアウト、校正のすべてをひとりで行った。

写真撮影はインハウスのカメラマン三人。遠方の撮影にもカメラマンとふたりで出張した。そして大抵の場合、設計者も撮影に立ち会ってくれた。撮影はビューカメラ。フィルムサイズは四×五（シノゴ）で、すべてをモノクロネガフィルムで撮り、メインとなる絵のみをカラーポジフィルムで撮影した。「昭和住宅史」のカラーページが巻頭の口絵だけだったように、通常の月号でもひとつの作品で使えるカラーページは限られていた。カラー印刷はモノクロに比べて高額であり、カラーポジフィルムの現像もコストがかかった。モノクロネガフィルムは社内で現像し、八×一〇（エイトバイテン）の紙焼きに仕上げられた。

編集担当者は、紙焼きと数枚のカラーポジフィルムを持って設計者を訪ね、写真や図面の使い方について打ち合わせをする。事細かく指定する設計者もいれば、すべてお任せという人もいたが、ともかく気に入っている写真を選んでもらいその理由を確認する。あらかじめ依頼しておいた原稿とデータ・シートを読み、時に書き直しや書き足しをお願いする。図面は青図をもらってそれをトレースすることが多かった。トレースは学生のアルバイトかプロのトレーサーに依頼した。

レイアウトは、建築家との打ち合わせを踏まえて、改めて写真と図面を読み込み、写真を選びながら建築の魅力を伝えるページ展開のストーリーを組み立てていく。レイアウトにはいくつもの可能性があり、写真の選択とその展開によって建築はまったく異なる印象になる。写真のレイアウト作業は、紙焼きの上にトレーシングペーパーをかけ、トリミングを決めて対角線を引きそれをレイアウト用紙に写していく。レイアウト用紙にキャプションを手書きし、原稿に赤鉛筆で赤字を入れ、文字の大きさと行間、組幅を指定する。それぞれに合番号をつけ、写真用とテキスト用のレイアウト用紙を印刷所に入稿する。

校正はまず文字のゲラ刷りが出る。直しを入れて「責了」と書いてしまうともう直せないから真剣に読む。レイアウトを確認できるのは校正刷りが出たときだが、校正刷りでは色の校正と位置の微調整を指定できるだけで、レイアウトの変更や写真のトリミングの変更は基本的にできない。変更は写真製版の工程がやり直しになり、コストと時間がかかるからだ。

デジタル化は一九八〇年代後半から。ワープロ、ＰＣ、ファクシミリが普及したのは一九八五年以降。印刷所における組版が電子写植になって、テキストの入稿がデジタル化されるようになる。誌面がカラー化され写真原稿がすべてカラーポジフィルムになるのが一九八六年以降。ポジフィルムのサイズは六×九（ロクキュー）サイズと小さくなり、紙焼きが作成されなくなり、ポジフィルムをコピー機でコピーしたものをレイアウト用紙に貼り付けてレイアウトするようになる。

ＤＴＰが導入され、レイアウト用紙がデータとプリンタ出力の見本に取って代わるのは一九九〇年代半ば以降。これによって、入稿前にレイアウトを確認できるようになる。カメラマンはレイアウト用の写真データを作成するためにポジフィルムをスキャンする仕事が増えた。ポジフィルムから印刷用の写真データを作成する作業は印刷所の仕事だったが、印刷工程はすべてデジタル化され、校正刷りがデジタル出力となる。二〇〇〇年代末には、撮影にデジタルカメラが導入され、印刷所でポジフィルムから印刷用の写真データを作成する作業がなくなる。これはかなり大きな変化で、印刷所のオペレーターの特殊技能が不要になることを意味する。レイアウトは最終校正時に容易に変更可能になり、誌面の決定は最終校正まで持ち越されるようになった。

一九八〇年に戻れば、当時は入稿するときにすべてを決めなければならなかった。すべてを決めて入稿してから校正刷りが出るまでかなり時間がかかり、その間は取材に動くことができた。印刷工程のデジタル化によって校正刷りが出るまでの時間は徐々に短縮されていったが、その状況は一九九〇年代半ばまで基本的に変わることがなかった。

四　編集セオリーとメソッド

一九八五年に石堂は季刊『新建築住宅特集』(一九八六年五月号より月刊化)の創刊編集長となる。それまで『新建築』では、二月号と八月号を「住宅特集」としていたが、それ以外の月にも住宅を特集するほど、住宅作品の数が増えていた。作り手が多様化し、そして「作品」が多様化した。バブル経済の後押しによって住宅以外の「作品」も増え、月刊の一二冊に納まりきらなくなったこと、もっぱら住宅作品をつくる設計者が生まれ読者のセグメント化がおこったことが『新建築住宅特集』誕生の直接の背景だった。そして『新建築』には一九六四年から一九七九年まで編集長を務めていた伝説の編集長、馬場璋造が復帰する。一九八八年には馬場が建築情報システム研究所を設立して『新建築』から離れ、石堂が再び『新建築』の編集長となる。『新建築住宅特集』の編集長には中谷正人が就任する。

私も一九八八年に『新建築』編集部から『新建築住宅特集』に移動し、一九八九年からは石堂が編集長である創刊六五周年記念臨時増刊『建築二〇世紀』の編集に、豊田正弘と共に専従する。『建築二〇世紀』は二年後の一九九一年一月にPART1を、六月にPART2を刊行することになる。

一九八〇年代の建築メディア全体を眺めれば、それほど大きな動きはない。『新建築住宅特集』の他は、『群居』が一九八三年に創刊し、『都市住宅』が一九八六年に休刊になったこと。海外では『EL Croquis』が一九八二年に創刊したことぐらいである。一九七〇年代に、『a+u』(一九七一年)、『GA』(一九七一年)、『住宅建築』(一九七五年)、『GA HOUSES』(一九七六年)、『日経アーキテクチュア』(一九七六年)と創刊が相次ぎ、『建築』、『Architectural Forum』が休刊したことと比べると、静かな一〇年であったといえる(実は一九九〇年代も建築メディアに大きな動きはない。『建築文化』、『SD』、『群居』が休刊、終刊となるのは二〇〇〇年代である)。

よく知られているように一九五七年に「新建築問題」があり、「建築ジャーナリズムの確立」を訴えた川添登、平良敬一、宮内嘉久、宮島圀夫を、吉岡保五郎は解雇した。一九五九年に新建築社に入社した馬場璋造は、新建築問題について、「一九五五年ぐらいまでは発行部数は伸びていたのだが、その後は減少の傾向にあった。建築の多様化と大量化が始まっていたのだが、論調を主とする編集方針はそうした時流に対応しきれず、建築界の潮流との間にずれが生じたのである。新建築問題はそうしたときに起きた」とし、「私が入社した頃は、主義主張を掲げる建築だけでなく、あらゆる方向を向いた質の高い建築を掲載しようという方針になっていた」（馬場璋造「吉田義男さんを悼む」、『新建築』二〇一〇年一一月号）と書いている。

遡って一九七七年一一月号の『建築雑誌』に馬場が寄せた論文「建築専門誌はジャーナリズムではない」ではさらに明快に、建築専門誌にはジャーナリズムに求められる批判精神は本質的にないと言い切り、建築専門誌の基本は記録であるとする。「私たちはできるだけ無色透明であろうと心掛けている」。「建築家全体の合わせ鏡として建築専門誌が存在している」と。

石堂もまた、入社したとき、「編集者というのは相撲でいえば『呼び出し』であり『行司』ではない。行司は読者なんだ」と言われたと述懐している（『建築人』二〇一三年四月号掲載のインタビュー）。

呼び出しと行司の話は、私も馬場から聞いたことがある。これが馬場の言葉なのか、吉岡か、あるいは新建築問題の後に編集に関わった清家清なのかは調べていないが、『新建築』の軸となる共通意識であったことが分かる。吉岡保五郎の死去の後を受けて一九七二年に社長となった吉田義男（一九二八―二〇一〇、日大建築卒、一九五〇年入社）もまた、一九七四年一〇月臨時増刊「日本近代建築史再考／虚構の崩壊」の刊行の言葉として、新建築の出版理念は「出版という創作をもって記録にとどめること」であると記している。

『新建築』の巻末には今も「データ・シート」がある。石堂が建築のデータをきちんとしたフォーマットで記録することを意図してページを捻出し、一九八〇年一月号から始めたものである（前出『建築人』）。データ・シートのフォーマットはすぐに他の建築メディアにも波及し、今では竣工写真アルバムの最後のページにも使われるようになっている。

私自身の一九八〇年代を振り返ると、ひたすら「作品」に向き合っていたといえる。数多くの多様な「作品」を生産し、記録してきたのだ。写真家の平山忠治は、建築写真は建築をほめることだと述べた（『建築をめぐる回想と思索　キサデコールセミナーシリーズ二』一九七六年、新建築社刊）。「作品」の編集という作業もまた、ほめることであった。

日本近現代のリビングヘリテージ

鰺坂　徹

はじめに

日本では、人口増加と経済発展の結果、多数の近現代建築がつくられてきた。大震災等の自然災害により失われた建築も多数あるが、それ以上に人為的な「改築」により解体された建築の多さに愕然とする。日本の木造伝統建築は補修や部材の使い回しにより百年二百年使われてきた歴史がある。関東大震災や大戦の空襲による焼け野原の体験からか、「日本の建築は木造」の一言で惜しげも無く建て替えられている社会常識・社会通念が残念でならない。建築が消費財と考えられてしまった日本では、経済性を根拠に、非木造の近現代建築そして超高層建築までも次々に姿を消している。

他方、既存の社会ストックの活用に際しては、様々な制度やそれらの運用の問題が未解決となっている。建築基準法は「新築」の基準法であり既存建築の活用に際して障害となることが多く、文化財制度もリビングヘリテージとして歴史的建築を使い続けるというより、いかに保存するかに重点が置かれている。結果として、文化財をはじめとする歴史的建築を機能更新して使い続ける事例が少なく、リビングヘリテージの価値が周知理解されず、多くの歴史的建築が建替に至ってしまう事例が多い。

近現代建築のリビングヘリテージの事例を通して、経済性の問題、諸制度の問題、そして、オーセンティシティとインテグリティと改修の関係について考察する。

一　失われたヘリテージ

日本近代以降の重要文化財・国宝は三〇一件（内国宝は明治四二年の赤坂迎賓館一件のみ）で、昭和の重要文化財は四三件、全体二六三〇件の内の一・六％ほどである。[1] 三〇〜五〇年前の東京都心部には、今もし残っていれば重要文化財級の建築群が立ち並んだ街並みが見られたであろうが、短期的な経済性が優先され、その大部分が今では姿を消している。

一九六三年に建築基準法の高さ規制が撤廃され、東京都心部では前川國男設計の東京海上ビル超高層計画（一二七m）を契機に丸ノ内美観論争が起こった。建築界は東京都の美観地区条例に反対し超高層を推進し、三菱地所・文化人・造園家が規制に賛成し超高層に反対した。一九六七年には、帝国ホテルの建替が発表され解体、東京海上ビルは結局、一九七〇年に着工し高さ九九・七mまで低くして、一九七四年に竣工した。文化庁が三菱地所に対し文化財指定を申し入れたが旧三菱一号館（二〇〇九年復元）も一九六八年に解体された。

一九七五年の東京銀行本店（旧横浜正金銀行支店）・日本郵船ビルの建替の際には、保存運動が高揚したが、都心部の様式建築の解体は続き、一九七八年に旧三菱銀行本店、一九八一年に旧第一銀行本店が解体され、高層オフィスに建替えられた。共に重厚な銀行建築で今では再現不可能な建築である。一九八五年に都庁が新宿に移転し丹下健三の旧東京都庁舎も解体され、一九八七年東京駅高層化計画、一九八八年丸の内マンハッタン計画が発表された。バブル経済が展開し、経済のためスクラップアンドビルドが常識となり、多数の名建築が壊された。九〇年代は、保存とは言えないが外装デザインをイメージ保存した瘡蓋保存の東京銀行協会（一九九〇年解体）、一九九五年には外装の一部活用によるDNタワー21、一九九六年には大手町野村ビルヂングのイメージ保存が竣工した。これらの事例にはオーセンティシティが存在しないが建替の際に何らかの手法によりイメージ継承が行われていった。一九九九年には丸ノ内ビルヂングが解体されるが、この頃より技術的に大規模な免震構法も可能となり二〇〇三年に復元と保存により日本工業倶楽部が竣工、そして二〇〇五年、都心部で一棟保存した明治生命館街区再開発が竣工した。

旧第一銀行本店

改築前の旧銀行教会

表１　丸の内及び周辺の近代建築

解体等	建築名	竣工年及び設計者	備考
1963	三菱21号館	1914　保岡・藤村＊	1965年に新東京ビルの一部に建替
1967	帝国ホテル	1923　フランクロイドライト	玄関部分は明治村に移築
1968	旧三菱一号館（東9号館）	1894　コンドル＊	改正基準法により15階建ての三菱商事ビルに建替　2009年復元
1970	旧東京會舘	1922　田辺淳吉	12階建ての新会館に建替（1971年）
1975頃	旧東京銀行（旧横浜正金銀行）	1927　長野宇平治	12階建ての東京銀行本店に建替（1979年）
	旧日本郵船ビル	1923　曽禰中條	16階建ての日本郵船ビルディングに建替（1978年）
1978頃	旧三菱銀行本店	1922　桜井小太郎＊	24階の新本店に建替（1980年）
1981頃	旧第一銀行本店	1930　西村好時	1971年銀行が合併　共同化で20階建ての丸の内センタービルに建替（1984年）
	丸の内朝日生命館	1929　桜井小太郎	
1990	東京銀行協会（東京銀行集会所）	1916　横河工務所	旧壁面デザインを継承した高層ビルに建替（1993年）
1991頃	旧日清生命館（丸の内野村ビル）	1932　佐藤功一	イメージ保存した大手町野村ビルに建替（1996年）
1992頃	旧東京都庁	1958　丹下健三	1985年に都庁移転が決定し1992年に閉庁　現在の東京フォーラムの敷地には都庁以外に東京農工銀行（第一勧業銀行宝くじ部）、日赤東京支部等があった
	東京農工銀行	1928　佐藤功一	
	日赤東京支部	1927　岡田信一郎	
	旧第一生命	1938　渡辺仁	2棟を1棟の足元廻りの外壁として部分復元し改築　1995年にDNタワー21として竣工
	旧農林中央金庫有楽町	1933　渡辺仁	
1999	旧丸の内ビル	1923　桜井小太郎＊	2002年に新しい丸の内ビル竣工　玄関廻り一部保存
2000	日本工業倶楽部	1920　横河工務所	2003年保存再生し竣工

＊三菱社地所係営繕課　三菱合資会社地所部での設計

二　明治生命館

二―一　一丁倫敦に現れた一〇〇尺建築

重要文化財明治生命館のある馬場先通りと日比谷通りの角には、コンドルのもとで曽禰達蔵が担当し、明治二八年に竣工した三菱の丸の内第二号館があり、明治生命の社屋として使われていた。第二号館を残した敷地で八名[2]による設計競技が行われ、曽禰を主査とする審査の結果、岡田信一郎の案が選ばれた。岡田の提案により第二号館を取り壊し、日比谷通り、馬場先通り、仲通り西側私道の三方を囲まれた現在の大きさの明治生命館が昭和五年に着工した。残念ながら岡田信一郎は、工事中の昭和七年に病没したが、弟の捷五郎が後を引き継ぎ昭和九年に竣工した。当初は明治生命の本社屋と賃貸オフィスビルとして利用され、地下一階に市民が利用できるレストラン「マーブル」が設けられていた。太平洋戦争中は金物の供出が行われ、ブラケットや扉、手摺等が供出された。戦後はＧＨＱに接収され坂倉準三建築研究所により改修、二階の会議室では、対日理事会（昭和二一年から昭和二七年）が開催された。昭和三一年に接収が解除され、三菱地所の設計で金属供出された部分の復旧、一般照明の蛍光灯への変更、社員食堂等への改修が昭和三二年に完了した。昭和三四年からはじまった「丸の内総合改造計画」にともない、南北方向の道路（計三本）が仲通り一本に統合、仲通りが一三ｍから二一ｍに拡幅された。その改造計画の最初の工事が明治生命館の街区での千代田ビルの建設工事だった。赤煉

再開発前の明治生命館

瓦の第九号館、第一一号館（仲一一号館）を解体し、明治生命館の北側敷地と合わせ、千代田ビルが一九六一年に竣工した。

二―二　重要文化財指定

明治生命館は長年本社本店となった。社業の発展にともない隣接地を順次取得し一九六八年に新館増築。この際、新館と密着して接続されたため、明治生命館の東側立面の一部が失われた。一九八一年に仲九号館別館（千代田ビル別館）が解体され明治生命別館が増築された。一九八六年頃から明治生命館の保存活用について検討がはじめられ、耐震調査（一九八七年）の後、一九九〇年より「残してよい開発方法はないか」という再開発の具体的検討が開始、一九九〇年一二月には明治生命館を保存し一つの街区として再開発する方針となった。[3]一九九二年頃には東京都との事前協議がはじまり、明治生命館の部分を公開空地として特定街区制度により容積割増しする現在の計画の方向が決定した。検討会は一九九七年まで開催され、基本構想案の骨格がまとめられた。そして、明治生命館は、一九九七年、昭和の建築として初めて重要文化財に指定された。[4]指定の際、日比谷通り及び馬場先通り側の外観、一、二階の営業店頭と回廊、第一会議室、七階講堂等が特に価値が高いと評価された。上記の部分以外は、維持管理のための改修とし、協議により現状変更の不要な部分と位置づけられた。この考え方が明治生命館のリビングヘリテージとしての可能性に大きく貢献することになる。

二―三　再開発の手法　重要文化財特別型特定街区

一九九九年に重要文化財特別型特定街区が東京都の運用基準に加えられ、明治生命館と三井本館は、この特定街区の制度を適用し再開発が進められることになった。この東京都特定街区運用基準は、二〇〇二年（平成一四年）六月に改訂され、重要文化財だけでなく歴史的な建築物にも容積割増が可能な基準に変更され、二〇〇四年（平成一六年）八月からは、東京都特定街区運用基準で、一般型、重要文化財保存型、都心居住型の大きく三つの手法が定められ、重要文化財型は既存容積の〇・七五倍、五〇〇％までの最大の割増が可能となっている。容積割増の算定では、重要文化財の建築面積の一・二倍が有効空地として換算され、歩道沿いにオープンスペースを設ける従来の再開発とは異なる街並み形成が可能となった。歴史的建築物の背後に高層建築が立ち上がるとの景観上の議論はあるが、スクラップアンドビルドの再開発からの転換となった制度の運用がはじまった。

二—四　諸制度の問題

明治安田生命ビルと明治生命館の地上部の接続は、三層の高さのガラス屋根の空間でつながれ、東及び北側の外観が内部空間（パサージュ・アトリウム）となった。アトリウムは、明治生命館の地下への搬入車路に床を構築し改修、貫通通路として公開空地に算定されている。パサージュは、昭和三四年まであった街路を内部空間の路地として再現させ、結果として、失われていた東側の立面が復元された。これらのアトリウムとパサージュは、床下と内壁の一面が重要文化財となっているため、新旧をつなぐ緩衝空間と位置づけられ、避難に供しないことを条件に、建築基準法三条の適用の範囲とし計画された。

重要文化財は、消防法上一七項の用途として消火設備が指導されてきた。しかし、大規模な近代建築の保存再生が進み、総務省消防庁の委員会(5)が二〇〇一、二〇〇二年度に検討を行い、文化財建造物の活用状況の調査、火災予防対策上の課題等が議論され、二〇〇四年二月に消防法施行令の一部改正が実施され、基本的に重要文化財であっても、現状の使用用途の消火設備を指導する方針となった。

明治生命館街区の場合も重要文化財と新建物は、消防法上一棟と扱われ、重要文化財は「一六項イ」の一つの防火対象物の中の「一七項」の範囲となり、地上部用途は「一五項」（事務所）の部分となっている。(6)重要文化財明治生命館は、全館スプリンクラー設備・連結送水設備等々の消火設備の設置の必要があったが、内装意匠の保全のため、消防法三二条の適用(7)により一部緩和を受け、保存再生が進められた。なお、この保存再生は、文化庁の補助でなく全て建築主の負担で、二〇〇五年に竣工した。

二—五　オーセンティシティの継承と機能更新

幾度かの改修を経て、二〇〇四年の改修前、本社屋のスペースを確保するため七階講堂は固定席が撤去され平床の会議室として使われている状況だった。この二〇〇四年から約一年の改修で、外装の洗いと補修、スチール製上下窓の改修、一部の耐震壁・間仕切壁の変更、内装材の補修と耐震性向上、設備の一新が実施された。外装は日比谷通り側と馬場先通り側が特に価値の高い外装と位置付けられていたが、基本的に四面とも保存修復を基本として、上下窓も劣化したスチール建具の下枠を補修し、大半のスチール建具を調整・再塗装し使い続けている。内装は、一、二階のエントランス・店頭と旧役員室廻り、七階講堂が保存、三階から上階の事務室やトイレは現代の機能に更新することを改修基本方針として進められた。明治生命本社から三〜八階をテナントオフィスビルに改修、二階役員室を展示施設に

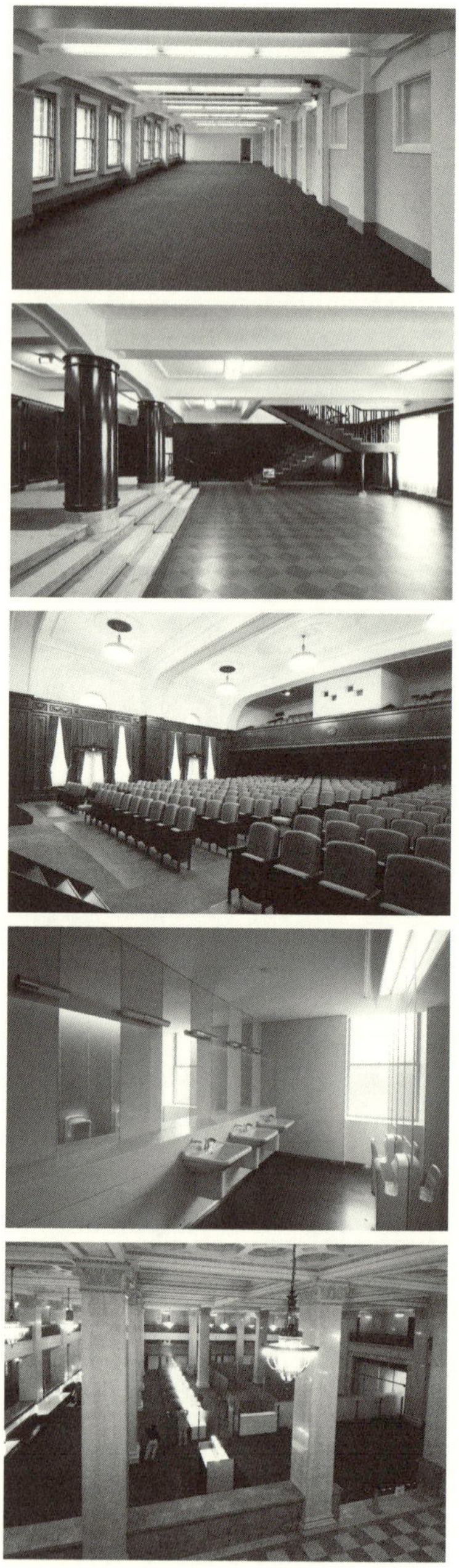

改修された明治生命館内部
上より、事務室、講堂ロビー、講堂、洗面所、1階店頭

修復、一階本店店頭を本店店頭（面積は縮小）に修復しバック事務室をオープンスペースに改修、地下一階社員食堂を飲食店舗に用途変更した。七階の講堂は、定員を減らし内装材の落下防止と修復、ロビー連絡階段の復元が実施された。機能更新した貸事務室も建具枠や回縁の意匠を残すため天井を設けず、スプリンクラーも先の三二条により緩和されている。現状変更を要する部分は、オーセンティシティを継承した修復範囲とし、トイレ以外の室や通路も機能を更新しながら歴史的な意匠を活かした改修で、リビングヘリテージとしてインティグリティが担保された改修が実施された。

二―六　リビングヘリテージとしての経済性

東京都心部で一棟保存が実現できたのは、明治生命館が本社として長年使われてきたことによる愛着と建物の価値を認識していた企業内の文化によるところが大きい。他に、㈠重要文化財の指定に際して外観・内観とも、保全する部分と管理し改修が可能な部分が協議され重要文化財を使い続けるための改修の幅が拡がり、事務所部分は新築建物と同性能の貸事務所として再生された㈡早い段階から特定街区の制度を念頭においた再開発が検討され重要文化財部分を公開空地とする手法が確立㈢隣地と一体の再開発が可能で一五〇〇％の容積を街区内で消化できた㈣明治生命館が当時最新の設備・耐震性能を有していて大きな耐震補強等が必要なかったことが考えられる。一般建築より維持管理費や補修費が嵩むが、重要文化財特別型特定街区制度による割増容積の確保、重要文化財による都市計画税等の減免等もあり、都心の一等地で三二、七〇〇㎡の業務施設として明治生命館は今も使い続けられている。

三　東京駅

再生された東京駅と東京中央郵便局

三—一　東京駅の歴史

中央停車場の位置が、官庁集中計画に基づいた銀座から「東京市区改正（一八八八）」により現在地に変更となった直後の一八九〇年、丸の内が三菱の岩崎弥之助に払い下げられる。当初バルツァーの和風の駅舎が検討されていたが、一九〇三年に辰野金吾に中央駅の設計が発注され計画が大きく変わっていった。辰野は大学を辞し辰野葛西事務所をちょうど開設しており、第一次案から第三次案まで作成し、第三案の総三階建ての案が採用され一九〇八年に着工した。そして、鉄骨レンガ造で、六年九ヶ月の工期を経て、「東京駅」は一九一四年に竣工した。一九二三年の関東大震災ではほとんど被害が見られなかったが、一九四五年五月二五日の空襲で屋根、内装が焼失した。終戦後三階部分を撤去し二階建てとし応急復旧し、その姿がその後六〇数年間、東京駅として親しまれてきた。

三—二　保存再生へ

戦後の応急的な改修や多くの部分改修により、中央ステーションの竣工当初の威厳ある姿は徐々に影を潜め、東京駅の建替論が次々と提案された。一九六七年には二四階建の提案、一九七七年に建替の論争、一九七八年に保存建替の提案、一九八一年三五階建案提案、そして、一九八七年「東京駅周辺再開発に関する連絡会議」発足し高層化計画が浮上、この年、日本建築学会より保存要望書が分割民営化したＪＲ東日本に提出された。同年、市民団体「赤レンガの東京駅を愛する市民の会」（筆頭代表に高峰三枝子、三浦朱門）からも要望書や署名が提出された。また、一九八八年、三菱地所が「マンハッタン計画（丸の内超高層化計画）」を発表。時代はバブル経済の真最中だったが、衆議院予算委員会等で東京駅問題が取り上げられ、この年の四月に国土庁から赤レンガの東京駅は、「現在地で形態保全」と発表される。この後も継続的に保存運動が続けられ、一九九九年石原慎太郎東京都知事とＪＲ東日本松田昌士社長が丸の内駅舎の復原に基本合意、二〇〇〇年に「特例容積率適用制度（特定の地区内での容積移転制度）」が創設され、二〇〇一年に小泉内閣「緊急経済対策」の名のもと都市再生本部が主導し、二〇〇二年都市再生特別措置法により丸の内周辺は都市再生緊急整備地域となり容積移転が可能となっていった。二〇〇二年にはＪＲ東日本に「丸の内駅舎保存・復元に関する調査設計プロジェクト推進委員会」が設置され、学識経験者を含む「専門委員会」が設けられた。二〇〇三年、重要文化財に指定され、「安全性・機能性・メンテナンス性等を考慮し将来を見据えたスペックを設定する」という以下の方針のもと、三年間の基本計画・基本設計・実施設計が進められた。

(一) 残存するオリジナルを最大限尊重し保存に努める。
(二) オリジナルでないもののうちオリジナルの仕様が判明しているものは、可能な限りオリジナルに復原する。（ただし現代技術による復原も検討する）
(三) オリジナルでないもののうち、オリジナルの仕様が明確でないものは、デザインに関する全体の印象を損なわないように配慮し、手の加え方を決定する。
(四) ただしオリジナルでない、後世の補修や変更に関しては、意匠的・技術的に優れたものは保存活用する（保存の範囲や方法について検討する）

二〇〇四年一二月に外装変更、二〇〇九年一二月に内装変更の現状変更が許可され、外装とドーム、構造部を保存修復範囲とし、二〇〇七年五月に着工し二〇一二年一〇月竣工まで、五年数ヶ月の工事が着手された。約九五年間の改修履歴を紐解きながら、三〇〇ｍの駅舎を鉄道や旅客の動きを止めずに工事を進め免震化する難工事であった。鉄道会社としては旅客の安全性・機能性が全てに優先せざるを得ず、三階部分は軽量化するために鉄筋コンクリート造に仕上レンガを貼った外装、内装のドーム復元修復部分は、三階から上層部だけとなっている。平面計画の変遷をたどると、二階から上層はホテルとなり駅施設はほとんど無くなっており、永年の改修や戦災により当初の室は残されていない。一、二階は組積造のため既存壁を保存し利用されているが、客室部は煉瓦構造壁を客室内にとり込み廊下位置等は変更されている。塔屋階の大屋根下に設けられたホテルレストランは、既存の屋根裏を活用した優れた再生提案となっている。共用部や階段も機能更新されているため当初のオーセンティシティが継承されている部分は少なく、外装や一部露出した当初の煉瓦材によりインティグリティが担保されていると考えられる。

三―三　容積移転による連鎖

東京駅の再生は、文化庁の補助事業とは異なり、容積を移転することに得られる事業利益で実施された。この東京駅の容積は、丸の内周辺街区に移転され、東京駅の復元費用約五〇〇億円は、これらの空中権の売却により生み出されている。主な移転先としては、東京ビル、グラントウキョウノース・サウスタワー、新丸の内ビルディング、丸の内パークビルディング、ＪＰタワー（仮称）の五敷地である。さらに東京ビルに東京駅の容積（業務床）が移転したため活性化用途の一部が、旧日比谷パークビル（一九五二年　日活国際会館　設計：竹中工務店　日本建築学会賞）へ容積移転され、ペニンシュラホテルの容積となっている。

この容積移転は、特例容積率適用区域制度で可能となった制度であるが、丸の内の基準容積が一〇〇〇％から一三〇〇％に嵩上げされ、三菱一号館（丸の内パークビル）の街区は容積一三〇〇％に東京駅の容積移転（一三〇％）等を含めると容積は一五六〇％の高容積となり、隣接する明治生命館街区の一五〇〇％を上回っている。つまり、歴史的建造物を保存再生する特定街区制度の経済的なメリットが減じてしまっているとも言える。この三菱一号館（丸の内パークビル）の街区には、一九二八年竣工の三菱地所藤村朗設計の八重洲ビルディングという歴史的建造物があったが、保存再生されずに解体されてしまった。容積移転は、容積が移転した先で様々な都市問題が起きる可能性が指摘されてきたが、結果として「東京駅」は残ったが、「東京中央郵便局（一部保存）」「八重洲ビル」は容積移転によりオーセンティシティの高い保存ができたとも考えられよう。

三―四　復元と経済性

ヴェニス憲章では、基本的に遺跡等の新材による安易な復原を容認していないが、東京駅は、当時の資料と残置された部材の現場調査に基づき三階部分以上が新材で復原され、三菱一号館も保存されていた一部部材を利用し、当時写真、解体時の調査で作成された実測図をもとに新材で復元された。どちらの復原・復元も、事業者の負担で、詳細な調査・検証・設計監理・施工が忠実に実施され、ＤＮタワー

（一九九五年）の改築時に比べると日本の近現代建築の復元や保存再生の考え方が各段にすぐれたものになったと評価できる。

東京駅の場合は、移転した容積の売却益により復原が進められ、三菱一号館（丸の内パークビル）の街区では三菱一号館の復元が歴史的資産の復元及び活用として都市再生特区割増容積（一三〇％）となり、街区全体の容積割り増しの一部を担い、復元が経済性に貢献した事例とも考えられる。経済性・機能性が優先し八重洲ビルの解体や東京中央郵便局の部分保存といった事象があるものの、他面から見れば、これまで経済性のために壊され続けてきた近現代建築が、二〇〇〇年代以降はリビングヘリテージとして使い続けることが、経済性に貢献する一つの方法として位置づけられる時代となってきたとも言えるのかもしれない。

四　日土小学校

再生前の日土小学校

四―一　松村正恒と日土小学校の再生

八幡浜市立日土小学校は、市役所に勤務していた松村正恒（一九一三―一九九三）の設計で、中校舎が一九五六年、東校舎が一九五八年に竣工した。建築文化一九六〇年二月号に内田祥哉の解説で掲載され建築界で高く評価されるとともに、設計者松村正恒が文藝春秋一九六〇年五月号の「建築家ベストテン――日本の十人――」に選ばれ、前川國男、丹下健三らとともに紹介された。そして、一九九九年には、「DOCOMOMO Japan 二〇選」に選定された。

松村の設計した江戸岡小学校（一九五三年竣工　二〇〇三年解体）で一九九七年七月「フォーラム子どもと学校建築」（日本建築学会四国支部五〇周年記念）が開かれ松村作品の重要さが訴えられる。二〇〇三年一一月に「木の建築フォーラム　よみがえれ！　木霊の学校　日土小」、二〇〇四年八月「夏の建築学校　日土小」（日本建築学会四国支部）が開かれるが二〇〇四年九月の台風で校舎が破損し地元や関係者から建替が急浮上した。二〇〇五年に二回目の「夏の建築学校　日土小」が開かれるが、保存か建替かの議論は続いた。その方向性を見いだすため、「八幡浜市立日土小学校保存再生計画検討委員会」が立ち上げられ、直後の一二月一〇日に「八幡浜の文化資産を考える――日土小学校の再生を目指して――」が開催された。ここで鈴木博之氏が「ドコモモと日土小」というタイトルで重要文化財の可能性を暗に示し、このシンポジウムを契機に保存再生を基本とした報告書が二〇〇六年三月にまとめられた。二〇〇六年に基本調査と基本計画の策定が日本建築学会四国支部に委託され、二〇〇七年三月に報告書が提出、重要文化財を目指して改修する方向で協議が進められた。二〇〇七年九月に八幡浜市有形文化財に指定され、実施設計が二〇〇八年三月にまとまり、改修改築工事は二〇〇八年九月着工し二〇〇九年六月に竣工した。

四―二　リビングヘリテージとしての日土小学校

現役の小学校を重要文化財として使い続けていく改修の基本方針は、「現代的な教育環境の実現」「重要文化財を目指した改修」「安全・安心で健康的な校舎づくり」の三つで、具体的には

(一)文化財としての価値を尊重し基本的に当初の状態に戻す。
(二)構造補強を行い現行の基準法以上の耐震性を確保する。
(三)東校舎の教室意匠は当初の状態に戻すが、実験台や調理台を設置して特別教室に変更する。
(四)中校舎の職員室周りは改修し、運動場への見通しを確保する。
(五)中校舎の特別教室を改修し二つの普通教室を確保する。
(六)床の遮音性や設備機能の向上。

あわせて西校舎を新築し四つの普通教室を確保することが方針となった。

平面計画的には、松村がこの校舎を新築したときに既存の西校舎があり中校舎を増築し、その後東校舎を建てた経緯があり、西校舎を新築する配棟計画は合理的と判断される。構造的には、原設計が木造と鉄骨及び丸鋼ブレースのハイブリット構造で、ブレースの二重化やブレース円環のリブ補強、痛んだ木材の交換等の補強や補修が行われ、軸組の状態まで戻されて再生された。また、土間コンクリートの打設と鉄筋コンクリート基礎の増設等々を実施し、対震診断評点が〇・一以上確保された。

表2　日土小学校の平面計画の変遷

		竣工時	改築前	改築後
中校舎	2階	音楽室	音楽室	普通教室(4年生)
		教室	パソコン室	普通教室(3年生)
		教室	図書室	パソコン教室
	1階	工作室	家庭科室	保健室　校長室
		職員室	職員室	職員室
		宿直室	保健室	作業室　更衣室
		校長室	校長室	特別支援学級
		購買　昇降ロビー　更衣室 放送室　便所	給食受室　談話コーナー　玄関 倉庫　職員トイレ　放送室	給食受口　主玄関昇降口 職員ラウンジ・交流ラウンジ 放送室
東校舎	2階	図書室	児童会室	図書室
		普通教室	教室(6年生)	音楽準備室
		普通教室	教室(5年生)	音楽室
		普通教室	教室(4年生)	多目的室
		補導室	物入	資料室
	1階	普通教室	教室(3年生)	理科室
		普通教室	教室(2年生)	家庭科室
		普通教室	教室(1年生)	図工室
		昇降口	昇降口	昇降口
		準備室	販売	理科準備室
		物置	物置	倉庫

重要文化財を目指しながらも、リビングヘリテージとして学校で使い続けるため、耐震性、安全性と現代の教育環境として近隣の新校舎と同等の機能が求められる。特に、各地で進んでいる小学校建築の教室のオープン化や、居住環境と安全性確保については父兄からの要望も強く、現代の機能に向上させていくことが必至だった。新築された西校舎は、オープンな空間に一、二年生（一階）、五、六年生（二階）のホームルームが配置され、長年使われてきた東校舎の普通教室が特別教室（音楽・図工・理科・家庭）、中校舎二階の西校舎寄りに三、四年生の普通教室が配置された。東校舎は、光庭による両面採光や子どもの視線を意識した窓開口等、すばらしい内部空間で満たされており、東校舎が普通教室で使われなくなったのは、以前の環境を知る者にとっては残念な思いもあるが、特別教室として生徒達が利用できる空間として存続している。外観デザインと内部空間のボリュームが一体をなしていた音楽室が東校舎に移転し普通教室（四年生）となって廊下が設けられたため、教室配置の多様性が乏しくなった印象があるが、新築した西校舎との一体利用することから致し方ない選択と思われる。一方、当初のインテリアに復元した図書室や相談室（旧指導室）もあり、校舎を使い続けるために、様々な意見集約と検討が重ねられたと推察される。なお、表2のように、竣工時の室用途で使われているのは、職員室等一部の室に限られているが、外部内部のオーセンティシティが継承されインテグリティも担保されている。

この再生は、ワールド・モニュメント財団の「ノールモダニズム賞」を受賞し、同時に応募された世界遺産のトゥーゲンハット邸より高く評価されたことは、日本の近現代建築の保存再生の手法が世界的にも認められる水準に達したと判断される。

五　国際文化会館の保存再生

五―一　国際文化会館の経緯

国際文化会館は、戦後間もなくアメリカと日本の国際交流を目指して日米の寄付により財団が設立され、前川國男（一九〇五―一九八六）、坂倉準三（一九〇一―一九六九）、吉村順三（一九〇八―一九九七）の共同設計により一九五五年、払い下げられた旧岩崎小彌太邸の敷地に竣工した。一九五八年に地下会議室（現レストラン）を吉村順三が増築、一九五九年吹抜に増床（現カフェ）、一九六九年光庭に増床と順次機能の拡充が続けられた。その後、前川國男により全面建替が計画されたが、折からのオイルショックによる建設コストの急騰により、本館を残して現在の西館（新館）が増築されることとなった。この一九七五年の増築時に、エントランスや階段等の位置が大きく変更され、二〇〇五年の改修前の平面形状となった。

一九九〇年後半から会員と宿泊者の減少等により会館の収支が悪化、近隣と共同した再開発の提案にともなう空中権の売却が二〇〇一年から具体的に動き出し、全面建替の検討がなされた。二〇〇三年五月に日本建築学会、二〇〇三年八月に日本建築家協会、二〇〇四年七月にDOCOMOMO Japanから、保存要望書が提出、二〇〇四年五月には国際文化会館二一世紀の会による講演会(8)が開かれ、六月に日本建築学会より高垣新理事長宛に再度の保存要望がなされた。しかし、国際文化会館は二〇〇四年六月の理事会で建替えの方針を決定、保存要望書や新聞紙上での建築を惜しむ記事が次々に掲載され、二〇〇四年七月国際文化会館が学会の要望に対する回答書を提出、庭園を原型のまま残す形での具体的な改修計画について学会にアドバイスを要請した。日本建築学会は「国際文化会館保存再生計画検討特別調査委員会(9)」を急遽招集し、二〇〇四年九月にその検討結果を報告書として国際文化会館に提出した。会館本館を免震により再生し、建物を利用しながら新館を建て替える二案が提案された。報告書の保存再生の経済性、閉鎖期間の短縮が評価され、国際文化会館は新会館準備委員会(10)にて保存を基本に、本館を保存再生する方針に変更した。

五―二　国際文化会館のインターベンション

国際文化会館建築諮問委員会(11)の阪田WG阪田誠造氏の提案で、基本方針を「保存のための再生でなく再生のための保存」とし、建替と同等以上の堅実な機能と耐久性能の向上を目指すことになった。一方、地下一階床下部に旧岩崎邸の厚い礎盤が現存することがわかり免震工法は困難と判断され、耐震工法による再生計画に変更となった。将来の新館の建替、別館（講堂）の解体に備え、本館単独で機能できる空間（ホール）の新設(a)、地下会議室の奥行き拡幅(b)、インフラ引込切替と設備諸室新設(c)、バック諸室の機能更新(d)、二、三階宿泊室の機能更新(e)（全室ＵＢ設置と三階廊下変更）、車椅子対応ＥＬＶの新設(f)、地下一階〜一階間ＥＬＶ新設(g)等の改修を実施した。（記号は図1・2内の位置を示す）特に新設するホールの位置について代替案を検証し、樺山ルームの部分を吹抜にし、ホールを設置、既存階段の保存(h)、既存木製建具の再利用、エントランス部分の拡幅と地下への階段設置(i)が決定した。地下増築となるホール設置やエントランスの約三m拡幅は目に見える外観上の大きなインターベンションとなっている。

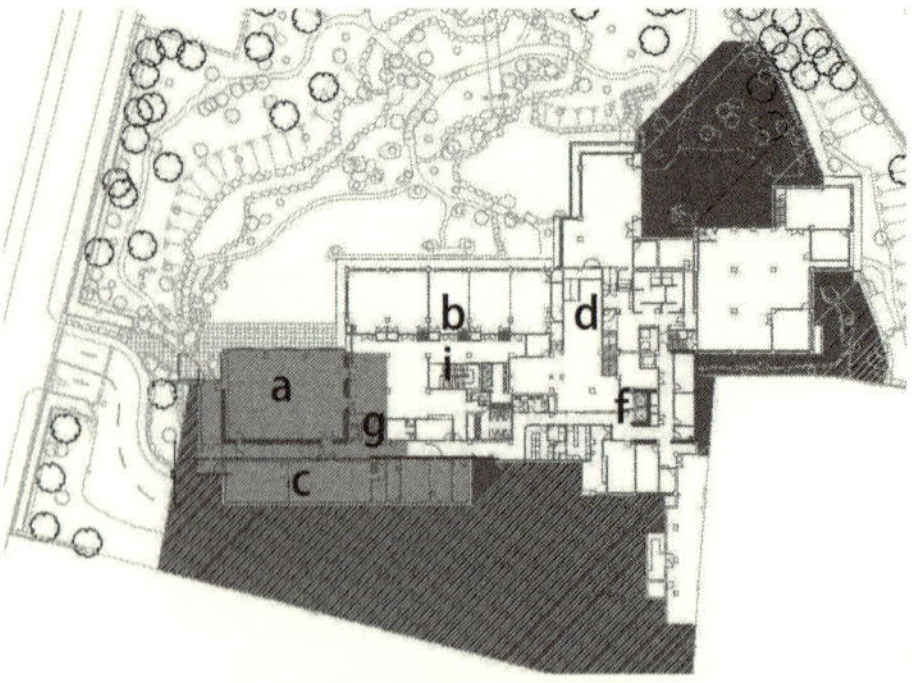

図１　改修後地下１階平面図

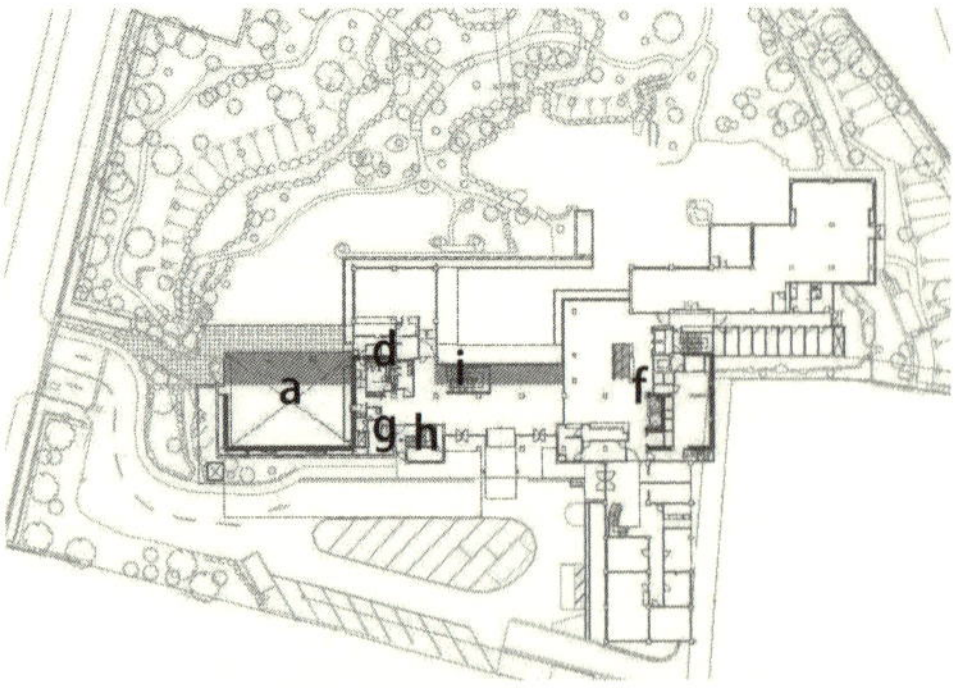

図２　国際文化会館改修後１階平面図

五―三　国際文化会館のオーセンティシティの継承

国際文化会館は増改築を繰り返していたこと、「再生のための保存」が基本方針となったため、竣工時点に戻すというより一九七五年の新館増築以降の長年親しまれた状態を次世代に継承していくことが目標とされた。特に、庭園と各室等の関係性と屋上庭園に面したエントランスから左右に動線が分かれる導入空間の透明性が重視された。三階宿泊室は中廊下から北側廊下に、地下会議室・ホール廻りも大きく平面計画が変更された。外観は、北立面のシャワー室窓が一般窓に、南側カフェの東側窓が西側窓に移動され変更となっている。檜の建具は外部側がペンキ塗装され水密気密の性能が著しく低下していたためアルミ建具に変更される予定だったが、枠内に納まるアルミ型材に複層ガラスを取り付けることにより既存の木枠を再生活用することが可能になり、外観のオーセンティシティが継承された。外部のＰＣ面等には、ほぼ無色に近いトップコートを塗布し、垂直面やブロック面にも高耐久性の塗装を施され、外観は増築部を除き従前の素材・色調で修復されている。

五―四　諸制度と耐震補強

一九七五年の増築の際も用途の問題で建築審査会で許可を受けていたが、この増築も用途と日影規制が既存不適格で現行法規に適用できないため、事前協議と港区建築審査会を経て、六月の建築基準法改正前の二〇〇五年五月末に着工、二〇〇六年四月に再オープンした。また、一九五五年竣工の本館部分は、竣工前に国の登録有形文化財に登録され、庭園も二〇〇五年に港区の名勝に指定された。耐震補強は、地下ホール、車椅子対応ＥＬＶのシャフトの新しい躯体と一部の宿泊室間の間仕切壁を耐震壁とすることによりＩｓ値〇・七五が確保されている。ホール部分を新躯体に置換し予想以上に耐震性能が向上し、従来の開放感と透明性に溢れた庭園との関係が継承された。

五－五　リビングヘリテージとしての国際文化会館

再オープンし、五割程度まで低迷していた稼働率が八割まで伸び業績が回復していった。文化財としての指定や登録により税務上も有利となり、再生が経済性に寄与する結果となった。スケルトンに戻して内装が再構築されているので、部位毎の材料や納まりは改変されており、主に保存修復されたのは増築部以外の外観と階段である。内部空間と庭の空間構成は継承されており、各部位のオーセンティシティよりも、全体性（インティグリティ）が保たれたリビングヘリテージの事例と考えられる。

六　近現代建築をリビングヘリテージとして使い続ける

六－一　経済性の問題

東京都心部の事例では、建築基準法や都市計画等の諸制度の見直しにより、高容積のボリュームに建替が可能となり多くのヘリテージが失われてきた。二〇〇〇年代以降には、保存再生により経済性のボーナスが得られる制度が創出された。しかし、経済優先の施策は変わらず、機能的経済的に劣ると考えられている歴史的建築物の活用は、いまだ後手に回っている。この問題は、再生により経済性が向上した事例が少ないこと、日本の諸制度では新築を建てられる権利が保証されていることによる。根本的には、欧米先進国同様の建てられないことをまず前提とした都市計画の制度の構築がない限り日本のスクラップアンドビルドは続いていくのではないか。

六－二　諸制度の問題

建築基準法では、竣工時に検査済証を受領していても、基準法の改正により現行法規に適合できていない建築を既存不適格建築と位置づけている。基準法が数年に一度は改正されるため、ほとんどの建築がこの既存不適格建築である。用途変更や大規模な改修時の確認申請では、緩和条項はあるが、基本的に既存不適格建築を現行法規に適合させる改修が求められる。指定文化財の場合は、建築基準法三条の適用除外により建築基準法による指導はないが、登録有形文化財や無指定無登録の歴史的建築物は、法的な改修が必要となる。現在、この問題を解決するために、地方自治体によるその他条例等が検討されているが、まだ数カ所の自治体で実施されているに過ぎない。そのため、日土小学校では、屋外階段の幅員等の問題から八幡浜市の指定文化財として建築審査会で三条の適用除外を認められ着工、その後重要文化財の指定を受けている。国際文化会館の場合は、港区建築審査会で適合できない条項の許可を得て着工している。一方、消防法には重要文化財（一七項）としての緩和はなく、消防署長の消防法施行令三二条の許可による緩和を受ける方法しかない。明治生命館ではこの許可を得て工事が実施され、竣工時の消火設備が改修しながら使われている。

文化財制度面からも、指定時に継承すべきオーセンティシティの範囲を明確にした保存活用計画を当初に作成確認し、使い続けるために将来改修できる部分を示すことが重要で、所有者・改修設計者がリビングヘリテージとして使い続けていくための可能性の検討がより行いやすくなると思われる。

六―三　オーセンティシティとインテグリティ問題

今回の四事例はいずれも近現代建築のリビングヘリテージとして、業務施設、宿泊・店舗・駅施設、小学校、会館（宿泊・会義・飲食店舗）等として日々使われている建築である。明治生命館、東京駅の二事例は、重要文化財として改修され、日土小学校は八幡浜市の指定文化財として改修後重要文化財に、国際文化会館は一般建築として改修し工事完了前に登録有形文化財となっている。この四事例の竣工時の平面図と現状の平面図を比較すると、竣工時と同一形状同一名称の諸室が僅かしかないことが確認される。つまり使い続けるためには、時とともに建築は幾度も改修されることが明らかである。近現代建築の保存再生は近世以前の建築の保存とは異なり、凍結保存でなく使い続ける保存＝リビングヘリテージが基本となり、機能を更新するための介入＝インターベンションが生じてくる。その大小により建築各部のオーセンティシティの継承の度合いが異なってくる。重要文化財である日土小学校はミニマム・インターインターベンションの事例で、東京駅や国際文化会館はインターベンションも大きくリバーシビリティも完全に確保できていないと考えられる。しかしいずれもインテグリティが確保されており、文化財として活用されている。近現代建築の保存再生の場合、各部のオーセンティシティの継承が難しいが、いかにインテグリティを担保するかが重要であると考察される。

註

1　二〇一四年七月現在。

2　岡田信一郎、佐藤功一、鈴木禎次、渡辺節、櫻井小太郎、渡辺仁、葛西・田中事務所、横河工務所。
3　明治安田生命（二〇〇三年一二月まで明治生命保険相互会社）、三菱地所（二〇〇一年三菱地所設計を分社）、竹中工務店により「M計画研究会」として開催された。
4　ライトの明日館と同時に指定された。
5　「文化財の火災予防対策の充実に関する調査研究委員会」委員長：益田兼房東京芸術大学教授。
6　重要文化財である一七項が複合用途の一六項に含まれるのは不自然であるとの議論がなされたが、自治省の判断で、一六項に一七項も含まれるとの見解。
7　三二条の緩和の条件に明確な規定がなく、今後は性能検証等による検討や基準が求められていく可能性がある。明治生命館の場合、建物の管理の徹底、従来用途の継承、旧来の消火設備自体が文化財であるとの協議がなされ、一部の緩和が可能となった。
8　総合司会：鹿内京子趣旨説明：前野まさる　現状報告：松本洋（国際文化会館前専務理事）　パネラー：椎木輝實、鈴木博之、鬼頭梓、野口英雄　コーディネーター：兼松紘一郎。
9　鈴木博之委員長　内田青蔵　兼松紘一郎　小林正美　榊原信一　陣内秀信　西澤泰彦　藤岡洋保　松尾陽　山崎鯛介　和田章。
10　高垣佑　J・アベグレン　小林陽太郎　宮尾舜助　小笠原敏晶　尾島俊雄　品川正治　堤清二。
11　伊藤滋委員長　秋山宏　井手久登　尾島俊雄　阪田誠造　鈴木博之　馬場璋造。

参考文献

1　「重要文化財明治生命館の街区の変遷と再開発について」日本建築学会学術講演梗概集（二〇〇六、F－2、九〇七九）
2　「重要文化財明治生命館の街区の変遷と再開発について（二）」日本建築学会学術講演梗概集（二〇〇九、F－2、九一六一）
3　「国際文化会館の保存と再生について　その一」日本建築学会学術講演梗概集（二〇〇六、F－2、九〇七八）
4　「国際文化会館の保存と再生について　その二」日本建築学会学術講演梗概集（二〇〇六、F－2、九〇八〇）
5　「八幡浜市立日土小学校保存再生工事報告書」日本建築学会四国支部（二〇一〇、三）
6　「東京駅丸の内駅舎保存復原工事報告書」東日本旅客鉄道

米沢有為会投稿論文をもとにした、伊東忠太の初期美術観

中谷　礼仁

本稿は日本近代における建築史家の創始である伊東忠太の初期の建築観念について扱っている。彼の建築をめぐる特徴的な考察が、学生時代のきわめて早い時期から獲得されていたことを明らかにしたい。そのためにまず彼の建築観が最も明瞭に現れている、学会改名論（一八九四）を分析し、その論点を検討することから始めたい。

一　造家か、建築か

一八九七（明治三〇）年に「造家学会」は「建築学会」に改名した。同会は明治一九年というきわめて早い時期に設立された、当時唯一の建築高等教育機関であった東京帝国大学を中心とした建築の専門家のための親睦団体であった。この改名の経緯については伊東忠太がその三年前に、同学会の機関誌である『建築雑誌』にて改名論を提案し、論理的な筋道をつけたことが大きな要因の一つとなった。その改名論は『アーキテクチュールの本義を論じて、その訳字を選定し、わが「造家学会」の改名を望む』と題され、二八歳の伊東が、明治二七年（一八九四）に「造家学会」が発行していた機関誌『建築雑誌』第九〇号に掲載されたものである。伊東は西洋における“Architecture”に対する公式の和訳として「建築」を採用するように提案し、あわせて同「学会」を、「協会」へ改名するように提案したのであった。結果として前者の改名提案は学会に受け入れられ、後者の「協会」案はそのラディカルさゆえに受け入れられることはなかった。

改名以前の学会名とその機関誌名のずれを見ても明らかなように、当時、“Architecture”の訳語については「造家」、「建築」とに分裂し、錯綜していた。一九世紀後半の日本では、異なる経緯を辿って“Architecture”の訳語として「造家」と「建築」とがすでに混在していた

のである。そこに一定の整理を行なうべく伊東は持論を展開したのであった。ここで展開された論理は、日本における“Architecture”をめぐる概念規定の、本来的なずれを示すものであり、きわめて興味深い内容である。本論において詳述することになるが、当然のように“Architecture”に正確に対応する日本語は存在するはずもなく、しかしそれゆえに日本近代において「建築」という言葉が持ちえた独自の空間をこそ、むしろ伊東は当初より意識していた気配がある。これは彼を一人の若き思索者として検討に値するに十分なことであろう。

確かに伊東は日本建築史を確立し、「国粋」を象徴する学的領域を確保したこと、つまりは最初期の建築史学者として歴史的には評価されている。しかしながら改名論における建築概念への問いかけは、日本建築史に接近していく手前の若い伊東忠太の思考の一結節点でもあった。また同時にそこでの問題群が彼をして建築史研究に本格的に至らしめたと考えることも可能だろう。

改名論以降、伊東は建築史学者としての道程を深めていくことになるが、ここで検討し、指摘しておきたいのはそれ以前の、より自由で放逸な思考の軌跡である。本論では改名論の検討から始め、米沢有為会という親睦団体に、二〇代前半の伊東が投稿した論考を紹介し、彼の初源的な問いを吟味したい。なお米沢有為会とは伊東と同郷の学生たちによって結成された親睦会であった。現在に言う「ミニコミ」も発行し、理工の各領域にまたがる明治初期の若い頭脳が学的領域を越えて真摯に意見を議論する場になりえたのであった。

二　「建築」という茫漠

さて伊東の改名論における重要な論点は大きく二つである。

一つは“Architecture”の和訳の同定であった。そしてもう一つは見逃されやすいが、伊東にとって重要な問題であった、「学」と「術」との関係の吟味であった。伊東は、造家／建築の項目に、学／術という対立項をも掛け合わせたマトリックスで論を展開しているのである。この立体的な構造が同論の独自点である。では伊東による検討の結果、どのような結論が導きだされたのであろうか。

まず、伊東は「造家」よりは「建築」を選んだ。しかしながらその選定の理由は「建築」の言葉のもつ茫漠さ故だというのである。「造家」「建築」いずれもが“Architecture”の真正の訳語足りえてはいないが、家屋を造ることのみに限定しているように誤解される「造家」よりは、むしろ茫漠な言葉である「建築」を採用すべきという消極的結論なのであった。しかしこの伊東の消極的判断にこそ、筆者は隠れた意図を感じる。その妥当性を検討するためにはまず、当時における「造家」と「建築」がそれぞれ指し示していた意味を説明しておくべきであろう。

通説においては「造家」は「建築」に比べてより工学的な意味合いが強い初歩的な言葉で、むしろ「建築」にこそ美術的側面が多く含まれていたと指摘されていた。それゆえ伊東は建設領域に芸術的側面を採用すべく「建築」という言葉を選んだというのが以前の代表的見解であった。しかしこれは伊東自身による、茫漠な言葉としての「建築」という定義と乖離している。しかも当時のそれら言葉の意味の実際は、先の通俗的説明とは全くの逆であった。「造家」は帝国大学によって主体的に選択された言葉であり、「造る」という創造的意味を多分に持っていた。そして「建築」は伊東も同論で指摘しているのだが、橋梁、あるいは電線や鉄道の敷設などにも用いられた構築一般にかかわる用語だったのである。[1]

また「建築」という言葉の成立過程はきわめて興味深い〈事件〉であった。言語学者の松井利彦によれば、それは漢訳洋書という中国において翻訳された西洋文献を介して、日本人訳者が西洋文物を日本語化したときに偶然出来上がったものだというのである。つまり中国語に読み下し記号を主観的に与え文節化した時点で「建築」という単語が偶然生成してしまったというのである。それを証するに当時「築建」という言葉が同時に存在していたことを指摘している。つまりこれは「建て築く」あるいは「築き建てる」という通常の動詞の複合体を日本語的に名詞化したときに生み出されたのであった。ほかにも「構造」と「造構」の例など多数あった。[2]

また伊東が当時学んでいた帝国大学では建築学科ではなく「造家」学科だったのであった。しかし彼が明治二五年に上梓した卒業論文の題名は『建築哲学』であった。当時より彼は確信犯的に「造家」を用いず「建築」を用いたのであった。そしてその卒業論文は建築における美術的側面の追求とその根源的な必要性を探るものであった。その後明治三〇年（一八九七）に帝国大学は東京帝国大学と改称され、翌三一年九月には、造家学科は学会改名と連動するかのように建築学科と改称された。いったい伊東はそれ以前に、どのような意図において、芸術的側面はおろか、逆に彼自身が指摘するように、土木事業に混同されうる危険性を持つ「建築」という言葉を選択したのだろうか。伊東の言説自体が矛盾しているかのようなこの状態に、どのように合理的な筋道をつけることができるのだろうか。

その矛盾に意図があったことを伺えるのが、まず彼が改名論において「造家」の指し示す範囲が家屋に限定されるように誤解されることを指摘している点である。彼は卒業論文を執筆中においてすでに“Architecture”が、高次な美的概念を内在させているのを西欧文献を渉猟する中で意識していた。美的概念は遍在するものである。それゆえにこそ、彼が同論で主張すべく、美的概念を家屋一般の中のみに疎外してしまう「造家」を用いることを拒否したのであった。よって「造家」批判として彼の主張は一般的であるが、一方で土木一般工事にも用いられる言葉としての「建築」を消極的に採用したことこそが独創的である。

つまり「建築」という、偶然発生したに等しい言葉をむしろ採用することによって、「家」のみならずあまねく人工物に美が内在する余地を生じせしめることを企図したというのが筆者の見解である。そのような意味で、彼の日本近代建築における最も大きな貢献の一つは、この論文における「建築」の特異な定義にあったと筆者は考える。つまりそれは当時の西欧における折衷美的建築の範疇よりも広く、茫漠とした工学的建造物一般に美を内在させる可能性を持たせたのである。その意味で「建築」は茫漠なのであった。

三　学会か、協会か

そのうえ彼は、専門研究者のみが集う「学会」を廃し、建築をつくりあげる関係者がこぞって入会できる「協会」にすべきことを主張した。これは実現せず、また従来ほとんどその意味を問われることは無かった。しかし伊東の建築観を検討する上で、この「学と術との関係」は彼の問題提起の出発点でもあった。続いて彼における「学」と「術」との関係について検討してみたい。

ここでまず論文成立年を中心とした伊東忠太の二〇代の年譜を挙げる。(3)

三部の大部によって構成される卒業論文『建築哲学』が、伊東の二〇代前半の経験の決算的作業とまず考えると、それ以前に彼が冒頭に紹介した米沢有為会にて活発な論文投稿を行なっていたことが判明する。伊東は本名での投稿の他、「潜龍」「梯愛」というペンネームで活発に記事を投稿していた。またその内容は、彼の隠れたデビュー作「天運循環妙論」（中絶）が、宇宙の運行における調和生成の原理を解明しようとした意欲作だったように、建築史学に直接関係しないものが存在することが特徴である。以下が『建築哲学』前後の、米沢有為会雑誌における彼の投稿論文のすべてである。

1、明治二二から二三年　「天運循環妙論」1、2（付録）、3、4号

2、明治二二年から二四年　「美術起源考」伊東忠太、潜龍生名義含む、2、5、12、13号

西暦	和暦	忠太年齢	出来事	論文著作との関係
1889	明治22	23歳	7月東京帝国大学工科大学造家学科に入学。	日記「浮世の旅」着手（25歳まで）、12月「天運循環妙論」（中絶）『米沢有為会雑誌』1, 2（付録）, 3, 4号、「美術起源考」『米沢有為会雑誌』潜龍生名義2, 5, 12, 13号
1890	明治23	24		8月『修学旅行日記』、10月「同郷学生及父兄諸君に告く」『米沢有為会雑誌』8号
1891	明治24	25		「米沢の前途に関して先進諸氏に切望す」『米沢有為会雑誌』17, 21号、「学と術とに就いて」悌愛生名義『米沢有為会雑誌』18号、「地震と煉瓦造家屋」『建築雑誌』59号
1892	明治25	26	7月帝国大学造家学科卒業、卒計「公会堂」。ただちに大学院へ進学。	卒業論文『建築哲学』、「建築術の本義」『米沢有為会雑誌』25号、「横河君の「東西美術孰れが勝れる」論を評し、併せて卑見を述ぶ」『建築雑誌』71号、「本邦建築術の未来」『工学会誌』132号、東大資料『日本建築構造論』
1893	明治26	27	2月東京美術学校講師、建築装飾を担当。天心との親交がはじまり、日本建築史の体系化について、多くの示唆を得る。同月帝室博物館の建築に関する物品調査嘱託。9月、木子清敬の推薦により、平安遷都記念祭協会から平安遷都記念平安神宮の設計監督技師を委嘱。	「建築術と美術との関係」『建築雑誌』75号、「学術及其応用を論し世の学術特に工学を修めんと欲する同郷人士に告く」『米沢有為会雑誌』34号、「法隆寺建築論」『建築雑誌』83号、「工学士伊東忠太君法隆寺実測図地絵図（付図）」『建築雑誌』84, 85号、「京都記念建築談」
1894	明治27	28		「平安神宮」『建築雑誌』87号、「アーキテクチュールの本義を論じて其訳字を選定し造家学会の改名を望む」『建築雑誌』90号、「日本建築術研究の必要及其の研究の方針について」『建築雑誌』92号、「日本建築に於ける曲線の性質を論ず」『建築雑誌』93, 95, 96, 104号
1895	明治28	29	4月第4回内国勧業博覧会審査官。平安神宮竣工。	「国家は古建築を保存すべし」『建築雑誌』98号、「国家と建築術との関係を論ず」『建築雑誌』108号、東大資料『大日本建築通誌』B5版5枚
1896	明治29	30	1月臨時全国宝物取調局臨時監査掛、5月内務省古社寺保存会委員。6月同保存計画調査嘱託。	3月「大和紀行」（筆名潜龍生）『米沢有為会雑誌』63, 64, 66号。「支那新疆省千関発見の仏像」『国華』189号、東大資料「曲線運用に関する実例に由てその定理を究む」B5版9枚、同「日本建築に於ける絵様の曲線の発達に就いて」B5版13枚

1897	明治 30	31	1月東京帝国大学工科大学講師、東京美術学校講師いずれも日本建築史担当。同月造家学会評議員。2月増加学会規則改正案起草委員会委員、4月25内務省議員建築計画嘱託、9月帝国大学工科大学講師講師（学制改革に基づく）、同月22日台湾総督府より北白川宮神社造営の設計を依頼。	「名物日光要観」（筆名悌愛生）『米沢有為会雑誌』73,75号、「本邦仏教各宗の建築」『建築雑誌』126号、「塚本工学士に答ふ」『建築雑誌』127号、「朝鮮、遼東及び台湾の建築」『建築雑誌』130、「南都海竜王寺に蔵する五重塔婆の模型」『考古学雑誌』第1巻11号、「元禄年間に於ける法隆寺伽藍修繕の真相」『建築雑誌』132号
1898	明治 31	32	博士論文として「法隆寺建築論」を提出。7月造神宮技師兼内務技師、9月正七位、高等官四等。	「法隆寺建築論」『東京帝国大学紀要』第1冊第1号、「京都阿弥陀ケ峯豊国廟の建築」『建築雑誌』136, 138号、「九輪の名称について」「法隆寺建築論について坪井文学博士の評論」『建築雑誌』138号

3、明治二三年　「同郷学生及父兄諸君に告く」8号
4、明治二四年　「米沢の前途に関して先進諸氏に切望す」『米沢有為会雑誌』17、21号
5、明治二四年　「学と術とに就いて」悌愛生名義18号
6、明治二五年　「建築術の本義」25号
7、明治二六年　「学術及其応用を論し世の学術特に工学を修めんと欲する同郷人士に告く」34号

さて米沢有為会の成立経緯については、伊東自身が後に回顧している。明治一八年頃以来、郷里米澤の出身の同年代の学生と交遊することが多かった。彼らは「何れも理科系に属しているので、予等の考えさせられたことは、当時郷里出身者がとにかく小さく団結して、小殻の裡に立て籠るが如き傾向にあるは面白くない、よろしく小異の小殻を破って、大同の大殿堂を造り、専門や職業の差別なく共存共栄していくべきである」というからであった。

「明治二十二年の春頃、前期の連中から誰が提案したともなく、ここに米沢郷友会とか同郷会とかいう様なものを作り、東京遊学の青壮年を中心としてあまねく米沢出身者を糾合し、さらに諸先輩の賛同後援を求め、郷薫の一致団結を図ってはいかがという話がでて一同深く共鳴したのであった。」伊東「有為会創立当時の思ひ出」『米沢有為会雑誌』四八八号、昭和一四年

同年の一一月二三日、一味の連中、額を集めて凝議の結果、会名を「有為会」とし、伊東を含んだ一八歳から二三歳までの六人を発起人とすること、毎月雑誌を発行すること、会費制の会員を募ることなど十数条の会則をつくりあげ、伊東が兄との下宿間の六畳を仮事務所として、伊東ほか一名が幹事となって一切の仕事にあたることに取り決めたという。

「善は急げである、とにかく年内に創刊号を発行しやうというので、発起人は大童の体で働いたがなかなか纏まらぬのでずいぶん困ったが、それよりも先立つものは金である。何ぶん金も時間もないので、持ち寄りの俄か作りの原稿を蒟蒻版刷りにして出すことにしたのである。蒟蒻版は発起人総がかりで懸命に刷り立て、辛うじて数十部を作り上げ、手製の装丁で間に合わせたのは十二月十四日の午後であった」（承前）という。その後同会は順調に発展していったようである。(4)

伊東の同会における投稿記事のうち2、5、6は『建築哲学』に密接な関係がある。比較して草稿、あるいは抜粋的部分が見られ、執筆中、その部分を、会有志に問いかける目的をもって掲載されたものと考えられる。そして、その一連の思考作業の中で彼の考える建築概念の中で「学」と「術」との関係が明瞭に意識されはじめていることもあわせて看て取ることができるだろう。具体的には3、4、5、6、7である。うち、3、4、7における特に建築を離れた主張の主眼は、いずれも高等教育という原理的真理的追求の学問の場にあって軽視されがちな、工学における応用、実際的部分の重視が強く主張されている。後にこまかく検討するが、それら文書が啓蒙に値する所以は、彼の言う「術」にたいする同世代における軽視への批判、真理を求める無形の「学」とその応用であり実際の社会的効果を発揮する有形の「術」双方への配慮の主張にあった。つまり「学」と「術」との関係は彼が膨大な卒業論文の作業、建築的思索の中で、社会的にもまとまったかたちで問うことのできた一般的かつ具体的な問題だったのである。よって建築における「学」と「術」との関連問題は、『建築哲学』を思考する早い時期から彼の問題意識に現れ、それが明治二七年の学会改名論へと連なっていったと考えるのが妥当だろう。改名論における「協会」論はいわばその最終結論であった。しかし実際に学会において、「学」と「術」との融合の主張が受け入れられなかった時期と軌を一にして、伊東の論考は建築史学領域へと比重が移動していったと考えることもできよう。

四　「術」への注視がいかに建築―美術的問題とつながっていたか

すでに伊東が、有為会雑誌において特に「学」の発展に見合った「術」の重視を重ねて主張していたことを紹介した。なぜ伊東はそのように「術」にこだわったのであろうか。彼は前掲の有為会での記事7において、当時盛んに叫ばれた「実業」を鋭く批判している。「術」の重視であれば同様な立場にある「実業」的立場が批判されることとなったのは、実業が単に方法を教えるのみであり（これを彼は「術」と区別して「工芸」と称する）、真理に到達しようとする「学」的側面が欠落したものであったからである。つまり伊東においては「学」

と「術」とが相互に連関することが理想であったのであり、この回路こそ、彼が建築哲学的立場において考究した部分に抵触する普遍的問題の一つであった。その経過を『建築哲学』と米沢有為会雑誌での記事とを相互に比較しつつ検討したい。

伊東の卒業論文である『建築哲学』の構成は第一編が「建築術ト美術」、第二編が「派流原論」、第三編が「建築派流各論」であった。ここで言う派流とは、それぞれの地域で固有に生じた様式をさしている。つまり第一編が最も原論的であり、次第にその応用として各流派の生成が検討される。そして最後に本邦将来の建築流派についての一定の見解が提案されるという構成である。このうち有為会雑誌での投稿記事は、より原論的部分が紹介されている。「学と術の関係」は、彼における建築－美術原論において要石の一つであった。その流れを検討してみたい。

「美術の起源を考ふるに先だち余は先ず美術の定義を下さんと欲す。そもそも美術の定義は学者各各その説を同ふせず。そのいずれかこれいずれかあらざるやは容易に判定し難しといえども、予は仮にこれをもって美を発表すべき事物を作り出すの術なりと認定す」「美術起源考」『米沢有為会雑誌』第二号付録、明治二三年

ここに彼の美術観が明瞭に現れている。美術とは「美を発表すべき事物を作り出すの術」なのである。ここで彼が用いた発表という言葉が興味深い。それは形のないものから有形なものを産出する行為のことである。それではそもそも本来の美とは何か。

「美のものたるや極めて幽玄にして測る可からずといえども、美は常に其形を変じ、其状を替へて各般の物体中に潜伏するものなり。是故に皮相上の観察は未だ一物体の中に潜伏するものを発見すること能はず、よし之を発見するを得るも未だ其性質を審らかにすることを得ざるなり。蓋し美の者たる之唯一なり。美に決して二様あらざるなり。然れども其之を発揮するの道は即ち甚だ多し。」伊東忠太「第二編派流原論　第一章其一　嗜好ノ不動」『建築哲学』明治二五年提出(5)

つまり美は自然と人工とを問わずあまねく潜在する。それは唯一ではあるが、それが現実に発揮される場合は多様であるという。以上のような美と美術観が当時においてどのような布置を占めていたか、筆者の能力を超える問題である。しかしながらギリシャ哲学における万物の根源であり生成する力であったピュシスにも似た美の位置づけと、それが現実に出現する際に必要な「発表」という段階、つまりは無形から有形が産出される方法を美術ととらえるのが彼の美術論であった。さらに伊東は装飾一般について以下のように述べている。

「余は少しく装飾について論すべし。およそ宇宙万物の形状は一々相異なるものなり。けだし両もしくは両以上の物体全くその形状を均しくする能はさるを以て千様の物体は千様の形状あり万種の物体は万種の形状なき能わず。しこうしてこの無数なる形状を作るものは則ち線状に外ならざるなり。即ち線状はその長短と形状とを無究に変化することを得んを以てその配合の方法はこの無究に比してさらに無究ならざるべからず。これ宇宙間に無究に多様の形状ある所以なり。」同第三号、明治二三年

ここで装飾は、先の有形術としての美術の結果として、宇宙における万物の多様な形の現れの端的な状態として規定されているのであった。いずれにせよスケールの大きい連関を彼は美－美術に見ていたことになる。またこの傾向を彼の有為会でのデビュー記事ともなった宇宙循環論ともいうべき「天運循環妙論」との関係において論じてもいいのかもしれない。

唯一であるが無形で潜伏する美は、有形の術として現れなければならない。ここに「学と術の関係」が直結するのであった。『建築哲学』の第一章に組み込まれたその主張を有為会雑誌の方で確認してみよう。

「これを要するに、諸種の学は一斉に彼の真理の一点に向かひて進行する無形体にして、術は即ちその岐路に入りて形を顕せるものにほかならず。」「学と術とに就いて」第一八号、明治二四年

つまり術なくして学はその有形を与えられることはない。よっていかなる真理も、技術として生み出されるすべもない。さらに『建築哲学』においては逆に学のない術について以下のように結論している。

「以上論じ去り論じ来る所を総括して之を反言すれば、およそ術は必ずや学に依らざるべからざるなり。学に依らざるの術は踢蹐[6]として局部に止まるのみ、未だ能く六合に雄飛することを得ざるなり。[7]若し夫れ学に依るの術ならん乎、其発達無限にして無涯なり。其精華を採り其極致に到り以て造化の秘訣を發（あば）く、亦期すべきなり。」「第一編第一章　学ト術トノ関係ヲ論ズ」『建築哲学』明治二五年[8]

つまり学の介在しない術は局部的であり、決してこの世のすべての現象の根拠に到達しえないのであった。これら論中で伊東は美術的天才が同時に優れた学者であったとは限らないというごく一般的な反論に応えようとしているが、それにはうまく応えられていない。しかしながら彼における学と術、還元すれば客観的法則と具体的個物とはかならず連結されなければならなかった。なぜならそれこそが、固有性（キャラクター）とその普遍性という、一九世紀における建築史的難題でもあったからだった。

五　固有か、普遍か

「抑も我造家学は工部の部内に入る事を得るといへども尋常の工学と大に異る所あり、同じき所は物理を云ふなり、異る所は美術を云ふなり、夫れ美術なる物は天地万有の形象を察し其神と質とを想像模写し且之を奏合錯綜し千状万態未た曽て有さる新奇妙々の形状を現出するの術にして其結果たるや麗然として自然に形神を具有し唯一完全別に天地有るか如き者なり、故に造家の本理を探らんと欲せは必す美術に依らさる可らす。」河合浩蔵「美術ノ説」『建築雑誌』二一号、明治二一年九月号（送り仮名はひらがなに改めた）

初期帝国大学造家学科出身の日本人建築家・河合浩蔵の説は、美術と造家との関係、ひいては美術概念を存在の立脚とする当時の造家の本質を端的に表わしている。造家は美術であり、そして美術とはすべての天地のかたちを観察し、その本質を想像模写し、かつこれを組み合わせて今まで見たこともないような新しいかたちを現す術であり、これが造家の本質であるというのである。このような折衷――ピクチュアレスク的定義は、彼ら日本人建築家の唯一の師匠であったJ・コンドルが、ソーン賞を受賞した正真正銘のピクチャリストであったことを思いだすまでもなく、明治期の造家――建築論の主調であった。一九世紀英米を席巻したピクチュアレスクの波が、むしろ日本においてより純度を増して（なにせそれしか知らないのであるから）なだれ込んできたのだ。

来日早々のコンドルが、最初に手がけた上野博物館（一八八二）では、シュード・サラセニック（Pseudo Sarasenic）――擬サラセン――様式が開発、採用された。興味深いのは、この採用の背景には、彼自身が「如何にして、この国民的建築を永続せしめ得るやなる問題に就て腐心」(9)したと述べていることである。つまりそこには彼なりの「日本の国民的様式」――日本固有の様式――を造りだそうとする意図が正面切って込められていたのであった。しかしここには、固有性を成立させる共有可能性というヤヌスが潜んでいた。本来の固有性があるとすれば、それは他者にとっては共有できないものであり、決して認識され得ないものである。しかし美術における固有性とは少なくとも鑑賞者にとって、その独自たるゆえんを共有されうる客観性をもっていなければならないからである。この固有性とその共有可能性にまつわる矛盾がピクチャレスクから折衷主義期の美術において大きなテーマとなり、そこから後の近代美術につらなる様々な概念が一九世紀ヨーロッパにおいては生み出されていたのであった。後の建築批評家であり美学者であったコーリン・ロウは、このような固有性――キャラクター――の不可避的な問題を「目的を表現すると同時に、限りない連想を促している点にある」と詩的にまとめている。

「ゴシック・リヴァイヴァリストたちに限らず、世紀半ばの建築家たちはピクチュアレスク様式がこのようにあまり深い意味を持つことに反感を持ち、固有性は恐らく自己創造的ではあり得ず、また個性は特定の文化と無関係ではなく、ある程度までその影響を受けると感じていたようである。だから彼らは、固有性を著しく「自然な」特性と見る一方で、それを社会に束縛されず文化の真空状態で自由に活動する、いわゆる「自然な」人間の徴であるとはもはや受け取っていなかった。逆に彼らは、それを特定の環境の産物として、また与えられた個人、与えられた物質的条件、与えられた文化的環境などの間に真の相互作用が立証された証拠と思い込むようになった。固有性はいまや、抽出されるべき属性となったのである。」コーリン・ロウ「固有性と構成」『マニエリスムと近代建築』松永安光、伊東豊雄訳、一九八一年、九四頁

さて以上のような折衷——ピクチュアレスク——固有性を造家の本質と定義しなおした場合、実は先の改名論者であった「造家」批判者・伊東忠太こそが、その思想的論柱であった。

「蓋し自然界の精気は其形を現はすや常に均しからず、或は彼に於てし或は此に於てす。是故に建築家は其中に就て其尤も己れの意に適合するものを求め、務めて之を発揮せざるべからず。是故に其建築或は崇高（サブライム）に或は軽易（ムーバブル）に、或は雄健（アクチーフ）に、或は静粛（カーム）に或は豪華（チャーミング）なり。是れ其建築の各々其性質を異にする所以にして、又た実に派流の由て起る所以なり。」伊東忠太「第五章　審美学上建築術ノ価値」『建築哲学』明治二五年（承前、三五五―六頁）

この一節で伊東は、彼ら日本の建築の将来をになう建築家たちがくみとるべき、「自然界の精気」の本質が一様でないことを主張している。伊東もまた一九世紀的に、建築は「固有」[10]な性格を持つべきものであり、これによって様々な様式（彼の言う派流）が要請されることを述べている。ただし『建築哲学』が、当時において質量において群を抜いていたと指摘されるのは、本来学をなすすべもない固有性を、共有可能な学として提示しようとしたことに求められるだろう。彼は同論の前段において、「余は美術建築を講究するに当りて、無数の補助学術の必要を見るものなり。試しに今其主要なるものを揚ぐれば即ち左の如し」として、「建築材料及構造論、建築歴史、万国歴史、地理学、哲学、審美学、文学、考古学、ミソロジー、人類学、人種学、社会学」の要素を挙げている。[11]そしてさらにそれら原理的諸要素を建築たりうるように「発表」する術として、プロポルション（衡度法）、コントラスト（反対法）、変化及統一、フィットネス（適応法）、線条論、色彩論といった構成論を展開する。その大概を示すことはここでの目的ではないが、ロウがまとめた一九世紀後半の批判的ピクチュアレスク運動の特質——固有性を物質的条件や文化環境といった共有可能な因子へ還元し、再構成しようとする傾向——と

同様の態度がここには見られる。

結論として若き伊東が主張したのは以下のことである。学の介在しない術は局部的であり、決してこの世のすべての現象の根拠に到達しない。つまり固有性を固有なるものとして共有するという不思議は「学」なくしては可能とならない。それを極めることのできる学によってのみ、造化（ぞうか：物事の生成の根源のはたらき）の秘密は暴れる。恐らくこの学的構えが、彼の「建築」的なるものの本質であったはずである。つまり彼が後に建築史家として、法隆寺をギリシャ建築との類比をもって語ろうとしたように、固有なキャラクター（日本）は、それ以外の共有可能性、あるいはそれら固有性を統括するところのいまだ見えざる美を根拠にしなければ成立しえない。しかしながら同時に、その共有可能性は、固有性を強固に補強するものとしても成立してしまう。『建築哲学』における伊東の結論とは、やはり日本将来の固有な建築様式の生成の可能性ではあった。「和洋折衷を以て本邦建築の標準と為さん」彼の卒業論文の結びはいかにも陳腐に聞こえる。しかしながら興味深いことに、彼は悪しき和洋折衷の例として、先に紹介したコンドルの上野博物館を標的に挙げている。その手法の「相癒着せざること」、つまり未統制であること見るに忍びないといい、そして「折衷主義の機未だ熟さざる」とまで述べるにいたるのである。つまり彼の言う「建築」の目的は、実は造家を凌駕して、ピクチュアレスク――折衷主義の究極の根拠を通して獲得される理想の日本の固有性を作ることだった、と結論づけざるをえまい。それゆえに「建築」と「造家」とは対立していない。むしろ造家――固有性――をさらに極めること、ここに「建築」の本質があったのである。

註

1　たとえばこれまでの「建築」語源探究者、それも「造家」から「建築」への発展段階説を信じるものにとって、実は「造家」の二文字は鬼門であった。彼らの追跡によれば「建築」は幕末から明治初期を通して至るところの辞書で“architecture”の訳語としてその事例を確認することができた。しかしながら彼らの理論からすれば、「建築」に先行し明治のごく初期にはより一般的に流布しているはずの「造家」が、アカデミイの中心たる工部大学校の規則以外に、わずかに一つの辞書（村上英俊『仏語明要』一八六四年）の記載例しか見当たらなかったのである。参照：菊池重郎『日本に於ける洋式建築の初期導入過程の研究』私家版、昭和三六年。

2 参考：松井利彦「近代日本漢語と漢訳書の漢語」『広島女大学文学部紀要』第一八号、昭和五八年。

3 『日本の建築　明治・大正・昭和　様式美の挽歌』（三省堂、一九八二年）所収の崔康勲による年譜を取捨選択しさらに、若干の新出資料を加えている。

4 伊東は前掲の同会雑誌四八八号で同会の状態を幾千の会員と称しているので、六人の若い発起人から始めたこの同郷有志の会は、時をへても途切れることなく昭和一四年当時何千もの会員を擁するまでに成長していたとことがわかる。

5 藤森照信編『都市　建築　日本近代思想体系』岩波書店、一九九〇年、三八六頁。

6 きょくせき、肩身のせまいさま。

7 りくごう、天地と四方、宇宙全体のこと。

8 註5に同じ、三五五頁。

9 コンドル「建築学会の表彰式における答辞」建築雑誌四〇二号、一九二〇年。

10 彼の要素（引用者註：伊東が提示した建築術の九要素のこと）を発表するの法術は、蓋し建築家其人の固有の才能になるもの多しとす。而して其建築家の嗜好如何に由り、彼の要素は或は結んで崇高を為し、或は凝りて優美となり、或は又集て奇抜を為さん。」「第一編第九章建築術の要素を発表すべき方法を論ず」『建築哲学』、註5、三六二頁より引用。

11 註5に同じ、三五一頁。

参考文献

中谷、金行信輔、倉方俊輔、清水重敦、山崎幹泰　一九九七・八「復元ルポ「造家」から「建築」へ　学会命名・改名の顛末から」『建築雑誌』Vol.112, No.1410、日本建築学会

拙稿「建築と築建」（『近世建築論集』所収、アセテート、二〇〇四年）

『阿修羅帖』に見る第一次世界大戦の経験と伊東忠太

倉方　俊輔

はじめに

〇―一　伊東忠太『阿修羅帖』を再考する理由

『阿修羅帖』全五巻は、伊東忠太（一八六七―一九五四）が描いた戯画に各界の名士の賛を付して、一九二〇（大正九）年四月から一九二一（大正一〇）年一〇月にかけて東京神田の国粋出版社から予約販売の形で出版された。五〇〇枚の戯画によって、一九一四（大正三）年七月二八日にオーストリア＝ハンガリー帝国がセルビア王国に宣戦布告してから一九一九（大正八）年一〇月三一日に日本が講和条約を批准するまでの約五年三か月間の時事を、第一次世界大戦の動向を中心に描写している。

『阿修羅帖』の内容を分析した論考はこれまでに見当たらない。しかし、本書は伊東が著した公刊書の嚆矢であり、これをきっかけに戯画が描き続けられて一九五〇（昭和二五）年までに計三、七三七枚を数えることになる。[1] 最初の世界戦争という対象が、伊東に大きなインパクトを与えたことが想像される。成立当時の伊東は東京帝国大学工科大学教授を務めながら、一九〇二（明治三五）～一九〇五（明治三八）年の世界一周留学の経験を咀嚼して、真宗信徒生命保険会社（一九一二）・日暹寺仏舎利奉安塔（一九一八）など世界各地の様式を独自に折衷した作品を実現させ始めていた。[2] こうした盛期に著された本書は、単なる手慰みではなく、世界を捉える伊東の思考が綴じ込められた対象とみることができる。

これまで伊東に関する言及は、「法隆寺建築論」（初稿一八九三）から世界一周留学を経て「建築進化の原則より見たる我邦建築の前途」（一九〇九）の発表に至る明治期と、大規模な設計作品が竣工する昭和期の双方に分断される嫌いがあったが、今後、伊東が名実ともに建築界の中核にいた大正期から生涯の全貌を見通す上で検討されるべき位置にあると言えよう。

『阿修羅帖』が注目すべき理由には、もう一つ、より広い社会的な視点からの意義がある。本書は日本にとっての第一次世界大戦の経験を物語る。一八七〇〜七一年の普仏戦争以来ヨーロッパでは四〇年ぶりの戦争として始まったこの大戦は、約四年三か月間継続して未曾有の人命を奪い、一九世紀から続いていたヨーロッパ列強の覇権争いを終結に導いて、政治・経済・文化・科学技術など多方面において現代に続く社会の形成に多大な影響を与えた。もちろん日本もその例外ではない。

五〇〇枚の戯画の中には、大戦がもたらした国内への影響など、幅広い出来事が含まれており、単に戦局を追うだけでは見えてこない第一次世界大戦と日本史、世界史との関連を知ることができる。見る主体は日本に置かれているから、自らに関連する出来事は大きく、そうでないものは小さく映る。

こうした性格が『阿修羅帖』に二つの特質を与えている。一つは、当時の内閣交代や米騒動といった国内事件などと第一次世界大戦の推移との連関を、私たちに改めて考えさせる点である。もう一つは、まなざしの起点がヨーロッパでもアメリカでも天上でもなく、アジアの端にあることによって、非西洋における第一次世界大戦の経験を捉えている点である。他のすべてのまなざしと同様に、そのレンズには歪みや曇りがある。日本がアジア諸国に対して、あるいは列強に対して、どのような「偏見」を持っていたかを看取することもできよう。他方で、ヨーロッパという渦中にないだけに、政治的力学から離れて、事の本質を冷静に捉えている部分も見受けられる。このように『阿修羅帖』は、第一次世界大戦の平易な入門書であり、同時に、日本にとっての、そして非西洋諸国にとっての第一次世界大戦の経験を再考させるものでもある。

〇―二　刊行までの経緯

内容の分析に入る前に、『阿修羅帖』の成立背景について略述したい。本書の戯画は出版を前提に描かれたものではなかった。伊東と同じ米沢の生まれで、『阿修羅帖』の刊行元である東京市神田区の国粋出版社と国粋印刷を経営していた嵐田栄助が、私蔵していた戯画の公開を伊東に勧め、承諾すると、編集を杉村廣太郎（楚人冠）に託したという。[3]

嵐田による国粋印刷のセールスポイントは多色刷り木版画を機械印刷で行うことだった。本書の刊行中に『国粋』と題した木版多色刷り和装の雑誌も創刊し、その創刊号（一九二〇年九月刊）に伊東は文章と絵画を寄せている。こうした事業と連携した話題づくりとして、オールカラーの『阿修羅帖』出版にも意欲を見せたと推測される。

杉村のジャーナリストとしての顔の広さは、伊東の戯画それぞれに名士の賛を付すという嵐田の提案を受けて、現在も著名な政治家・文学者・実業家らの顔ぶれを実現した点に表れている。(4) 伊東による戯画だけでなく、賛の広がりも大正という時代を象徴している。

〇―三　編者・杉村廣太郎の役割

杉村は東京朝日新聞記者の立場を使って宣伝にも一役買っていた。『阿修羅帖』について記されたものとしては、管見の限り一九一九（大正八）年七月二一日の『東京朝日新聞』朝刊の記事が最も早い。上の二段に絵四七八（本書の通し番号による。以下同）の「小邦簇生」の下絵が掲載されている（図1）。その下の二段で「爾来五春秋一年に百枚の割で最近五百枚に近づいたので五冊位に分つて画帖を作り広く世間にも示さうかという計画」などが報じられている。

図1　「小邦簇生」［絵478］下絵
『東京朝日新聞』1919年7月21日朝刊

この記事から判明するのは、第一には実際に刊行された絵五〇〇が描かれる三か月以上前に全五巻からなる出版概要が定まっていた事実であり、第二には下絵から刊行までの経緯の一端である。掲載された戯画の描線は『阿修羅帖』所収のものと同一だが、次の違いがある。

（一）彩色が施されていない、

（二）右上に描かれた四角の中に番号が記入されていない

（三）四角の下部に「小邦簇生（寿命若干ぞ）」と書かれている。

（一）からは線画の後に彩色するという制作工程が分かる。これは野帳五〇・四八・四九・五一・七〇の五冊に見出せる下絵に共通する。(5)（二）は記事中で「小邦簇生」を四九三枚目と述べていることと併せ、編集段階で戯画を選り抜いて総数を調整し、番号を最終段階で書き入れた手順を示すものと思われる。（三）は賛の部分に書かれていることが多い表題が伊東の指示に基づくことを証すると同時に、大戦後に誕生した独立国が短命に終わるのではないかと疑う気持ちを、当初はさらに具体的に込めていたことが分かる。刊行版では括弧内を削除した結果、賛の自律性が高まり、戯画の解釈の幅が拡大している。変更を編集段階のものとみなせば、編集者の存在が、今見るような『阿修羅帖』の開かれた読解の可能性を拡張したと判断される。

一　描写の特質

一―一　臨場感――同時性・編集力・世界観

『阿修羅帖』の描写の特質を考察していきたい。『阿修羅帖』の面白みは、何よりも、それぞれの絵の色彩や構図にあるわけだが、続き物として鑑賞する際にはさらに妙味がある。全体を捉えた時に受け取られる面白みを整理する。

第一の面白みは、見る者が千里眼になったかのような《臨場感》だろう。ページを繰るうちに、世界各地で起きた出来事が次々に眼前に立ち顕われる。同時並行するそれらは互いに無関係なようでもあり、因果の糸で結ばれているようでもある。五〇〇枚は全体として一つに回収されるストーリーではないが、途方に暮れるほどバラバラでもない。適度に整理された《世界》と向き合っているかのような充実感を、読者は味わうことができる。こうした感覚がなぜ生まれるのか。その理由として、次の三つの描写の性格を指摘できる。

『阿修羅帖』は後に整理されたのではなく、事の結末がどうなるか分からない状況で一枚一枚が描かれていった。まず、このような《同時性》が臨場感の素地になっていると言えよう。

次に、時間的にも地理的にも並列したさまざまな情報を選択し、視覚化する著者の《編集力》がある。第一次世界大戦に直面した日本国内の関心は、新聞や雑誌・時事出版物を質量ともに充実させ、速報性や写真ジャーナリズムの興隆に大きく貢献した。現在知られる第一次世界大戦の戦況は『阿修羅帖』にも大きな誤りなく反映されており、おおむね正確な情報が当時の日本に伝えられていたことが分かる。しかし当然ながら、報道の形が現在と格段に異なることには留意すべきだろう。今日の眼には、往時の新聞や雑誌・時事出版物の記事は混沌として映る。その頃のメディアは文字が中心だった。編集技術が未発達で、情報のヒエラルキーが今ほど明確ではなかった。加えて、情報通信技術と報道体制が未整備だったため、一つの媒体に時間的に異なる事実や解釈が混在することも珍しくなかった。つまり、地理軸・時間軸の異なる情報が、現在よりもむしろフラットに漂っていたのである。その中から伊東が地理・時間・因果の関係を整理し、的確に構成したからこそ、我々は厚みのある歴史を透視しているかのような感覚をおぼえる。多様でありながら混沌に陥らない臨場感は、

図２　「塞墺開戦」［絵 001］

作者である伊東の、歴史家的な編集力の賜物である。

最後に指摘したいのは、伊東の一貫した《世界観》だ。複数の物語が並行する『阿修羅帖』において、物語間を区別する役割を果たしているのが、継続して現れる登場人物である。一例として第一巻の冒頭一九一四年（大正三）年七月から一二月までの約五か月間の出来事を見てみよう。「塞墺開戦」［絵〇〇一］（図２）で、ドイツは青色の肌で髭を生やし、廻しを締めた人物で表されている。これと同じ人物が「全欧修羅の巷となる」［絵〇〇二］、「利宮壽陥落」［絵〇〇四］、「独国四面皆敵」［絵〇〇六］、「露独競争」［絵〇〇八］、「独軍攻勢」［絵〇一〇］と継続的に登場することで、ヨーロッパ戦線（西部戦線・東部戦線）における攻守の変化を一目で捉えることができる。この他にも、ギリシャを童子として描いた一九一五（大正四）年八月の「希臘連合方に傾く」［絵一三五］と、一九一七（大正六）年一月の「希臘困窮」［絵二二六］など、さらに長期にわたる継続性も確認できる。

数か月、時に数年にわたって、そのたとえ方に一貫性が見られ、それが自在に操作される様は、ストーリー漫画におけるキャラクターのようである。世界を捉える変わりない目線の存在が、複数の並行する物語を臨機応変に呼び出し、その中でキャラクターを活躍させることを可能にしている。そしてこのことが、関係性を自ら見つけ出すことのできる世界で遊んでいるような自由の感覚を、読者に与える。

ここまで『阿修羅帖』の第一の面白みとして挙げた《臨場感》について考察してきた。時代と同時性を有して、混沌とした情報を編集し、自らの世界観の中に再構成する伊東の能力が、それを可能にしていることが明らかとなった。

一―二　機知――自律性と多義性

第二の面白みは、それぞれの戯画から受け取られる多彩な《機知》である。それらが絵解きのようになっていて、描かれたものの真偽や善悪や美醜を単純には決めがたい。

たとえば、第一巻の「まだ御前の出る幕じゃない」［絵〇三五］（図３）を皮切りに、それがどういうことなのかを考えてみよう。開戦

図 3　「まだ御前の出る幕じやない」[絵 035]

の二か月後に描かれたこの戯画では「平和の神」である清らかな女神が衝立の向こうから顔を覗かせて、髑髏の首飾りに脇刀という荒くれ者の姿をした「戦の神」に声をかけている。

よく見ると「戦の神」の全身にはメッセージが含まれている。上げて開いた左手は「平和の神」に対して拒絶を表している。右手は画面の外を指さして、その理由が戦況にあることを示している。立てた片膝は、彼が立ち上がり、戦闘が再開されかねない暗示になっている。バロック芸術のように次の動作を内包した描法は、半開きの口元にもみられる。表題がこの口から出た言葉であることは明らかだ。

ここまでの読み取りは、早期終結による平和回復の望みが薄まった大戦の概況を、いくぶん高踏的に余裕を持って眺める戯画であるという結論に導きそうだが、「平和の神」に背後に「独」と記された小さい人物が隠れていることに気づくと、話は違ってくる。この人物は「戦いの神」と肌の色が同じで顔も似ており、彼の子どものように描かれている。少し前の「独国米国に仲裁を依頼す」[絵〇三二]の登場人物に類似しており、ドイツ皇帝ヴィルヘルム二世の似顔絵であることも分かる。そうなるとこれは、本来は「戦争の神」の子であるのに「平和の神」をそそのかし、平和を擬態して、自らに有利な状況に持ち込もうとするドイツの企みを摘出した戯画ということになる。

ただし、戯画の意味は、これらのどちらか一方には決定し難いだろう。「平和の神」は、主体性を持った人物として表現されている。何かの傀儡ではなく、真摯に彼女なりの思いで動いているかのようだ。「戦争の神」も同じ理屈があるのは、「独」も同様かもしれない。第三者から見た時に正しいにしても間違っているにしても、それぞれの理屈で存在しているような、確固とした姿で描かれている。つまり伊東はこの大戦を、そんな複数の主体がせめぎ合う成り行きとして捉えている。そのためにこの戯画は、作者が平和を待ち望んでいるようにも思われるし、もう一波乱を期待しているようにも感じられる。こうした平等とも高踏的とも言える自律的な目線は、他の多くの戯画からも読み取ることができ、それが戯画に多義性を与えている。

以上の考察をまとめると、伊東の戯画は、一目で把握できる平明な構図の中に、意味の密度を高める描き入れを行い、単純に真偽や善悪や美醜を決しがたい、ある種の滑稽味を醸し出していると言うことができる。こうした特質故に『阿修羅帖』は単純なプロパガンダに堕することをまぬかれ、現在の私たちにとっても見ごたえのあるものとなっている。本書の刊行時の宣伝文句には「芸術的」風刺画と書かれているが、単に色や形の美麗さを指しているだけでないとすれば、おそらくこうした作品としての自律性を形容したものだろう。

一―三　時代性――アジア・女性と労働者・共産主義・皇室

第三の面白みとして、国内外の出来事に向き合った、当時の日本人一般の信条が読み取れるという《時代性》が挙げられる。そこには意識的な表現と無意識的な表出とが入り交じっている。

ⓐ中国と朝鮮に対する描写から見ていこう。中国は常に弁髪や青竜刀と共に描かれ、下卑た表情［絵一〇三など］や薄汚れた身なり［絵一五八など］であって、一度も近代的な姿で登場していない。こうした偏見が、力に乏しく［絵〇四四など］、目先に捉われてばかり［絵一五六など］といったイメージと結び付いていることは明らかである。

同じように、一九一〇（明治四三）に日本に併合された朝鮮は、「李大王薨す」［絵四一七］と「鮮民騒ぐ」［絵四三一］（図4）の二つにしか登場しないが、後者の表題を無視して図像だけを見るとしても、やはり三・一運動を矮小化する目線を見出さないわけにはいかない。欧米や国内などに対する時とは異なる、こうした中国と朝鮮を扱った戯画の偏向には、当時の日本国内の報道のあり方と、それを受け取る伊東の心のあり方が重ね合わせられていると考えられる。

図4 「鮮民騒ぐ」［絵431］

その中でも例えば、「梅蘭芳来る」［絵四四五］は来日した京劇俳優を、人々にあがめられる天女として描いており、文化面では肯定的に受容していたことが分かる。『阿修羅帖』に見られる中国や朝鮮に対する蔑視の主因が人種的・文化的な差異ではなく、文明化（西洋化）の遅れにあるのは明白であり、それはまた、自国の非文明（非西洋）的な部分への批判［絵四五一、絵四八三など］と合わせ鏡になっていると判断できる。そうした明治以来続く意識は、日本が第一次世界大戦の戦勝国として扱われ、朝鮮半島で三・一運動、中国で五・四運動が起こるといった時流の変化を受けて

図5 「新比翼塚」［絵404］

も、大きく変わることはなかった。以上のことは、伊東個人に特有の中国・朝鮮観というよりも、当時の知識階級の平均値を示しているだろう。

ⓑ女性や労働者に対する描写はどうだろうか。「新比翼塚」［絵四〇四］（図5）は、島村抱月と松井須磨子の名を刻んだ二つの墓を寄り添うように描いて、二人の目指したものがイエを離れた個人の対等な関係であることへの理解を示している。しかし、画中には「淫婦情夫を失て縊る」の文字が添えられている。画と文の内容は矛盾しているように見える。もとより作者が、基本的に女性を庇護されるべき存在とみなしていたことは、比喩としての女性像が力になびく（なびかざるを得ない）国家や、保護されるべき民間の客船に用いられていることからも明白であり、この戯画にも、大正期の新しい潮流に対して物わかり良くありたい理性と、保守的な感情とのギャップが現出している。同様の相克は、労働運動の興隆が背景にあるであろう「デモクラシー?」［絵四〇二］などにも覗える。女性や労働者は、共に第一次世界大戦の前後に、大戦の社会的影響も受けて、社会の前面に登場した主体である。そうした社会の変容と日本の知識階級の戸惑いが示されている。

これに対して、物わかりの良さをまったく示せない対象として、ⓒ共産主義がある。一九一七（大正六）年のロシア革命による史上初の社会主義国家の出現は、『阿修羅帖』でも大きな社会的変化として扱われている。革命を受けて描かれた「過激思想」［絵四三五］（図6）は恐ろしい妖怪画であり、伊東が妖怪をこのような恐ろしさで描くことは滅多にないだけに、当時の日本社会の共産主義に対する警戒心がいっそう伝わってくる［絵四三七、絵四八一なども］。

ところが、ⓓ皇室関連の時事を描いた戯画は、他のものと大きく異なっている。大正天皇の即位礼関連［絵一七〇、絵一七一、絵一七二］（図7）、澄宮生誕［絵一七六］、皇太子成年［絵四五四］の戯画はどれもひねりがなく、厳粛さや慶賀を表現している。不可侵の国体の中心である皇室と、国体を脅かすとされた共産主義とは正反対の存在だが、共通するのは、それらを扱った戯画は他の多くの画に見られるような多義性を喪失しているという事実だ。共にみだりに口にするのが憚られ、強い感情を抱かせるが、実際のところその本質はよく分からない。それ以上踏み込むことを拒むようなベールの厚さを、穿つことのない伊東の描写が間接的に明示している。

図 6 「過激思想」［絵 435］

図 7「大嘗祭」［絵 171］

ⓐ～ⓓの描写の性質は、前述した高踏的で、善悪を超越した滑稽味と相反するように思われる。その理由としては、描かれた対象が日本に直接関わっているか否かという要因が大きいだろう。作者が立っている所から遠い場合には俯瞰的・客観的でありえるが、そうでない時には自由さが失われる。こうした描き方自体の変化も、当時の日本人一般の信条の反映と言え、社会全般に目を開いていた伊東の知的好奇心と本質的に持っていた保守性が、『阿修羅帖』を時代の表徴にしている。

二　作者の個性――跋扈する妖怪

二―一　擬人化という手法

一では『阿修羅帖』の持つ面白みから、伊東の能力の表れを抽出した。すなわち《臨場感》《機知》《時代性》のそれぞれの側面から、出来事の多様性と個別性を両立させるような編集力に長けていること（一―一）、西洋と東洋の古典に通じた知識と高踏的な知性に根ざした機知を備えていること（一―二）、知的好奇心と保守性を併せ持つことで当時の日本人の典型となっているであろうこと（一―三）の三点を指摘した。これらをさらに抽象化すれば、伊東は第二次世界大戦以前の知識階級が備えていた能力に優れていた、と要約することもできよう。

では、『阿修羅帖』にはここまでみてきたように伊東の能力が表れているのであって、伊東自身の個性は表れていないのか。本節で検討したいのはこの点である。

まず、『阿修羅帖』における《擬人化》の効果を見ることから始めたい。同書の表現の特徴は擬人化である。国家や政治家の攻守は人の姿で表され、世相は人物群像によって表現されている。蛙や蝉、猫や鼠、豚や犬といった昆虫や動物のほとんどは擬人化して登場する。鬼や妖怪については後ほど詳しく述べるが、これもおおむね喜怒哀楽を有する、人間と同様の存在として描かれている。

擬人化という手法は、特に国家や集団を扱った場合に典型的だが、本来は《見えないもの》を見えるかのように変えてくれる。その表情や仕草・服装には馴染みがあるので、複雑なニュアンスを一目で伝えることもできる。またそれらは社会的なコードであるから、豊富な文化的な機知と照らし合わせることも、通俗的な理解に寄り添うこともできる。そのため、その人物像から当時の社会通念などを読み取ることも容易になる。こうして考えると、《擬人化》は前節で指摘した三点のすべてに関連する。《擬人化》の手法を作者が縦横に駆使することで、『阿修羅帖』は平易で奥深い、第一次世界大戦の入門書となっていることが分かる。

二―二　長期戦――失われゆく戦闘の型

第一次世界大戦を擬人化された国家間の格闘技として把握する見方が最後まで保たれたことは、休戦成立の戯画に土俵外に押し出されたドイツが描かれていることからも分かる［絵三八四、絵三八九］。しかし、約四年三か月にも及んだ大戦はこうした戦争イメージを揺るがせ、相撲のモチーフは終盤近くになってようやく思い出された感がある。その間の伊東の手法に起きた変化は、どんなものだったのだろうか。

図8　「独仏両軍仏境にのた打ち廻る」［絵 079］

戦争の長期化に伴って確認されるのは、戦闘の《型》の喪失である。その典型的な例を一九一四（大正三）年秋の西部戦線を描いた「西軍持久」［絵〇三六］から「西軍困憊」［絵〇四七］、「独仏両軍仏境にのた打ち廻る」［絵〇七九］（図8）に至る流れに見ることができる。擬人化された両軍の姿勢は、次第に武道の《型》を離れ、人間の本性をむき出しにした姿へと変わってゆく。

実際の戦場でも大量の無為の死を伴った塹壕戦が展開され、かつて戦争が纏っていたような英雄性は喪失の一途を辿っていった。スポーツや決闘になぞらえて辛うじて美化されていた戦闘は、殺戮という本質を露わにしてゆく。戯画の変容は、そうした第一次世界大戦の突きつけた真実と並行するものとして読み取れよう［絵一三七、絵一六〇、絵一九九なども］。同様に、一九一五（大正四）年夏から秋にかけての東部戦線におけるドイツ攻勢の戯画に見られる残虐性も、同様に当初の戦闘の《型》からの逸脱であり［絵一二三、絵一三一、絵一三六など］、またヴェルダンの戦いの後から、相撲の戯画に生首が描かれるブラックユーモアを見ると、やはり戦争に対する伊東の視線の変質を思わざるを得ない［絵二〇二］。連日の報道に接していただろう作者の心境は、理性を介した言葉や画題ではなく、むしろこうした筆先に率直に現れていると思われる。

二―三　革命――民衆の力の表現

ここまでは正規の戦争の変容について述べてきた。しかしおそらく、伊東が『阿修羅帖』を描き始めた時には全く予想していなかったであろうものは、非正規の戦争、すなわち内戦や革命である。「阿修羅帖」という表題も、これらの存在無しには命名されなかったのではないかと思われる。

正規の戦争と非正規の戦争。その違いは、戯画の中で《型》の有無として現れる。一九一七（大正六）年三月の「支那紛乱」［絵二三四］（図9）は混乱する中国の政治闘争を、ふんどしもつけない群像で描いている。登場人物は股を拡げたり、逆立ちしたりしている。思い思いの姿勢は、醜いとも、自由であるとも形容できる。未開の中国という先入観が、このような戯画の背景にあるのは間違いない。それでも画中の人物は、時に描かれる弁髪の中国人と違って、理性によって下位に位置づけられているようには思えない。定型や意味を離れて、何か彼らなりに真剣で楽しそうな姿として造形され、混乱の中にも非理性的な陽気さを湛えている［絵二五六、絵三〇〇なども］。

図9　「支那紛乱」［絵 234］

図10　「露国大革命」［絵 239］

その直後にロシアで二月革命が起こった。革命を受けて描かれた「露国大革命」［絵二三九］（図10）に見られるのも、人間としての美しい《型》を持たない三者である。暴動の象徴である家に上がり込んだ荒くれ者は、家の主に拳を振るうでもなく、頭に刺さった瓶もものともせず前進する。群衆の無目的な力を擬人化したものと捉えられる。一方、家の主は腰を抜かした無様な姿で倒れ込むばかりだ。猫はその傍らで、冷静に見開いた眼で事態を観察している。三者の間にはコミュニケーションが無く、それぞれに行動を展開しているかのようだ。そして、どこか明るい雰囲気も先の絵と共通している。

三―四　第一次世界大戦という転換――伊東が捉えたもの、捉えられなかったもの

混乱と共に現れるのは、非理性的で、自由で、明るい存在だ。これらと対照的なのは、歌舞伎や儀礼に範をとった戯画である。登場人物が文化的で美しい《型》を弁えて、時に戦争を［絵〇〇三、絵〇四三、絵三四四ほか］、時に外交を［絵一四一、絵二三一、絵三一二ほか］行う類のものである。それは戦いと外交とは連続した存在であり、国家と民族と国民と指導者と軍隊が合一して、そうした主体を互いに認め合うといった国民国家の理想像（正確には日本の理想化された自画像の他への適用）のアナロジーと捉えられる。このような画面も継続して描かれるが、巻が進むにつれ、先に挙げたような《型》をもたない戯画の数が増加していく。それは無分別な力が横溢し、《型》としてのプロトコルが機能しなくなった世界を捕捉している。擬人化された像は、より本能的になり、動物的になり、魑魅魍魎に近づいていく。

図 11「全世界混戦」［絵 247］

「全世界混戦」［絵二四七］（図11）は、こうした世界観の代表である。表題通りの「戦争戯画」であるとしても、各国の指導者によって象徴された国々が取っ組み合っていた三年前の開戦時の画から、何と隔たっていることか。すべて違った形をした多数の生き物や妖怪が、球体の表面を跋扈している。「混」ではあるが、それらは意識的に戦っているわけではないから「戦」ではない。それぞれの思いで無関係に蠢いている。伊東がここに描き出しているのは、正規も非正規もない、世界規模の混沌とした戦いである。

第一次世界大戦は全世界に波及し、各国の内部にあるさまざまな力学を活性化させた。ロシアの帝政崩壊や中国の混乱も、民族や植民地の独立運動も、各国内での政治闘争や権利主張も、大戦が巻き起こした連鎖だった。一九世紀的な国際関係の延長上にある国家間の領土紛争として始まった

第一次世界大戦は、そうした《型》の下にあったエネルギーを解き放ち、国家の形態自体が問われる事態を招いたのである。伊東はいまだ目鼻立ちが整っていないそうしたエネルギーを、中国国内の混乱やロシア革命に続いて、（理性的な）人間ならざる生き物として描いている。それが暗く終末的な図柄ではないことも、それ以前の戯画から共通している。生き物同士はコミュニケーションに縛られていないだけに、自由で陽気である。当時の世界状況をはるか彼方から透視したような魑魅魍魎の戯画には、伊東の感性が、《見えないもの》も見えるかのように変える能力を経由して、存分に発揮されている。こうして戯画は彼の妖怪画に接近する。それはまがまがしさやおどろおどろしさでなく、無分別な力が、不思議な因果でつながるような世界の描写である。

このように伊東の戯画は、第一次世界大戦の進展と共に、それまでにあった人間的・理性的な《型》が喪失し、動物的・本能的な、まだ見ぬエネルギーが沸き立つ様を捉えている。この変化は、従来《見えないもの》とされていたマイノリティが、主張し、解放に向かう過程であるとも言えるし、たがが外れた暴力と混乱と大量死が猛威を振るう時代への突入とも言える。こうして見てみると、伊東の非言語的な表現は、第一次世界大戦によって本格的に幕を開けた二〇世紀という時代の本質を、思いのほか正確に捕捉している。

ただし、明らかに欠落しているものもある。それは、機械化・数量化が有する、圧倒的な非人間性に対する認識である。第一次世界大戦で実戦に投入された飛行機・飛行船・潜水艦などの新兵器を妖怪の姿で描く（妖怪の姿でしか描いていない）ことは、その証左だろう。それらの絵の背景にあるのは、文明の利器を新奇でマジカルなものと見る憧憬であって、合理化が生んだ機械が人間をも数量化してみせるような二〇世紀的な冷徹さではない。この冷徹さを『阿修羅帖』の五〇〇枚の中に見出すことは、ドイツ軍の爆撃による瞬時の死を描写した絵二五九を除いて、ほとんどできない。ますます従来の視角では捉えがたくなっていく二〇世紀という時代を前に、《見えないもの》を巧みに見えるものに変えてきた伊東の能力は、残念ながら限界に突きあたったようだ。このことは『阿修羅帖』以降の伊東の後半生と、時代とのずれを示唆している。

しかし、そのような限界はあるとしても、伊東は第一次世界大戦による旧世界の崩壊を鋭敏に掴み、それを人間ならざる生き物が跋扈する姿に置き換えた。これに付随したさまざまな変動は、五〇〇枚の戯画の底をゆっくりと流れている。言語表現では無く視覚表現を介して、伊東の意識が表れ出たと言えよう。

三―五　伊東忠太と第一次世界大戦

先に述べたような、擬人化における人間像と妖怪像の対比から見出された移行に関して、伊東は善悪の判断を保留している。ここに前節での結論を導入すると、この特質は、第一の面白さ、第二の面白さと重なり合う。すなわち、現実の出来事を整理して俯瞰し、それぞれの立場での理屈を認めて、単純に真偽や善悪や美醜を決せずに事の成り行きを面白がる。そのような、すべてを否定しているようにも肯定しているようにも見える高踏的な姿勢に、伊東の個性がある。ただし、それが十全に表明されることはほとんどなく、当時の日本人一般の常識の中で振る舞うといった第三の面白みと拮抗して現れる。したがって、先に個性と述べたものは、「全世界混戦」のように世界全体を眺めたレンズでは強く現れ、国内の事象事件とりわけ皇室を扱う場合にはほぼ皆無になる。戯画の有する多義性の強弱も、これと連動している。

この個性をさらに分析すると、二つの要素が抽出される。一つは、すべてのあるかもしれない世界に平等なまなざしを注ぐという性向だ。妖怪とは言ってみれば、存在するかもしれない生き物である。また、ことわざやたとえといった文化的教養は現実を物語のように扱い、物語を現実と交錯させる手立てとなる。前者の存在をわれわれに納得させるのは、嘘を本当と感じさせる視覚表現のリアリティであり、後者で重要なのは、理屈を組み替える機知である。その両者に長けることで、伊東は《現実》を否定することなく、そこから地続きの場所に《非現実》を置こうとした。

もう一つは、統一ではなく、《混乱》を好む性向である。妖怪は混乱と共に現れ、混乱を促進するものとして横行闊歩する。これに加えて、伊東の機知が真偽や善悪や美醜を撹乱し、戯画が教条的な単一の意味に収斂されない手段として駆使されていることも指摘されよう。この志向は、現実を否定しない知識階級の一員であるという伊東のもう一つの側面に阻まれ、特に国体に関わる場面ではほとんど現れないものの、各画の底に一貫して流れている。こうした『阿修羅帖』の混乱に特徴的なのは、どこか陽気で、終末論的なニヒリズムに陥っていないことである。考えてみれば、混乱とは、確定済みと思われていた意味や価値を無効にし、新たな世界の起源となる存在である。本書に横溢する《混乱》は、世界をすでに終わったものではなく、これから始まるものとみなしたいという伊東の思いの発露と言えよう。

以上述べてきたような『阿修羅帖』に表れる伊東の個性は、彼の設計作品や建築思想の特質を別の面から照射する。設計作品において彼は、従来無かったような折衷様式を展開した。それがあるかもしれないという感覚は、従来の建築が持っていた全体構成や細部意匠を継承した視覚表現と、世界一周留学の経験に基づいた論考「建築進化の原則より見たる我邦建築の前途」の理屈によって与えられている。同論では明治末の日本を「過渡の時代即ち暗黒時代」と形容して、混乱を創造の苗床とみなしていることも見逃せない。伊東は建築において、視覚表現や理屈を駆使しながら拡張し、新たな可能世界を切り開こうとした。その結果としての作品は、見る者に多義的な印象を与える。しかし、現実を受け容れた上での創造であるがゆえに、彼独特の手法が、明治神宮造営のように国体に関わる場面においては容易に撤回されることも、先に皇室関連の戯画で確認した通りである。加えて、第一次世界大戦で露わになり、その後の社会に大きな影響を与えた機械化・数量化という認識の転換が、戯画にはほとんど反映されていないという事実は、第一次世界大戦後のモダニズムと伊東の認識とのずれの、根本的な理由を説明している。

ここで改めて、『阿修羅帖』というタイトルが多義的で的確であることが分かる。伊東は本書で、第一次世界大戦の非人間性を理解し、時代の転換を戯画に映し出している。また、非人間性を、機械や数量が持つアンチヒューマンの残虐さや魅惑として認識することはなかったが、それまで《型》の下で抑圧されていたエネルギーが解き放たれた豊饒な《混乱》を見て取った。タイトルは、戦争の残酷な修羅場を描いたという意味だけを有するのではないし、伊東が得意とする妖怪画を収めた余技であることを示しているわけでもない。作者は拡大する第一次世界大戦の有り様を捉えながら、そこに面白味と可能性を見出している。人間ならざる阿修羅の出自である仏教思想は、生死や善悪を分け隔てず、高踏的に俯瞰する作者の姿勢に反映されている。それが十全に成立しているのは、第一次世界大戦の渦中にはなかった、日本という場所ゆえである。

註

1　日本建築学会建築博物館所蔵。

2　伊東忠太の主要な建築作品については、倉方俊輔「伊東忠太・建築作品のオリジナリティ」（伊東博士作品集刊行会、倉方俊輔監修『伊東忠太建築作品　写真集成　近代日本の建築14』ゆまに書房、二〇一四）を参照。未完のプロジェクトに関しては、倉方俊輔『伊東忠太の建築理念と設計活動に関する研究』（早稲田大学学位論文、二〇〇四）で論じている。

3　『阿修羅帖』第一巻の伊東忠太による巻頭言。

4 杉村廣太郎の事績については、小林康達『楚人冠　百年先を見据えた名記者　杉村広太郎伝』（現代書館、二〇一二）に詳しい。

5 日本建築学会建築博物館所蔵。野帳五〇に絵二七六、野帳四八に絵二八〇・二八一・二八三・二八七・二九〇、野帳四九に絵三五八、野帳五一に絵三七四・三七七・三七八・四二五・四二七、野帳七〇に絵四七二・四七三・四七四・四七七の下絵や別案が認められる。

本稿は、倉方俊輔「解題：阿修羅の20世紀」（伊東忠太・杉村廣太郎著、倉方俊輔監修『阿修羅帖　第一巻　写真集成　近代日本の建築8』ゆまに書房、二〇一三）に新たな考察を加えて再構成した。

奈良県「大和国四百年前古社寺調」について

山崎　幹泰

明治初期の内務省は、日本全国に存在する神社寺院の情報収集に努めてきた。明治一二年（一八七九）六月に作成が始められた神社明細帳・寺院明細帳が戦前における社寺の戸籍の役割を果たしてきた。さらに明治一五年、内務省は改めて、全国の社寺建造物の調査を開始した。その調査成果である内務省の台帳は、現在も所在が明らかでないが、各地に残る控えの帳簿から、調査の実態が明らかになりつつある（山崎　二〇〇三、山崎　二〇〇五、山崎　二〇〇八、山崎　二〇一三）。本稿では、この四百年前社寺建造物調査における、奈良県の簿冊について、調査対象の社寺建造物を特定し、現状と比較することで、本調査の成果の分析を行った。

本資料[1]は、明治政府が、全国にある社寺の古建築の所在を把握するために行った調査の過程で作成されたものである。明治一五年（一八八二）一一月七日、内務省達乙第五十八号によって、各府県に以下の調査が命じられた。およそ四百年前までに建てられた社寺の建造物で現存するものについて、建物名称、規模、構造上の特徴などを記した書類と、建物図面および境内見取図を合わせて提出するように求めたものであった。当時、奈良県が編入されていた大阪府ではこれを受け、同年一一月に大阪府乙第百七十五号布達によって、府下の郡区役所・戸長役場に一六年二月を締切りとして提出を命じた。神社は祠掌と戸長、寺院は住職と戸長の連名で提出されているものが大半を占めるが、寺院では戸長名のみのものも見られる。また、多くの書類が二部ずつあり、提出書類の原本（主に青色の罫紙で柱なし、戸長・祠掌・住職の印あり）と、役所で作成された副本（赤色の罫紙で柱に大阪府、戸長・祠掌・住職の印なし）と見られる。

大阪府では、各社寺から書類の提出を受けて内務省へ報告するとともに、提出された書類を簿冊に編纂し、府庁で保管した。簿冊の表題が『大和国四百年前古社寺調』であり「奈良県」でないのは、明治二〇年一一月に大阪府が分割され奈良県が再設置された事情を反映している。

この調査は、明治一二年より作成が開始された神社明細帳・寺院明細帳に対し、建物情報を補完するための調査で、翌一三年より古社寺に対して分配された古社寺保存費と関係があったと考えられている（清水　二〇一二）。明治時代の内務省社寺局には、全国から集められた調書を編纂した、『古社寺建物帳簿』があったが、現在その所在は明らかでない。『大和国四百年前古社寺調』と名付けられた奈良県の簿冊は、大阪府から奈良県に移管された。一方、大阪府の分の調書は、見つかっていない。簿冊の巻頭には簡略な目録があり、住所、社寺、建物名がまとめられている。罫紙の柱に「奈良県」とあり、明治二〇年以降に作成されたと見られるが、目録には収録された社寺の半数にも満たない一九社寺しか記されていない。書類の内容は、建物名称（間数・建坪・屋根葺材・建築年）、修繕年月と費用出所（官私の別）、地種・坪数、管轄庁への距離、備考、および提出日・提出者の氏名・印、所在地の戸長などの氏名・印が罫紙に記され、建物の正面図、側面図、および境内見取図が添付されている。提出は、一六年二月締切りとなっていたが、その後も追加や修正の提出が続き、阿田都比売神社が明治二六年一一月に提出した正誤願が最後の書類である。

以下、調査対象の社寺建造物について、主に現状の建物との対応、および建築年代の比較について述べていくこととする。（奈良国立文化財研究所建造物研究室　二〇〇一、文化庁、文化庁文化財保護部建造物課ほか、二〇一二）

一　漢国神社（奈良市、以下社寺建物名称は調書の通り、カッコ内は現在の所在地を記す）

本殿が対象。文治四年（一一八八）造営とする。現在では、慶長一五年（一六一〇）の再建とされ、奈良県指定文化財。

二　八幡社（奈良市）

休ヶ岡八幡宮のことで、本殿、左脇殿、右脇殿、中門、神供所（南舞廊）、神楽所（北舞廊）を対象とする。付図では、本殿前に中門と長い袖塀が描かれている。建築年代はいずれも、創建時の寛平八年（八九六）。現在では、本殿と左右脇殿は重要文化財に指定されており、神供所、神楽所は座小屋と呼ばれている建物に相当する。中門は現存しない。社殿は慶長八年（一六〇三）の再建であるとされる。

三　鳴川神社（平群町）

平群町鳴川の千光寺にある境内社と考えられる。白鳳一二年の創立とされ、付図で朱塗りの三間社として描かれているが、現状は不明。

四　櫛玉命神社（明日香村）

一間社流造向拝付き、檜皮葺き、朱塗り、南面の本殿と、桁行五間半、梁行二間半、瓦葺き、西面の拝殿が対象。それぞれ文明三年（一四七一）、文明四年（一四七二）の再建と記述しているが、現状は不明。

五　飛鳥坐神社（明日香村）

四間社流造、茅葺きの本殿、正面三間、瓦葺きの拝殿、一間社二棟を並列し藁葺きの屋根で接続する珍しい形式の摂社中之社が記されている。本殿は宝徳二年（一四五〇）再建で二一年ごとに屋根葺き替え、拝殿は文明二年（一四七〇）建築、中之社は後村上天皇の代とする。本殿、拝殿は、平成一三年（二〇〇一）に再建されており、中之社に該当する建物もない。

六　多久蟲玉神社（大和高田市）

石園座多久虫玉神社にあたる。一間社春日造の社殿二棟、正面三間切妻造の拝殿、一間社見世棚造、春日造の末社二棟が記されている。いずれも応永一二年（一四〇五）の再建とする。平成二年（一九九〇）に放火により焼失し、現存しない。

七　吉水神社（吉野町）

社務所が対象で、付図では立面図、境内図が比較的緻密に描かれている。建築年代は、古老の口碑により治承年中とする。現在では、吉水神社書院として重要文化財に指定されており、建築年代は室町前期（南北朝頃）とされる。（奈良県文化財保存事務所 一九七二）

八　阿陀比売神社（五條市）

一間社春日造、檜皮葺きの社殿が記されている。寛正二年（一四六一）の建築とする。明治二六年、神社名を阿陀都比売神社から阿陀比売神社へ訂正するよう正誤願を提出している。現在では、阿陀比売神社本殿として五條市指定文化財、建築年代は江戸初期とされる。

九　興福寺（奈良市）

東金堂（応永二二年（一四一五）再建）、五重塔（応永二八年（一四二一）再建）、北円堂（応永六年（一三九九）再建）、三重塔（康治二年（一一四三）再建）、大湯屋（応永一八年（一四一一）再建）、菩提院大御堂（応永一七年（一四一〇）再建）が記されている。付図は比較的緻密に描かれ、大御堂は軒先に支柱が描かれている。南円堂は記載無し。現在、東金堂（応永二二年）、五重塔（応永三三年（一四二六）頃）、北円堂（承元二年（一二〇八））、三重塔（鎌倉前期）、大湯屋（応永三三年）が国宝、菩提院大御堂（天正八年（一五八〇））が重要文化財。（奈

良六大寺大観刊行会　一九九九）

十　東大寺（奈良市）

法華堂、同手洗屋、同北門、良弁堂、同庵、同庫裏、三昧堂、念仏堂、千手堂、鐘楼、大湯屋、東南院経庫、尊勝院経庫、勧学院経庫、観音院東手庫、南大門、転害門、知足院表門の一八棟が対象。当初、建築年代が書かれておらず、後に創建年代を朱書きした付箋がそれぞれ付けられた。近世建築である三昧堂（四月堂）も「創立治安元年」（一〇二一）と記されている。金堂（大仏殿）、二月堂、正倉院正倉は記載なし。現在、法華堂、良弁堂（開山堂）、鐘楼、東南院経庫（本坊経庫）、南大門、転害門が国宝、法華堂手洗屋（手水屋）、法華堂北門、三昧堂（四月堂）、念仏堂、大湯屋、勧学院経庫（勧進所経庫）、観音院東手庫（法華堂経庫）が重要文化財。千手堂（戒壇院千手堂）は平成一〇年焼失、尊勝院経庫は明治中期に移築され、現在の正倉院聖語蔵となった。（奈良六大寺大観刊行会　二〇〇〇）

十一　新薬師寺（奈良市）

薬師堂、鐘楼堂、地蔵堂、四足門（二棟）が対象。付箋に、天平五年聖徳太子の創立で建物ごとの年代は不明、と記す。薬師堂（本堂）には、明治修理で撤去された正面下屋の礼堂が描かれている。地蔵堂は鐘楼の脇にあり、正面が開放されている。現在は、薬師堂（本堂）が国宝、鐘楼堂（鐘楼）、地蔵堂、四足門（南門、東門）が重要文化財、本堂が奈良時代後期で、ほかは鎌倉時代の建築とされる。（奈良県教育委員会事務局文化財保存事務所・奈良県教育委員会　一九九六）

十二　般若寺（奈良市）

観音堂と楼門が対象で、前者は舒明元年（六二九）草創、後者は舒明元年創立、天平七年（七三五）聖武帝再建とする。観音堂には「元経蔵ナリシヲ当時観音堂ト称ス」との説明があり、付図からも現在の経蔵であることが確認できる。現在では、観音堂（経蔵）は重要文化財、楼門は国宝で、ともに鎌倉時代の再建とされている。（奈良県文化財保存事務所　一九七三）

十三　福智院（奈良市）

本堂が対象で、天平八年（七三六）草創とする。一重裳階付きであるが、二重屋根と記され、付図では向拝が切妻、もしくは千鳥破風がのるように描かれている。現在、本堂は重要文化財で建仁三年（一二〇三）もしくは建長六年（一二五四）の再建とされる。（奈良県教育委員会事務局文化財保存課・奈良県教育委員会　一九五六）

十四　円證寺（生駒市）

本堂と石塔が対象。付箋に寛平年中草創、享徳二年（一四五三）再建と記す。石塔は五輪塔と思われるが、付図では球形の水輪（塔身）が失われている。また、天文一九年（一五五〇）の銘があるはずだが、触れられていない。現在ではともに重要文化財で、本堂が天文二一年（一五五二）、石塔（五輪塔）が天文一九年（一五五〇）。昭和六〇年に寺地を移転した。（奈良県文化財保存事務所　一九八五）

十五　常徳寺（奈良市）

本堂が暦応三年（一三四〇）開基当時の建物で、天正五年（一五七七）松永久秀の兵火に遭うも、祖師堂のみ焼失を免れ、慶長三年（一五九八）現地へ移転し本堂とした、と説明されている。現在では、県指定文化財で、貞享三年（一六八六）再建とされる。

十六　十輪院（奈良市）

本堂、礼堂、四足門が対象。霊亀元年（七一五）草創とする。現在の十輪院本堂（国宝・鎌倉時代前期）のうち、手前の建物を礼堂、奥の建物を本堂としているが、付図では本堂と礼堂を取り違えている。四足門は南門（重要文化財・鎌倉前期）。明治一五年（一八八二）に帝室博物館（現・東京国立博物館）へ移築された校倉造の宝蔵は記されていない。（文化財保護委員会　一九六四）

十七　安養寺（奈良市）

本堂、庫裏、棟門が対象。大同四年（八〇九）創立とする。入母屋造平入り向拝付きの本堂、その東側に接続する庫裏、境内東南隅に設けられた門が記載されている。現在、本堂は奈良県指定文化財で、正徳五年（一七一五）の建築とされるが、切妻造平入りで向拝もなく、付図と趣がやや異なる。

十八　金躰寺（奈良市）

本堂、庫裏が対象。天平年間草創とする。現在、本堂は奈良県指定文化財で寛永一四年（一六三七）の建築。切妻造妻入りの庫裏は現存しない。

十九　極楽院（奈良市）

現在の元興寺にあたり、本堂、禅室、居間座舗、庫裏が挙げられている。天平八年（七三六）草創とする。本堂、禅室、庫裏は極楽房本堂（国宝・寛元二年（一二四四））、禅室（国宝・鎌倉前期）、小子房（県指定・寛文三年（一六六三）改築）にあたる。庫裏（小子房）は禅室

の北側に描かれており、現在の配置と異なる。五重小塔は記載されていない。（岩波書店　一九七七）

二十　円成寺（奈良市）

本堂、多宝塔、楼門、護摩堂が対象。四棟とも、文明年間の再建とする。現在、本堂、楼門は重要文化財で、本堂は文明四年（一四七二）、楼門は応仁二年（一四六八）とほぼ調書の通り。ただし付図は、楼門の初層に屋根があって二重門になっているのは誤りと見られる。多宝塔は、大正九年（一九二〇）に老朽化のため撤去、その後鎌倉の長寿寺観音堂が、この多宝塔初層の部材を用いて建てられたとされる。絵図が正しければ、調書作成の明治一六年時点では多宝塔は二重まであり、屋根は檜皮葺きであった。平成二年（一九九〇）に新しい多宝塔が再建されている。護摩堂は、享保一五年（一七三〇）の再建で、平成六年（一九九四）に改修され、外観が大きく異なる。なお、春日堂、白山堂（国宝・鎌倉時代）、宇賀神本殿（重要文化財・鎌倉時代）は対象となっておらず、配置図に「鎮守三社」と記されるのみで、当時は評価されていなかったと見られる。（奈良県教育委員会事務局文化財保存課　一九六一）

二十一　白毫寺（奈良市）

本堂、閻摩堂、二重塔、棟門が対象。建築年代の記載はなく、付箋に「明細帳ニ当寺創立ハ天智二年天智天皇ノ御建立ニシテ建長年中ニ再興云々トアリ（後略）」と記す。現在、本堂は奈良市指定文化財で江戸時代の再建、閻摩堂、二重塔は現存しない。二重塔（多宝塔）は、大正六年（一九一七）に売却され、現在の宝塚・井植山荘に移築されたものの、平成一四年（二〇〇二）に焼失したとされる。

二十二　正暦寺（奈良市）

大門（惣門）が対象で、建築年代の記載はなく、付箋に「明細帳ニ正暦三壬辰年創立中興建保六年云々トアリ（後略）」と記す。朱塗り、瓦葺きの楼門で上層に花頭窓があったように描かれている。昭和三六年（一九六一）、第二室戸台風により倒壊したため、現存しない。（奈良県文化財保存事務所　一九七八）

二十三　薬師寺（奈良市）

東塔、東院堂、文殊堂、竜王堂、南大門が対象。東塔は天平二年（七三〇）、東院堂は養老五年（七二一）、文殊堂は行基により建立され、万治三年（一六六〇）西塔跡に移築とする。龍王堂も行基による創建、南大門は西院の西門を慶安三年（一六五〇）に移築とする。現在では、東塔（国宝・天平二年）、東院堂（国宝・弘安八年（一二八五））、南門（重要文化財・永正九年（一五一二））、龍王社（龍王堂）が現存、文殊

堂は老朽化のため撤去され、その後西塔が再建されている。（奈良六大寺大観刊行会　二〇〇〇）

二十四　西方院（奈良市）

本堂、庫裏、門が対象。建治元年（一二七五）創立とする。本堂は旧護摩堂、門も現存のものと見られるが、詳細は不明。

二十五　招提寺（奈良市）

唐招提寺のことで、金堂、講堂、礼堂、舎利堂、鼓楼、鐘楼、一切経蔵、宝蔵、地蔵堂、弁天堂、東門の一一棟が対象。金堂、鼓楼は天平勝宝八年（七五六）、講堂、礼堂、舎利堂は天平宝字三年（七五九）、一切経蔵、宝蔵、地蔵堂、弁天堂は弘仁二年（八一一）、鐘楼、東門は創立年月不詳、とする。講堂の東朝集殿移築については触れていない。現在では、金堂（宝亀年間）、講堂（天平宝字四年（七六〇）頃移築）、経蔵、宝蔵（奈良時代）が国宝、礼堂（鎌倉時代）が重要文化財。なお、現在の礼堂の内、東室を調書では舎利堂と称しているが、現在は鼓楼が舎利殿と呼ばれている。（奈良六大寺大観刊行会　二〇〇〇）

二十六　松尾寺（大和郡山市）

本堂が対象で、付箋に創立年月養老二年（七一八）とある。当初、三重宝塔も挙げられており、「目今該塔再建中（中略）該前ノ姿形ニ倣イ成功ス」としていたが、付箋に「三重宝塔目今再建ニ付取消」と書かれ、写しからは除外されている。現在、本堂は重要文化財で建武四年（一三三七）、軒先に支柱が入っている様子が描かれている。（奈良県教育委員会事務局文化財保存課・奈良県教育委員会　一九五五）

二十七　長弓寺（生駒市）

観音堂、塔台閣が対象。観音堂は弘安三年（一二八〇）修繕、塔台閣は桓武天皇の代に建立、当初は層塔であったが破損して現在は台閣のみ、としている。現在、観音堂は本堂のことで国宝、弘安二年（一二七九）再建、塔台閣は東京都港区のグランドプリンスホテル高輪に移築されている。（平凡社　一九八一）

二十八　金剛山寺（大和郡山市）

地蔵堂が対象。承和一二年（八四五）創立とする。現在は、金剛山寺本堂として県指定文化財、室町前期の建築とされる。

二十九　秋篠寺（奈良市）

本堂、閼伽井堂が対象。本堂は光仁天皇、桓武天皇の勅願、閼伽井堂は承和四年（八三七）の創立とする。現在、本堂は国宝で鎌倉時代の建築、閼伽井堂は香水閣のことであるが、詳細は不明。

三十　下之坊（天理市）

観音堂が対象で、文永元年（一二六四）創立とする。現在の名称は永照寺下之坊本堂で、室町時代の建築とされる。

三十一　法隆寺（斑鳩町）

最多の三七棟、中門、金堂、五重宝塔、大講堂、大経蔵、鐘楼、廻廊、上之堂、聖霊院、東室、長屋、一切経蔵、綱封蔵、食堂、細殿、三経院、西室、浴室、浴室門、南大門、西円堂、手水屋、新堂、東大門、西院外囲築地、夢殿、舎利殿、絵殿、伝法堂、鐘楼、礼堂、廻廊、不明門、西門、北室堂、唐門、東院外囲総築地が対象。推古天皇元年（五九三）から同一五年（六〇七）にかけて創立されたとする。創立時以外の建物は、大講堂が正暦六年（九九五）の移築再建、聖霊院は天仁二年（一一〇九）、長屋（妻室）は文和三年（一三五四）、一切経蔵は元永元年（一一一八）、南大門は永享一一年（一四三九）、西円堂は建長元年（一二四九）、手水屋は弘長元年（一二六一）、新堂は弘安一一年（一二八八）とする。一切経蔵と手水屋は現存せず、残る三五棟は現在全て国宝もしくは重要文化財。西門、唐門は東院四脚門、北室院表門を指す。付図にて、回廊から金堂へ向けて回廊が延びている点が、現状と異なる。（奈良六大寺大観刊行会　一九九九）

三十二　法輪寺（斑鳩町）

三重塔が対象。山背大兄王子の創立とする。三重とも、支柱を立てて軒先を支えている様子が、描かれている。昭和一九年（一九四四）、落雷により焼失。その後、昭和五〇年（一九七五）に再建された。（毛利、入江ほか、二〇〇九）

三十三　法起寺（斑鳩町）

三重塔が対象。推古天皇の代に聖徳太子により建立とする。法輪寺と同じく、三重とも支柱を入れている。また、初重に腰長押がある点、三重が三間で描かれている点などは、現状と異なるが、当時の状況を正確に描いている。現在、国宝で建築年代は慶雲三年（七〇六）。（奈良県文化財保存事務所　一九七五）

三十四　善福院（斑鳩町）

延暦二一年（八〇二）、弘法大師の開基により、本堂があるとする。付図には正面三間、回縁付き、宝形屋根、瓦葺きで描かれているが、調書には「今は大破」しているとも書かれている。現在では、紅葉寺と名前を改め、本堂も鉄筋コンクリート造で再建されている。

三十五　千光寺（平群町）

明治一六年に行者堂を申請、明治二六年（一八九三）に宝蔵、惣門が追加申請されている。行者堂は三間四方で茅葺き屋根、建築年代は記載無し、宝蔵は元慶三年（八七九）、惣門は白鳳一二年の創立とする。ともに現存するものの、建築年代は不明。行者堂は入母屋造妻入り瓦葺きとなっている。

三十六　吉田寺（斑鳩町）

多宝塔が対象。永延二年（九八八）の創立とする。当初、二重塔として申請、その後名称が多宝塔に修正されている。現在では重要文化財で、寛正四年（一四六三）の再建。

三十七　金勝寺（平群町）

本堂が対象。建築年代は記載無し。明治一六年二月に調書が提出されているが、同年火災により護摩堂、宝蔵庫、庫裏を全焼。付図の日付が明治一七年二月三日となっており、火災の後に差し替えたものと見られる。現在では、本堂は寛文五年（一六六五）の再建とされる。

三十八　長福寺（生駒市）

本堂が対象。聖徳太子の創立とする。現在は重要文化財で、鎌倉時代後期の再建とされる。

三十九　長楽寺（平群町）

本堂が対象。用明天皇二年、聖徳太子の建立とする。正面三間縁側付き、寄棟造瓦葺きの屋根の建物として描かれている。現在の本堂と同じものと思われるが、建築年代は不明。

四十　額安寺（大和郡山市）

講堂が対象。推古天皇二五年の創立とする。正面五間、寄棟造平入り瓦葺き、縁側付きの建物であるが、左端軒下に入母屋造妻入りの建物が描かれている。現在は、額安寺本堂として大和郡山市指定文化財で、慶長一一年（一六〇六）の再建。

四十一　秦楽寺（田原本町）

観音堂（明治二五年に本堂と訂正）が対象。大化三年（六四七）創立とする。現在では、宝暦九年（一七五九）の再建とする。屋根が入母屋造平入りの様に描かれているが、現在の本堂は寄棟造である。

四十二　長岳寺（天理市）

鐘楼門（四足門）が対象。天長元年（八二四）創立とする。現在は、長岳寺楼門として重要文化財で、下層は室町～安土桃山時代、上層は平安時代と見られる。稚拙な絵だが、腰に庇のある二重門として描かれ、上層左右脇間に壁があるように見える点などが、現状と異なる。（奈良県文化財保存事務所　一九六九）

四十三　五智堂（天理市）

長岳寺境外五智堂本堂として、鐘楼門とは別に調書が作成されている。養老年間創立とする。現在では、長岳寺五智堂（真面堂）として重要文化財、鎌倉時代の建築とする。

四十四　室生寺（宇陀市）

金堂、悉地院、弥勒堂、五重塔、弘法大師御影堂、薬医門、修円僧都廟の七棟が対象。いずれも天長元年（八二四）、弘法大師の建立とする。付図は緻密に描かれており、彩色も丁寧である。金堂（国宝・平安前期）、悉地院は本堂（灌頂堂）で国宝・延慶元年（一三〇八）、弥勒堂（重要文化財・鎌倉前期）、五重塔（国宝・奈良後期）、弘法大師御影堂は奥の院御影堂で重要文化財・鎌倉後期、薬医門（表門）、修円僧都廟は詳細不明。本堂の軒先四隅に支柱が立つ点、御影堂も支柱が立ち、向拝があり、二段屋根になっていない点、全ての建物が朱塗りで描かれている点、などが現状と異なる。（岩波書店　一九七六）

四十五　仏隆寺（宇陀市）

根本堂、求聞持堂が対象。嘉祥三年（八五〇）の建立とする。二棟とも宝形造茅葺きとする。現在の本堂、求聞持堂に該当すると思われるが、屋根が前者は入母屋造平入り瓦葺き、後者は宝形造瓦葺きとなっており、建て替えられたものと思われる。

四十六　南法華寺（高取町）

礼堂、三重塔、仁王門が対象。元正天皇創建とする。現在では、礼堂が重要文化財で室町中期、三重塔も重要文化財で明応六年（一四九七）、仁王門は江戸初期とする。

四十七　岡本寺（明日香村）

本堂が対象で、天智二年の創立とする。現在の本堂と同じものか不明。後に庫裏を申請。庫裏は本堂と並び建っていたが、現存しない。

四十八　岡寺（明日香村）

二王門、楼門、庫裏が対象。ともに天智二年の創立とする。現在、仁王門と庫裏が重要文化財でそれぞれ慶長一七年（一六一二）、寛永二一年（一六四四）、楼門は県指定文化財で上階が江戸時代初期に改築され、下階は南北朝時代の建築様式とされる。

四十九　橘寺（明日香村）

観音堂が対象。建立年代は不詳とする。現在では安永六年（一七七七）に本堂として再建されたものを、幕末に本堂建て替えの際に移築したとする。調書では、寺院明細帳に安永六年再建とするのは修繕の誤りと記している。

五十　當専寺（葛城市）

本堂が対象。創立年月不詳とする。現在の本堂と同じものか不明。

五十一　當麻寺（葛城市）

曼荼羅堂、金堂、講堂、西塔、東塔、薬師堂、円光大師堂の七棟が対象。白鳳一〇年より一四年にかけて建造が成就した、とする。現在では、本堂（曼陀羅堂）（国宝・永暦二年（一一六一））、金堂（重要文化財・鎌倉前期）、講堂（重要文化財・乾元二年（一三〇三））、西塔（国宝・奈良末期～平安初期）、東塔（国宝・奈良末期）、薬師堂（重要文化財・文安四年（一四四七））。円光大師堂は、當麻奥院本堂（重要文化財・慶長九年（一六〇四））と見られるが、屋根が入母屋造平入りで描かれている。（奈良県文化財保存事務所・奈良県教育委員会　二〇〇四）

五十二　光遍寺（天川村）

本堂が対象。延元年中、後醍醐天皇の建立とする。縁先に柱が並んでおり、現在の本堂と同じものと思われるが、建築年代は不明。

五十三　蹴抜塔（吉野町）

金峯神社境内にあり、創立年代不詳、古老の口碑により、文治元年（一一八五）源頼朝が塔中に立てこもったとする。三間四方の初層のみに、板葺きの屋根を掛けた堂として描かれている。明治三九年（一九〇六）に焼失、その後現在の建物が建てられた。（平凡社　一九八一）

五十四　世尊寺（大淀町）

太子堂、文殊堂、庫裏、鐘堂、大門、二ノ門が対象。用明天皇元年、聖徳太子により創建、弘安二年（一二七九）再建とする。現在、太子堂は県指定文化財で一八世紀前期、大門（山門）は江戸初期の移築、二ノ門（中門）は享保年間の再建、庫裏は年代不明、鐘楼は昭和六一年に再建され、文殊堂は現存しない。
五十五　榮山寺塔中梅室院（五條市）
八角円堂が対象。天平年中の建立とする。屋根は藁葺きとなっている。現在は榮山寺八角堂として国宝、天平宝字四～八年（七六〇～七六四）の建築とされる。
五十六　瑞花院（橿原市）
本堂が対象。付箋に嘉吉三年（一四四三）創立とする。現在、重要文化財で建築年代も調書の通り嘉吉三年（棟木銘による）である。（奈良県文化財保存事務所　一九七四）
五十七　文殊院（桜井市）
大日堂が対象。大化元年（六四五）創立、延保六年（保延六年（一一四〇）の誤りか）の再建とする。現在では安倍文殊院と呼ばれるが、大日堂に該当する建物は現存しない。なお、同寺院にある白山神社本殿（重要文化財・室町後期）は、調書の対象となっていない。
五十八　霊山寺（奈良市）
本堂、三重塔、鐘楼、開山堂、竜王殿が対象。創立天平八年（七三六）、再興弘安六年（一二八三）とする。当初、行者堂も対象であったが、「再興年紀四百年ニ満タサル」として取り消している。鐘楼の袴腰の下に縁束のようなものが描かれている。現在、本堂は国宝で調書通り弘安六年の建築、三重塔、鐘楼は重要文化財でそれぞれ文和五年（一三五六）、室町中期、開山堂、竜王殿は現存しない。
五十九　不退寺（奈良市）
本堂、多宝塔、四足門が対象。ともに承和一四年（八四七）の建築とする。多宝塔は上層が朱線で描かれ、「朱書破損」と記している。幕末まで上層があったとされるが、調書時近くまであった可能性がある。現在では本堂、多宝塔（塔婆）、四足門（南門）とも重要文化財で、それぞれ室町前期、鎌倉時代、正和六年（一三一七）の建築である。（岩波書店　一九七八）
六十　海竜王寺（奈良市）
本堂、西金堂、経蔵、表門が対象。本堂、西金堂、経蔵が天平三年（七三一）の創立、表門は創立年月未詳とする。経蔵は、「今大破ノ侭存在ス」と記されている。現在、西金堂、経蔵は重要文化財で、それぞれ奈良時代、正応元年（一二八八）の建築、本堂、表門（山門）

が市指定で寛文六年（一六六六）、室町時代。国宝の五重小塔は対象となっていない。

六十一　西大寺（奈良市）

四王堂が対象。正応元年（一二八八）、亀山天皇の造営とする。現在では、延宝二年（一六七四）の再建とする。（奈良六大寺大観刊行会二〇〇一）

六十二　達磨寺（王子町）

本堂が対象。推古天皇二一年創立とする。入母屋造妻入りの建物で、「昔ハ開山堂ト称ス」と記されている。平成一六年に本堂を再建しており、調書当時の本堂は現存しない。

六十三　法華寺（奈良市）

「四百年前建物調へ編入許可」とする書類が一枚あるのみで、調書、付図とも綴じられていない。講堂、四ツ足門、浴室、鐘楼堂、通用門が対象で、四ツ足門（南門・重要文化財・慶長頃）、浴室（重要有形民俗文化財・明和三年（一七六六））、鐘楼堂（重要文化財・慶長七年（一六〇二））を指すと思われるが、講堂、通用門については不明。

六十四　手向山神社（奈良市）

法華寺と同じく、四百年前建物調への編入許可書のみ。宝蔵が対象。手向山八幡宮宝庫（重要文化財・奈良時代）のことであると思われる。

六十五　宇太水分神社（宇陀市）

同じく、四百年前建物調への編入許可書のみ。本殿が対象。宇太水分神社本殿（国宝・元応二年（一三二〇））のことであると思われる。

六十六　大蔵寺（宇陀市）

同じく、四百年前建物調への編入許可書のみ。本堂、大師堂が対象。大蔵寺本堂（重要文化財・鎌倉時代）、大師堂（重要文化財・鎌倉時代）のことであると思われる。

六十七　千寿院（高取町）

同じく、四百年前建物調への編入許可書のみ。石十三重塔が対象。明治三六年（一九〇三）に子嶋寺へ改称、石造十三重塔は現存するが、詳細は不明。（平凡社　一九八一）

六十八　氷室神社（奈良市）

同じく、四百年前建物調への編入許可書のみ。本殿、門、東廊、西廊が対象。氷室神社本殿（県指定・文久年間）、氷室神社表門及び東西廊（県指定・安土桃山時代）のことであると思われる。

六十九　長柄神社（御所市）

本殿、神門が対象。承久年間の再造、神門も同じ、とする。現在、本殿は奈良県指定文化財で室町時代、神門は詳細不明。

以上、書類が収録されている社寺数は六九、その内訳は一二社五七寺二二〇棟である。建築年代に関しては、社寺の創立年代を建築年代としているものが大半で、その根拠は示されていない。付図は、彩色の有無や表現の精度に差があり、大工によって書かれたであろう建築指図に近いものもあれば、寄棟造と入母屋造の区別が付いていない稚拙な図もある。京都府の調書(2)のように建築図面と境内図がそろっておらず、境内見取図に建物を図示するものも多い。建築的特徴を説明する用語が限られており、共通認識としての建築様式などをもたない、日本建築史研究開始前のこの時期において、建物を特定する情報を記述するには、見取図に場所を示すしかなかったことの現れであろう。また、他府県の調書との違いとして特に目立つのは、創建年月が書かれていないとして再提出を求める付箋が多く貼られていることである。加筆修正が多く行われたことから、役所で改めて副本を作成して、合わせて綴じたものと思われる。

興味深い事例としては、明治以降の修理工事により復原される前の建物の特徴が描かれている新薬師寺本堂、法起寺三重塔、また調査後に失われた白毫寺多宝塔、正暦寺大門、薬師寺文殊堂、法輪寺三重塔などがあり、これらの情報は貴重である。また、対象となった建物のうち一四一棟、すなわち六割以上が現在では文化財指定されており、建築年代の信憑性はともかく、調査を行った明治一〇年代において、比較的高い精度で重要な建物が把握されていたことが分かる。一方で、円成寺の調書で春日堂、白山堂、宇賀神本殿が対象となっておらず、石上神宮、大神神社、百済寺などについては調書がないことなどは、当時まだ価値が見いだされていなかったためと見られる。なお、正倉院正倉が対象となっていないのは、勅封であり当時は宮内省の管轄にあったためと考えられる（後藤　一九七八）。

本資料の価値は、明治二〇年代末に始まる古社寺保存行政や日本建築史研究に先立つ、日本で初めての古建築に関する全国調査の記録である点、および明治初年の廃仏毀釈からまだ間もない時期の社寺建築および境内の状況を知る絵画資料を含む点にある。奈良県の調書においては、後に文化財として評価される多くの社寺建造物が、当時把握されていたことが明らかになった。他府県の調書の分析とあわせて見ていくことで、日本建築史研究が始まる以前、社寺建造物の歴史性がどのように認識、把握されていたのか、その一端が解明できることが期待される。

註

1　奈良県庁文書『大和国四百年前古社寺調』（奈良県立図書情報館蔵）。

2　『四百年前社寺建物取調書』（京都府立総合資料館蔵）。

参考文献

岩波書店　一九七六『室生寺』岩波書店
岩波書店　一九七七『元興寺極楽坊・元興寺・大安寺・般若寺・十輪院』岩波書店
岩波書店　一九七八『秋篠寺・法華寺・海龍王寺・不退寺』岩波書店
後藤四郎　一九七八『正倉院の歴史』至文堂
山崎幹泰　二〇〇三『明治一〇年代の社寺建造物調査とその資料について（日本近代・保存、建築歴史・意匠）』学術講演梗概集、F―二、建築歴史・意匠二〇〇三：七一五―七一六頁
山崎幹泰　二〇〇五『近代における社寺の「創立再興復旧」制限について』日本建築学会計画系論文集（五九〇）：一四五―一五〇
山崎幹泰　二〇〇八『京都府「四百年前社寺建物取調書」について：明治一〇年代の社寺建造物調査とその資料について（三）（日本近代：建築資料（二）建築歴史・意匠）』学術講演梗概集、F―二、建築歴史・意匠二〇〇八：二〇三―二〇四
山崎幹泰　二〇一三『滋賀県「神社寺院四百年前建造物編冊」について：明治一〇年代の社寺建造物調査とその資料について（五）』学術講演梗概集、F―二、建築歴史・意匠二〇一三：九七九―九八〇
清水重敦　二〇一二『運用実態から見た古社寺保存金制度の特質：古社寺保存金制度の研究（その1）』日本建築学会計画系論文集七七（六八一）：二六六五―二六七一
奈良県教育委員会事務局文化財保存課　一九六一『重要文化財円成寺本堂及楼門修理工事報告書』奈良県教育委員会事務局文化財保存課

奈良県教育委員会事務局文化財保存課・奈良県教育委員会　一九五五『重要文化財松尾寺本堂修理工事報告書』奈良縣教育委員會文化財保存課

奈良県教育委員会事務局文化財保存課・奈良県教育委員会　一九五六『重要文化財福智院本堂修理工事報告書』奈良県教育委員会文化財保存課

奈良県教育委員会事務局文化財保存事務所・奈良県教育委員会　一九九六『国宝新薬師寺本堂重要文化財地蔵堂重要文化財南門重要文化財鐘楼修理工事報告書』奈良県教育委員会

奈良県文化財保存事務所　一九六九『重要文化財長岳寺旧地蔵院・楼門修理工事報告書』奈良県教育委員会

奈良県文化財保存事務所　一九七二『重要文化財吉水神社書院修理工事報告書』奈良県教育委員会

奈良県文化財保存事務所　一九七三『重要文化財般若寺経蔵修理工事報告書』奈良県教育委員会

奈良県文化財保存事務所　一九七四『重要文化財瑞花院本堂修理工事報告書』奈良県教育委員会

奈良県文化財保存事務所　一九七五『国宝法起寺三重塔修理工事報告書』奈良県教育委員会

奈良県文化財保存事務所　一九七八『重要文化財正暦寺福寿院客殿修理工事報告書』奈良県教育委員会

奈良県文化財保存事務所　一九八五『重要文化財円証寺本堂・五輪塔修理工事報告書』奈良県教育委員会

奈良県文化財保存事務所・奈良県教育委員会　二〇〇四『重要文化財當麻奥院鐘楼門修理工事報告書』奈良県教育委員会

奈良国立文化財研究所建造物研究室　二〇〇一『都道府県指定文化財建造物目録』奈良国立文化財研究所建造物研究室

奈良六大寺大観刊行会　一九九九『興福寺』岩波書店

奈良六大寺大観刊行会　二〇〇〇『唐招提寺』岩波書店

奈良六大寺大観刊行会　二〇〇〇『東大寺』岩波書店

奈良六大寺大観刊行会　二〇〇〇『薬師寺：全』岩波書店

奈良六大寺大観刊行会　二〇〇一『西大寺：全』岩波書店

奈良六大寺大観刊行会　一九九九『法隆寺』岩波書店

文化財保護委員会　一九六四『重要文化財旧十輪院宝蔵修理工事報告書』文化財保護委員会

文化庁、文化庁文化財保護部建造物課・文化庁文化財部参事官　二〇一二『国宝・重要文化財建造物目録』文化庁
平凡社　一九八一『奈良県の地名』平凡社
毛利久・入江泰吉・渡辺義雄　二〇〇九『中宮寺；法輪寺；法起寺』岩波書店

帝国劇場以降の日本の伝統的な劇場の継承

小林　徹也

はじめに

二〇一三年の春、東京の歌舞伎座が改築され、岡田信一郎が設計し、戦後吉田五十八が改修設計をしたそのままの姿で再現された。二〇一〇年には大阪の新歌舞伎座が難波から上本町に移転し、二〇一五年現在、名古屋の御園座も改築の計画が進められている。これらの歌舞伎を上演する劇場は、意匠的、機能的な側面からも各々が独立しており「伝統的なもの」「日本的なもの」の捉え方が多様で、現代においても伝統的な劇場を計画する際の難しさと面白さが伺える。本論では、明治末期の帝国劇場からの歌舞伎の上演を主においた伝統的な劇場の建設の系譜を外観計画、客席計画、舞台計画を軸に明らかにし、現代に継承されている機能や意匠や考え方等を抽出する。

一　帝国劇場による伝統的な劇場の変化

一九一一年に現在と同じ丸の内の敷地に建設された帝国劇場（横河民輔設計）は、日本初の本格的な西洋劇場として位置づけられている。西洋的な劇場とは、オペラ、バレエ、演劇などを主体に上演する劇場であり、いわゆるオペラハウス、シアターの類である。それに対し、伝統的な劇場は、大芝居と呼ばれる規模の大きい歌舞伎を上演する劇場を示し、江戸後期から、猿若町等の特定地域から離脱し街の中に定着していったものである。基本的な平面構成は、八間（一四・四ｍ）程度の廻り舞台を中心とした舞台空間と、一〇間（一八ｍ）の長さの本花道で規定される客席奥行という構成である。本来、屋敷の庭や寺院の境内や河原等で行われた仮設的な劇場が一階席、二階席の桟敷席をも取り込みながら、固定の室内へ移行し、巨大な劇場空間が誕生していた。

<table>
<tr><td>年代</td><td colspan="9">1880</td><td colspan="3">1900</td><td colspan="6">1920</td><td colspan="6">1940</td><td colspan="3">1960</td><td colspan="3">1980</td><td colspan="4">1990</td><td colspan="2">2000</td></tr>
<tr><td>全体の流れ</td><td colspan="9">芝居小屋</td><td colspan="3">西洋劇場</td><td colspan="6">公会堂の普及</td><td colspan="6">民間劇場・ホールの発展</td><td colspan="3">公立文化施設の発展</td><td colspan="3">多様化と専門性</td><td colspan="4">複合文化施設の隆盛</td><td colspan="2">地域性・独自性</td></tr>
<tr><td>伝統芸能</td><td>1878 新富座</td><td>1889 歌舞伎座①</td><td>1891 三崎座①</td><td>1891 春木座</td><td>1892 市村座</td><td>1893 明治座①</td><td>1896 川上座</td><td>1897 東京座</td><td>1897 御園座①</td><td>1901 春木座</td><td>1911 帝国劇場</td><td>1911 歌舞伎座②</td><td>1924 歌舞伎座③</td><td>1924 邦楽座</td><td>1925 新橋演舞場①</td><td>1929 京都南座</td><td>1929 新宿歌舞伎座</td><td>1932 大阪歌舞伎座</td><td>1948 新橋演舞場②</td><td>1948 中座</td><td>1950 明治座②</td><td>1951 歌舞伎座④</td><td>1958 大阪新歌舞伎座①</td><td>1958 明治座①</td><td>1963 御園座②</td><td>1966 国立劇場</td><td>1979 国立演芸場</td><td>1982 新橋演舞場②</td><td>1983 国立劇場・能楽堂</td><td>1984 国立文楽劇場</td><td>1991 京都南座（改修）</td><td>1993 明治座③</td><td>1995 扶桑文化会館</td><td>1997 大阪松竹座（改修）</td><td>2010 大阪新歌舞伎座②</td><td>2013 歌舞伎座⑤</td></tr>
</table>

［明治期から現在までの伝統的な劇場］

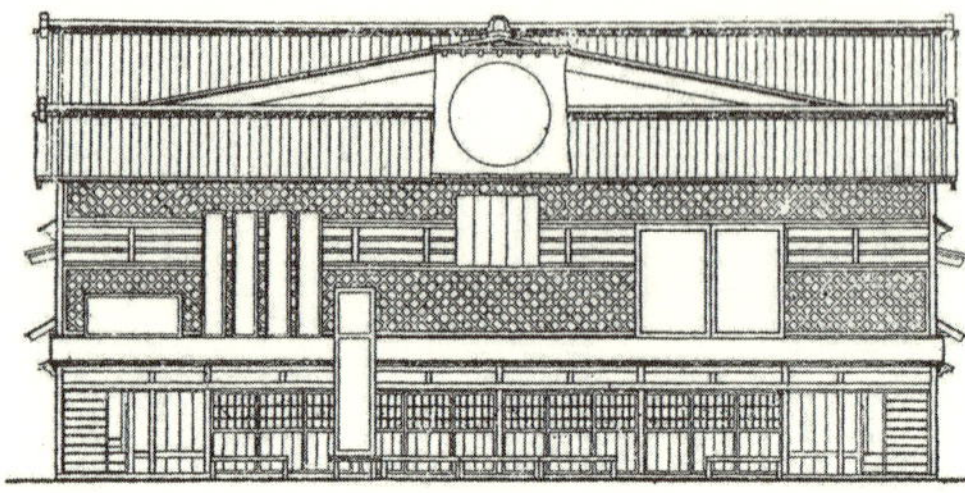

図１　江戸期中村座

図２　江戸期新富座と初代歌舞伎座

明治時代に入ると、この芝居小屋の形式が確立する一方で、西洋的な要素を表面的に取り込みはじめた。新富座は、当時東京での最大規模の劇場であったが、漆喰ナマコ壁の蔵の和風の外観を有していた。海外からの来賓を迎える場として利用もあったが、従来的な桟敷席が主体であること、電灯がないなど、近代性に欠ける点が当時から指摘をされていた。そこに開館したのが、歌舞伎座（一八八九）であった。歌舞伎という舞台芸術のジャンルを確立し、海外からの来賓を迎え入れることのできる社交の場が、歌舞伎座のコンセプトといえる。この初代の歌舞伎座は、新富座と同じく、切妻面を外観の象徴としているが、建物の様式自体は、西洋建築の体裁で、客席内も天井にはシャンデリアを配し、椅子席を設ける等の対処がされている。いわば西洋的な意匠や一部機能を取り込んだ芝居小屋形式が歌舞伎座であり、それ以降の明治時期に建設される、市村座（一八九二）、御園座（一八九七）等も同様の形式である。

歌舞伎劇場の舞台や客席の基本的な寸法は、明治期後半には確立されており、廻り舞台の直径、本花道の二つの寸法は絶対的な規律で、現在も、これを基本に舞台の大きさ、客席の幅や奥行が決められている。

歌舞伎に代表される日本伝統文化の確立が明治時期に加速していく一方、西洋的な文化の吸収が課題であった。ジョサイア・コンドルによるオペラ劇場の計画等が明治政府で検討され、西洋的な劇場

図３　帝劇内観

図４　帝劇プロセニアム開口

と演劇改良を踏まえた新しい舞台芸術の文化をもとめる動きが結実した結果が帝国劇場であった。

帝国劇場は、日本初の本格的な西洋劇場として位置づけられる。これまでの歌舞伎劇場に西洋的な要素を取り込む形のものではなく、海外のオペラハウスや劇場等を研究の上、西洋の舞台芸術を上演するための歌劇場として設計された。意匠はルネサンス様式と呼ばれ、正面に列柱と窓を配置した外観をしている。また興味深い点は、外装材として当時は珍しい化粧瓦タイルを利用している点が挙げられる。

帝国劇場の舞台の大きさは、プロセニアム開口幅八間（約一四・四ｍ）、開口高さ二四尺（約七・二ｍ）、廻り舞台は直径八間で、舞台全体の幅は一四間（二五・五ｍ）奥行が九間。このプロセニアムのプロポーションは、歌舞伎劇場と西洋の歌劇場のバランスを取ったものである。このプロセニアムの寸法は、現代の八〇〇席から一二〇〇席規模のホールの基本的な寸法・プロポーションと同じである。このことから、歌舞伎もオペラもバレエも演劇も行う多用途な帝国劇場のプロセニアムの基本寸法が現代まで継承されている。帝国劇場の役割として「諸外国の来賓をもてなし、日本の文化を伝える」ことと「日本の民衆に対し西洋の舞台芸術を紹介する」ことの二つが挙げられるが、設計主旨は、後者が優先されており、西洋の舞台芸術のため劇場を計画したことなる。しかし矛盾があり、帝劇開館の時期には、日本における西洋の舞台芸術が未熟で、帝劇での公演は、歌舞伎の上演が多くを占めていた。これは帝国劇場が西洋劇場でありながら、実は歌舞伎劇場であったことを示している。

客席は、馬蹄形の多層バルコニーを擁した歌劇場形式であった。ただし正確には馬蹄形ではなく正円の円弧状の配置で、側壁は直線の平行配置、後壁は客席の円弧に沿った曲面で効率的に客席が配置されている。これは一九世紀後半の新古典主義の劇場の形式に沿い、バロック的な歪んだ形態ではなく、明快な寸法の規則の中で計画していることがわかる。客席数は、一七〇〇席規模と大きいが、舞台框から四階席の最後部までの視距離は二四ｍと近く、現代における六〇〇～八〇〇席規模の空間ボリュームである。この二四ｍの視距離は、現代の劇場工学の点からは、役者の身振り手振りが理解され、生の声が届く限界の距

図5　帝劇外観

図6　第二世代歌舞伎座外観

離とされている。

帝国劇場が開館した明治四四年、第二世代の歌舞伎座（一九一一）が建設された。第一世代の歌舞伎座に比べ、城郭の様な明確に純日本風を鼓舞する意匠に変更されている。この外観は、現代の第五世代の歌舞伎座に至るまでの意匠の方針を決定付けた。江戸時代の蔵の形態を基本とした素朴な意匠から絢爛な城郭へと建築のランクを上げたかのごとく、華麗な転身といえる。これは西洋劇場としての帝国劇場の登場が、歌舞伎劇場の西洋化に決着をつけ、歌舞伎劇場は対象的に伝統的なものへと移行したと言える。

二　試行錯誤される歌舞伎劇場

昭和初期は、歌舞伎劇場にとって試行錯誤の時代といえる。建物外観や客席空間の意匠が伝統性と同時代性との間を行き来しながら近代化が進められた。

新橋演舞場（一九二五）は新橋芸者の技芸発表の場として建設されたもので、歌舞伎利用は後からである。新橋演舞場の客席は、正面バルコニー席とサイドバルコニー席が、従来の歌舞伎劇場のように直交しているが内側の交点の角を丸めて、正面とサイドのバルコニー席を馴染ませている。またサイドバルコニー席は、舞台側に近づくほど見下し角度が急な問題点や、客席奥側ほど舞台を見る方向に他の観客が視界の妨げになることの問題等を解決するため、サイドバルコニーを3つのブロックに分けて前方のブロックを段々に下げる工夫が施されている。また天井も水平ではなく、幅方向の断面でアーチ状をしており、アメリカ等でのオーディトリアム形式のごとく、舞台から客席に向けてトンネルのような形状をしている。

新宿新歌舞伎座（一九二九）は、青年歌舞伎等の上演を主な目的で建設されたもので、後に少女歌劇団の拠点劇場にもなった。新宿新歌舞伎座の客席は一階席から三階席まで舞台に対して緩やかな円弧状の椅子の配置であり、天井に円いドームを配するあたりは西洋の歌劇場等の影響が伺える。

大阪歌舞伎座（一九三二）は、上方歌舞伎の拠点として当時の東京の歌舞伎座を凌ぐ規模の近代的な建

図７ 新橋演舞場内観

図８　大阪歌舞伎座内観

物といえる。巨大な丸窓がファサードのアイコンとして印象深い。舞台の間口は一五間（二七ｍ）、開口高さが二二尺五寸（六・八ｍ）、廻り舞台の直径一〇間（一八ｍ）、舞台広さは全幅二一間（四〇ｍ）、奥行一四・五間（二六ｍ）と他に比べ大きく、客席数も二五〇〇席を超えており、最大規模の歌舞伎劇場であった。また大阪歌舞伎座には、もう一つの重要な特徴として、伝統にとらわれない同時代性を反映した新しい意匠であったことが挙げられる。これは東京の歌舞伎座とは対象的である。大阪歌舞伎座の客席は装飾的な要素を廃し、シンプルなラインで形成される内装であった。その一方でプロセニアムアーチが全てガラスで構築した上で内照し、二階席、三階席のバルコニー席の先端も線状に光るなど独創的な発想をもって計画されている。コンセプトとして当時の時代を表す最新の意匠をもって歌舞伎劇場を設計するというテーマがあったと考えられる。大阪歌舞伎座は二〇数年を以て閉館し、その後は百貨店として利用されることになる。上方歌舞伎が衰退し二五〇〇席規模の劇場経営が厳しくなったことが理由である。上方歌舞伎は新しく建設される村野藤吾設計の大阪新歌舞伎座（一九五八）に引き継がれる予定であったが、実際には叶わず大阪新歌舞伎座でも歌舞伎上演は少ない結果となった。

　これらの劇場は歌舞伎に加え、新歌舞伎や技芸そして歌劇等の新たな演目を吸収しながら新しい歌舞伎劇場の在り方を模索していた。

三　和風意匠としての歌舞伎劇場の確立

　これらの、新しい意匠に対して対照的なのが京都の南座（一九二九）、そして東京の第三世代の歌舞伎座（一九二四）である。

　南座は江戸時代から続く日本最古の歌舞伎劇場である。昭和初期の建替え後の建物は外観・内観ともに当時の姿を維持している数少ない歌舞伎劇場である。南座のテーマは鉄骨鉄筋コンクリート造の近代の劇場建築をどのように和風の意匠でまとめるかである。明治期の南座は、木造二階建ての入母屋屋根の日本

図9　南座外観

図10　南座内観

建築、大正期は木造三階建ての入母屋屋根の日本建築、昭和期はＳＲＣ造四階建ての入母屋屋根の日本建築となった。南座は入母屋屋根のアイデンティティを踏襲しながら、徐々に背を伸ばし現在に至っている。この外観は日本建築として見ると一般的ではない積層感があるが、背丈のある京都の現在の都市空間に馴染んでいる。

南座の客席空間は、伝統的な日本建築の様式をいかに取込めるかを試行錯誤している。天井は二重折上格天井である。その下の壁面には欄間があり、さらその下に屋根があり、桟敷席があり手摺は高欄である。舞台側は欄間の下には唐破風の屋根があり、その下に柱長押付の壁があるがプロセニアムの上端で途切れている。このように室内外の日本建築の具体的なパーツを大胆に組合せてまとめている。南座が示しているのは鉄骨鉄筋コンクリート造となり大規模となった歌舞伎劇場自体がすでに、木割等の規律により姿を形成する伝統的な日本建築の範疇ではなく、伝統的な意匠が、和風的なものを示す記号になっていることである。南座の劇場空間は他の歌舞伎劇場に比べコンパクトである。舞台の間口は一〇間（一八ｍ程度）と他の一四間〜一五間に比べて狭く、客席空間も幅と奥行きが一〇間（一八ｍ程度）と横に拡がる傾向にある客席空間をほぼ正方形の平面形状に留めている。ただし3階席だけは、客席の後部が拡がっている。これは歌舞伎座や御園座にも見られることだが、空間をコンパクトに見せるための手法である。バルコニー席の先端の腰壁や手摺を用いて、ゆるやかな境界として空間を小さく認識させ、収容人数は三階席の後部を伸ばして稼いでいる。この手法は近代の西洋の歌劇場の天井桟敷に通じるもので新しい技術がなければ成立しないものである。南座の開館当初は一五〇〇席規模で現在は同じ空間で一〇〇〇席規模となっているが、当時のミニマムな寸法を体感できる貴重な遺構である。

東京の第三世代の歌舞伎座は、第二世代の歌舞伎座が木造で火災により焼失したことから不燃構造（鉄骨鉄筋コンクリート造）で再建された。この劇場は不燃構造で建設された最初の和風意匠をもつ歌舞伎劇場とであり、第五世代の歌舞伎座（二〇一三）が建設されるまで、その外観のまま立ち続けたことに意義

図 11　第三世代歌舞伎座外観

図 12　第三世代歌舞伎座内観

がある。そのファサードへの和風意匠の現れは京都の南座と比較をしても、さらに強くアピールするものである。本瓦葺きの入母屋屋根造りを基本に、中央に千鳥破風の大屋根さらに左右にも千鳥破風の屋根を配し、丸い柱型や長押が施された壁、中央玄関の上部に唐破風という城郭建築や寺院建築を盛り込んだ和風の意匠が前面に出ている。桃山式に近代的手法を加味したものと言われる意匠は、様々な時代の要素が盛り込まれているが全体的に纏まりがあり、和風意匠のバランスに不自然さがなく、独自の建築様式かのような存在感がある。これは不燃構造で規模の大きい日本建築を近代的な手法で計画するというテーマが実現したといえる。

第三世代の歌舞伎座の舞台は、廻り舞台一〇間（一八m）と大きく、プロセの開口幅は一六・五間（三〇m）、開口高さは二一尺（六・三m）舞台の全幅は二五間（四五・五m）、奥行は一一間（二〇m）と他の歌舞伎劇場に比べ一回り大きい。客席規模は二五〇〇席規模を超えており、客席幅が一六・五間（三〇m）、三階席までの最大視距離もおよそ一六・五間（三〇m）である。客席空間は、南座と同系統にあたり折上格天井の下にプロセ側は欄間、客席側壁は、窓、建具等で一階席〜三階席桟敷席を縦のモジュールを用いて調和を図っている。バルコニー席は二階席と三階席があり、三階席の後部が拡がっている。南座に加えて更に顕著なのは、客席空間のヒエラルキーである。折上格天井は二階席三階席の正面バルコニー席の先端までで、そこから後ろは、三階席の急な段床の傾斜に合わせた斜め天井である。これは、客席としてヒエラルキーの高い空間は、一階席と二階、三階バルコニーの前二〜三列までで、バルコニーの取り囲む腰壁が客席空間を完結させている。これにより三階席の後部は客席数を稼ぐための廉価な席として位置付けられる。

この時期までの廻り舞台は現代に比べ深さが浅く一五尺（四・五m）程度で、一五尺や一八尺の大物の舞台装置（建物セット等）を奈落から取り出す大掛かりな転換を想定したものではなかった。基本的には、廻り舞台の中心から前が演技のエリアで、三六〇度を二分割や三分割にし、回転させることで場面を転換させることが主であった。

図 13　第四世代歌舞伎座外観

図 14　第四世代歌舞伎座内観

四　数寄屋の巨匠による和風意匠の自由化

第四世代の歌舞伎座（一九五一）と大阪新歌舞伎座（一九五八）は吉田五十八と村野藤吾という数寄屋建築の巨匠が手掛けた。第三世代の歌舞伎座は戦災で焼け、正面ファサードの一部と、外壁の二階部分以下が残り、元のプランに基づき再建された。外観においては第三世代の意匠を多く残しているが、中央の大千鳥破風を止めて陸屋根銅版葺とし、ファサード上部の重みを意匠的にも構造的にも軽減している。これは桃山風の優美さと近代の感覚を両立させる意図があった。外観において、その他は第三世代と同じ意匠である。また舞台の広さも基本的には第三世代と変わらない。

客席空間は、コストの関係や時代の推移を踏まえて豪華な仕上げではなかったが、日本的な風情が強い濃朱の古代色を用いながら独自の和風意匠の世界感を示している。また大きな変更点としては、格天井をやめ、三階席の後ろまで、プロセニアムから同じ傾斜の一枚の天井を流したことが挙げられる。これは一階席から二階席、三階席の後部に至るまで、同じ空間であることを示し、設計者が意図的に観客のヒエラルキーを排除したといえる。また、一般的には和物の意匠は舞台のプロセの開口の様に横長で、水平面、横向きのラインを意識しているものが多いが、第四世代の歌舞伎座は天井を吹寄棹縁として舞台から客席に向けて縦向きにラインを走らせ意匠の特徴としている。この傾斜天井を奥行方向に走る縁は、伝統的な建築の要素ではなく、吉田五十八の数寄屋的な発想がもたらした意匠といえる。またサイドバルコニー席を天井やプロセニアムや側壁の扉等に無理に関連づけず、壁からも独立した三階建ての櫓の様な佇いとしている。また天井面やバルコニーの先端には白色を配し明るいラインが縦と横に行き交うスピード感のある歌舞伎座だけの空間を創出している。

大阪新歌舞伎座（一九五八）は、大阪歌舞伎座（一九三二）から上方歌舞伎の興行引継ぐ予定で建設された。唐破風を連続させて積層した外観はかなり衝撃的なものであるが、これまでの歌舞伎劇場で用いられてきた和風意匠に対する直球の問いかけのようにも捉えられる。また、唐破風を唐破風と見ず連続する

図 15　大阪新歌舞伎座外観

図 16　大阪新歌舞伎座内観

波として捉えると直線と波線がバランス良く組み合わされており、現代の反復する表層の意匠にも繋がる近代的な建物として見えてくる。その積層唐破風の上には、千鳥屋根、軒下の垂木そして、現代的な造形の鴟尾や獅子口が日本建築としての上質さや繊細さを保っている。

大阪新歌舞伎座の敷地は奥行がなく、歌舞伎劇場を計画する条件としては厳しいといえるが、それが反対に新歌舞伎座をユニークな存在にしている。舞台の奥行が他の歌舞伎劇場に対して圧倒的に狭く、廻り舞台が設けられなかった。舞台は、プロセ開口幅一四間（二五m）、開口高さ六・一五m～七・八m、舞台全幅三一間（五六m）、舞台奥行五間（九m）、主舞台幅部八間（一五m）。舞台の全幅では最も広い歌舞伎劇場である。また可動プロセニアムで、プロセニアム高さを変えて、歌舞伎（六・三m高で利用）だけでない演目対応していることも特徴である。舞台奥行がない代りに舞台装置（建物のセット）がのせられる幅八間（一六m程度）、奥行二間（三・六m）のスライディングステージと迫りを用いて横方向に何場面も舞台転換ができるよう工夫がされている。また舞台奈落も一八尺（五・四m）の有効高さがあり2階建ての舞台装置が収納できる配慮がされており、近代の深い奈落、大規模な舞台床機構の先駆けとなっている。

大阪新歌舞伎座の客席もまた、敷地の奥行のなさに起因した独自の空間となっている。他の歌劇場は、この花道一〇間の奥行に対して、二階席三階席をその後ろに引き伸ばす形でバルコニー席が配置され、舞台からの視距離が一四間～一五間（二五m～二七m）程度になることが多い。しかし大阪新歌舞伎座の場合は、一〇間奥行の一階席の後ろに廊下を配置したすぐ外壁となっており、二階席、三階席を後ろに引きのばすことができない。そのため、二階席、三階席を一階席の同じ平面の内側にかぶせるような形で配置している。内側にかぶせるほど後部の席に圧迫感があり、舞台上部の視線が遮られるなど客席計画上は不利とされている。しかしそれを凌駕しているのは、舞台に近いということで、それにより得られる密度のある一体感や賑わい感は他の劇場では体感できない。サイドバルコニー席も内側にせりだし、正面のバルコニー席と一体となり、独自のすり鉢形状のバルコニー席を形成している。客席内装は、和風の具体的な

図 17　御園座内観 1

図 18　御園座内観 2

パーツを殆ど廃し、凹凸の少ないながらもエッジの効いたシャープな意匠としている。

御園座は一八九七年から続く老舗の歌舞伎劇場である。現在の御園座（一九六三）は六〇年もの間、歌舞伎を軸とした名古屋舞台芸術の発展に寄与してきた。

御園座の舞台は、プロセニアム間口一一間半（二一m）、高さ二一尺（六・三m）、舞台全幅二五間（四五m）、舞台奥行一〇間（一八m）と一般的な寸法だが、舞台の幅は広めに取られている。特徴としては、大臣囲いが電動で昇降、横に移動し収納できる機構があること、また本花道が迫り機構となっており、利用の有無で簡単に転換できるように計画されている。

御園座の客席は、複合的で独特である。客席数は一八〇〇席規模だが、二階席までしかない。三階席がないため、二階席が後ろに拡大している。二階席が伸長にともない、天井面も斜めに上がっているが、断面図を見ると第四世代の歌舞伎座に類似している。また二階席も後ろ半分は直線に平行に配置された段床だが、前半分は、大阪新歌舞伎座の様に取り囲み形のバルコニーになっている。そしてバルコニー席としての三階席はないが、側壁にボックス席が片側八席×三ブロック斜めに突き出るように配置されている。この斜めに突き出た三つのボックス席の形状に合わせて、二階席のサイドバルコニーの先端が折れ線形状になっており一体感をだしている。また、一階席の桟敷席も一般的な直線で、舞台に対して九〇度横を向いて配置されているものではなく、二席ずつ舞台側を向いており一階席の平土間席からは折れ線状の腰壁で仕切られている。このように御園座の客席は、取り囲み形を大事にしながらボックス席という新しい要素を上手に取り込むことにより他にはない空間を得ている。

五　現代に継承される歌舞伎劇場

二〇一〇年、大阪新歌舞伎座は難波を離れ上本町に移転し改築された。複合ビルの中に入ったため、以前の新歌舞伎座のような外観の存在感はないが、連続破風をイメージした立体ルーバーがファサードのア

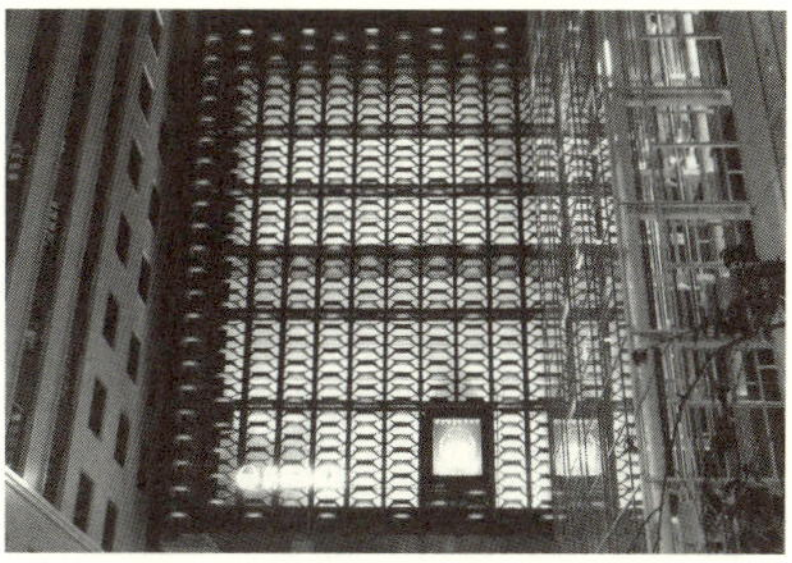

図 19　第二世代新歌舞伎座外観

図 20　第二世代新歌舞伎座内観

イデンティティを継承している。以前の大阪新歌舞伎座から継承している最も重要なことは客席の形態である。舞台に近い幅広の取囲形の二階、三階バルコニー席は、新しい劇場に継承され、そこに着席した観客はここが大阪新歌舞伎座であることが実感できる。また以前の新歌舞伎座から発展している内容もある。舞台が全幅二五間（四四ｍ）奥行一〇間（一九・二ｍ）の十全な広さが確保され、直径八間で奈落深さ六・六ｍ全深一一ｍの廻り舞台が設置された。また歌舞伎に加え座長芝居や演劇等の公演も上演することからプロセニアムの開口高さを八・一ｍまで上げられるように設定された。また、大臣囲は黒色の折畳み式のものを用意し、袖幕としても利用できる方式になった。歌舞伎の上演時には仮設の大臣囲いを用いる。そして花道も当初は固定式が計画されていたが、最終的には組立式のものになり、花道を外して椅子席を設けることができる。これらは歌舞伎以外も上演にも柔軟に対応することを重要と捉える現代性を反映しているものである。

二〇一三年、第五世代の歌舞伎座が開館した。意匠は、ほぼ第四世代の歌舞伎座と同じで、舞台の上部に、超高層タワーが設けられているが、表からは別棟のように見える。第五世代の外観は、客席の視線計画の影響を受けて、少し背が伸びたが意識される程度ではない。この第五世代の歌舞伎座は、第四世代を研究し尽くし、建材の再利用等もしていることから、改築というよりむしろ保存に捉えられる。同じ建物をもう一度建て、その中で機能性を改善するというテーマがあると考えられる。客席内も基本は第四世代と同じである。舞台框の几帳面や錺金物、椅子の意匠等も忠実に再現されてる。しかし、客席計画に関しては一階席、二階席、三階席ともに以前に比べ、舞台が良く見えるよう客席勾配等が改善されている。とくに二階席や三階席では花道のすっぽん位置で役者の体がどこまで見えるかがテーマとなり、頭しか見えなかった席が肩まで見えるようになる等の少しながらも重要な機能向上が実現された。それ以外にも二階バルコニー席を支えるための柱がなくなった点や、客席への反射音を得るためにプロセニアム側近の天井面を工夫している点、現代的な演出に対応するためシーリングライト投光室を設けた等の機能的に向上し

図 21　第五世代歌舞伎座外観

図 22　第五世代歌舞伎座内観

た点が多々挙げられる。

また舞台周りでは、もとの建物から広さ等は大きな変化はないが、廻り舞台は四・五m程度の深さのものから、直径一〇間で奈落深さ一一・四m全深一四・五mの最大の廻り舞台が設置された。以前の浅い廻り舞台は、停電時スタッフが人力で回すことができたが、新しい大きな廻り舞台も同様に人力で動かすことができる。これも継承のひとつとして捉えられる。

まとめ

多様に変化して見える歌舞伎劇場の意匠だが、それらは主に三つのタイプに分けられる。一つは、南座や第三世代の歌舞伎座のように日本伝統様式の具体的な要素を意匠に取り込むもの。もう一つは、大阪新歌舞伎座や第四世代の歌舞伎座のように具体的な要素ではなく、独自に生み出した象徴的な要素を和風の意匠に取り込むもの。そして最後に大阪歌舞伎座や初代新橋演舞場等のように和風に拘らず、当時の時代性を反映した意匠を取り込むもの。

それぞれ違うものに見えるが、各時代の中で、伝統的なものに新しい価値を見出し、独自の意匠として昇華させていく設計プロセスは共通している。とくに吉田五十八による第四世代の歌舞伎座と、村野藤吾による大阪新歌舞伎座においては、そのプロセスが顕著に読み取れ、質の高い意匠へと結実した秀逸な遺構である。

図版出典

写真1　須田敦夫著『日本劇場史の研究』相模書房

写真7、8、11、12　建築雑誌

写真2～6、9、10、13～20　著者所有

歴史的建造物の保存活用について——近代化遺産（産業遺産）の公開活用について

井川　博文

一　テーマの背景

近年、近代化遺産の指定数が増えたことにより、重要文化財として指定を受けた工場や炭鉱などの産業遺産を公開活用する事例が出てきている。しかし、その公開活用に対しては、管理者も慎重な姿勢を取らざるを得ない。なぜなら、産業遺産は、社会基盤として機能的な便益性を重視して建設されたため、安全性を担保していない例が多いためである。

本稿では、産業遺産の公開活用について、自らが修理した構造物の活用事例や、身近に経験した文化財建造物の活用の取り組みを取り上げて論じてみたい。

二　公開活用の問題

産業遺産に関する公開活用の問題は、文化財的な価値と、公開活用に伴う整備が対立した時に起こる。産業遺産を公開するにあたり、管理者は安全性をどのように担保するか検討しなければならない。たとえば構造物としての安全性を耐震診断で検討する、あるいは見学者の安全を守るため、安全柵やスロープを整備する、などである。

そしてその一方で、産業遺産の文化財としての価値を守り、後世に残すことを考えなければならない。見学者対応のため、文化財を整備をし過ぎることで文化財価値が損ねられることが、あってはならないだろう。

こうして安全性を担保するための整備と文化財価値を守る保護が相容れない状況が生まれてくることになる。（事例1）

写真１　富岡製糸場

写真２　富岡製糸場公開活用状況

写真３　旧三河島汚水処分場喞筒場施設

写真４　旧三河島汚水処分場喞筒場施設公開活用状況

三　現状の対応

現状では、管理者は産業遺産を公開するにあたり、公開範囲や方法を限定することが多い。危険箇所にバリケードを張る、あるいは見学者人数を限定し、案内をつけて公開する、といった対策を取ることが比較的よく見られる。こうした限定公開は、管理上やむを得ないことではある。しかし、産業遺産は特定の機能を目的につくられたものであるため、部分的にしか見せることができない状況は、施設全体の機能を見せる上では残念なことでもある。

公益財団法人　文化財建造物保存技術協会では、富岡製糸場、旧三河島汚水処分場喞筒《ポンプ》場施設など、産業遺産の公開にかかる調査・設計・工事監理を受託した。これらの施設も当初は立ち入りが難しい場所（地下や破損の進んだ建物など）が多くあったが、整備を通じて公開の形が整えられた。

産業遺産を文化財として公開整備する際には、保存管理活用計画が手がかりとなる。事前に価値の高い部位をあらかじめ選定することで、短期的なニーズで文化財価値が損ねられることを防ぐ役割を果たしている。また、長期的な整備方針を定めることで、関係者間で具体的な整備方針を意思決定をする際の基本資料としても役立っている。

保存管理活用計画の課題は、計画段階では、実施設計や工事中の解体調査で判明する事実を事前に予測することが困難な点である。解体調査で得られる知見は、意外な発見を伴うことが多い、構造物を調査のために解体してみたら当初の機械設備の痕跡が出てきて価値付けを見なおさなければならないこともある。

四　提案

今後の展望として、文化財の価値を守る立場に対する提案と、管理者としての立場に対する提案を行いたい。

四―一　文化財の価値を守るために

①　産業遺産としての価値の置きどころについての方針策定

産業遺産は鋼構造やコンクリート構造物であることが多いが、文化財としての修理事例は比較的少なく、その価値の置きどころには迷うことがある。材料として、木造の文化財が木部に価値を置くように、コンクリートにも骨材やセメントに価値を置くべきだろうか、あるいは工法として施工斑（ジャンカやコールドジョイント）に価値を置くべきだろうか。機械を据え付けた架台やアンカーは痕跡として残すべきものだろうか。こうした産業遺産ならではの材料、工法、痕跡について、ある程度の幅を持った保護の方針があってもよいのではないかと思う。

②　修理技術者間の交流

繰り返しになるが、産業遺産は文化財としての修理事例が比較的少ない。そのため公開整備に関わる判断をささえる事例報告や技術者間での情報共有が望ましい。他社間や発注者を交えるとなると、近年の修理事例についての情報共有は難しいかもしれない。その場合には、過去の事例を探し、当時関わった技術者の話を聞くことなどが考えられる。韮山反射炉（一九八八年修理）など、過去にまったく修理事例がないわけではないからだ。

四―二　安全性を守るために

四―二―一　ソフト面での安全対策

三河島では、施設公開にあたり、ハード面での対策と平行して、ソフト対策を管理者に策定してもらい、見学路を検討した。見学マニュアルの策定には、長年三河島の下水処理場に勤務してきたＯＢの力を借りて取り組んだ。下水道局ＯＢは定期的に施設公開を自主運営しており、施設に愛着を持ち、劣化や破損に気がついて指摘してくれることもある。施設の日常点検などは彼らのように長年施設に関わってきた技術者の力を借りることが考えられるかもしれない。

四―二―二　公開施設での見学者の怪我に対する保険の適用

海外では産業遺産として公開された施設内の事故に対する保険制度がある。ドイツのルール工業地帯にあるデュイスブルクノルド製鉄所は、操業停止後に文化財として公開されているが、場内の安全性を保険調査員が定期的に点検し、場内での見学者の事故に対して、保険が掛けられるようになっている。国が違うので制度の問題などがあるだろうが、管理者の立場からすれば、リスクを多少なりとも外部化できる点で有効と思われる。

五　展望

五―一　見学者対応に対する管理者主体の取り組み

産業遺産の指定件数は、今後も増えていくだろう。その際には管理者に、安全な公開が義務づけられることとなる。文化財はひとつひとつの物件が特徴的であるから、万能な対策というのはなかなか難しいと思われるが、管理者に主体的に取り組んでもらえるような環境づくりが進めればいいと思う。公開整備にあたっては、最初は落とし所が見えず関係者の意見調整を敬遠される方もいる。しかし二年、三年と事業に関わるうち、意識が変わり熱心に取り組むようになった方もいるので、事業に外部から関わる立場としては、粘り強く働きかけていきたいと思う。

五―二　社寺に匹敵する事例の積み上げ（技術者の育成、報告書による修理事例の共有）

文化財修理において、先例があることは非常に大きい、そうした意味で万田坑や昇開橋のような先行事例が果たした役割は大きい。逆に先行事例を手がける立場としては、方針が見えずに苦労したことと思う。洋館や民家は公開整備にあたり、技術者として気をつけるべき点がなんとなくわかる。これは先輩技術者の経験の蓄積と報告書の積み重ねによるものだろう。だからこそ一〇年、二〇年をかけて多少の失敗や批判を含みながらも少しづつ産業遺産の公開整備のあり方が見えてくればいいと思う。

（事例1　関税同盟第十二坑、フェルクリンゲン製鉄所）

公開活用を優先した事例と、文化財価値を守ることを優先した事例を二つ取り上げてみたい。

ドイツのルール工業地帯にある関税同盟第十二坑は、公開活用を優先した事例である。

一八四七年に操業開始された同坑は、規模やデザインの特異性により二〇〇一年に世界遺産として登録されている。この施設は一九八六年から公開整備が進められ、当初はガイド付の案内が主流だったが、現在ではほぼ施設全体にわたり自由な見学が可能となっている。

施設内には安全柵、見学者通路が設けられ、博物館として改修を受けたエリアにはエスカレーターも整備された（これについてはだいぶ議論があったようだ）。

逆に文化財価値を守ることを優先した事例は、同じくドイツ南西に位置するフェルクリンゲン製鉄所（一八七三年操業開始）があげられる。こちらは一九八六年に施設を閉鎖後一九九四年に世界遺産登録された。その後は整備活用を積極的に行うことはなく、長らく見学するには決まった日に施設を訪れて、ヘルメット着用

写真５　関税同盟炭鉱第十二坑

写真６　炭鉱に設置されたエレベーター

写真7　フェルクリンゲン製鉄所

写真8　フェルクリンゲン製鉄所内部

写真9　製鉄所の見学風景

で見学する必要があった。しかしあまりにも保存寄りであったため、次第に活用を模索するようになってきているという。

　身近ではないが国は違っても、保存と活用のどちらに比重を置くか好対照の事例として二つ取り上げた。

　ちなみにフェルクリンゲン製鉄所は展示や公開方法を工夫して二〇一〇年に過去最高の三五万人の見学者を記録した。一方関税同盟第十二坑は二二一万人の見学者だったという。（ただし関税同盟第十二坑は近郊のエッセン市を中心とした文化都市キャンペーンの主要施設として、例年の倍の見学者が来たとのこと）

（事例2　旧三河島汚水処分場喞筒場施設）

　旧三河島汚水処分場喞筒場施設は、大正一〇年に供用開始された、日本最初の下水処理場である。施設は平成一一年まで使用され、水処理設備は更新されたが、汚泥処理〜ポンプアップまでの建築・土木施設は大きな改造を受けることなく、今日まで残されている。文化財建造物保存技術協会は平成一八年より施設の公開活用整備業務を受託した。そして下水処理の仕組みを見学者に見せるための整備と、文化財価値の保護をどう折り合わせる

写真 10　三河島、沈砂池覆蓋撤去前の様子
（写真撮影：清水襄）

写真 11　三河島、沈砂池覆蓋撤去後の様子
（写真撮影：清水襄）

写真 12　三河島、沈砂池覆蓋撤去前の様子
（写真撮影：清水襄）

写真 13　三河島、沈砂池覆蓋撤去後の様子
（写真撮影：清水襄）

か、幾度も関係者で協議を重ねることとなった。当施設は下水処理を地下で行っており、機能を見せる上で、地下構造物の公開に非常に意義があった。しかし一方で地下の下水管は人が歩く場所ではない。そこで手摺や照明を整備していくこととした。

一期工事として竣工したのは、下水汚泥を処理する沈砂池の公開整備である。この沈砂池は当初は開渠だった。しかし汚泥処理方法の技術が発展する過程で、覆蓋を設置し閉塞された状態となっていた。

東京都下水道局は、施設を公開整備するにあたり、この覆蓋を撤去し、当初の開渠の姿を復原することとした。覆蓋（鉄筋コンクリート板）が汚水の化学的侵食により劣化しており、蓋として上にのることが危険な状態であったことも、撤去の理由だった。開渠となった沈砂池は転落の危険性があり、周囲柵を整備する必要が出てきた。そこで沈砂池の景観を損ねず、沈砂池の躯体にできるだけ手をかけないよう柵の検討を行った。

東アジア

日本人修理技術者らの韓国での活動（一九三〇〜一九四〇年代）

金　玟淑

一　序――近代的な文化財保護制度及び修理工事の始まり

今日には文化財建造物の修理工事に携わっている人々を指して、修理技術者や技能者という言葉で表現するのが当然のように思われているが、これらの用語は近代的な文化財保護制度の整備とともに生まれた言葉である。政治史における韓国近代期の始まりは研究者によって様々な異見があるが、近代的な文化財保護制度の始まりは「郷校財産管理規定」（一九一〇年）と「寺刹令」制定（一九一一年）として見るのが通説となっている。しかし、これらより先立って日韓併合（一九一〇年）前の一九〇二年に発布された「国内寺刹現行細則」を大韓帝国期（一八九七〜一九一〇）に自生的に生まれた先駆的な制度として捉える研究（姜賢　二〇〇五：三〇―三二）もある。いずれにしろ、これらは後に「古蹟及遺物保存規則」（一九一六年）や「朝鮮宝物古蹟名勝天然記念物保存令」（以下、「保存令」と略す、一九三三年）などと展開されてゆく。

韓国における近代的な保存修理は度支部建築所によって行われたソウル南大門修理工事（一九〇七年）を除くと、平壌普通門や石窟庵などの修理工事（一九一三年）が朝鮮総督府による本格的な修理の始まりである。以後、韓国が植民地支配から解放されるまで文化財建造物の修理史の時代区分は近代的な文化財保護制度のそれに則って「保存令」制定以前（一九一三〜一九三三年）と制定以後（一九三三〜一九四五）に分けることができる。

韓国では一九一〇年代に始まった修理工事の体系が特別な変化なしに一九二〇年代に引き継がれた。しかし、予算面では関東大震災（一九二三年）の影響で朝鮮総督府も財政緊縮政策に変わることとなり、修理工事も危機を迎えることとなった。一九三〇年代に入ると、それまでの文化財建造物の保護政策に関する批判的な認識が芽生え始めたため、特に方法論的な側面での大きな変化が起こる。同時期の日本では着々と修理工事に関する経験の蓄積が行われるとともに「国宝保存法」が制定（一九二九年）されるなど外的な要件の変化による新しい体制への変換が起こる。

二　日本人修理技術者らと韓国の文化財建造物修理

前章で述べたように韓国における文化財建造物の修理工事は一九一三年から一九四五年まで継続して行われた。その中で「保存令」の制定は文化財保護制度の改編だけでなく実際の修理工事にも様々な影響を及ぼした。また、ここで修理技術者らの入れ替えもあったことに注目しなければならない。

「保存令」制定以前に修理に携わった人物としては関野貞・木子智隆・飯島源之助・国枝博・岩井長三郎などが代表的である。もちろん、彼らはそれぞれ建築史家や土木技師、建築家などとして著名な人物でもあるため、修理技術者として捉えるべきかという疑問も生じるだろう。(1) しかし、当時は修理技術者に対する厳密な定義や呼び方がなかったことを考慮し、本稿では工事監督・現場助手・顧問など工事に専門家として直間接的に携わった人物はすべて修理技術者として捉えたことをここで示しておく。前記した少数の日本人専門家らの韓国進出は建物に関する近代的な調査方法や修理工事技術の導入、修理記録の作成などにおける質的な向上に寄与した。

「保存令」制定以降には奥埜忠雄・池田宗亀・小川敬吉・杉山信三・米田美代治などが活動した。「保存令」制定以前と比べ、この時期の修理工事における最たる変化は、修理工事報告の体裁が整えられ、「宝物成仏寺応真殿工事調書」や「宝物建造物修徳寺大雄殿工事報告」(2)のように以前の報告(3)より充実した内容の報告書が作成されたことである。また、この時期には「保存令」以外に「宝物建造物修理施行準則」(4)や修理工事別の規定として「某寺某殿修理工事取扱手続」(5)などが作成され、修理工事の運営に役立てられたようである。これは文化財建造物の修理工事をめぐる制度としては「保存令」制定以前よりも画期的な変化を成し遂げたことを意味する。前述したような制度面の整備と良質の修理工事報告の作成が叶ったのは、一九一六年に渡韓して以来、韓国で古蹟調査をはじめ朝鮮総督府内の文化財関連業務を担当した小川敬吉の活躍があったからである。次いで、この時期に渡韓した日本人修理技術者らがすでに日本の同分野において経験を積んでいたからでもある。また、同時期の日本では保存事業関係者の親睦と連絡を図ることを目的として忍冬会が結成されたが（日

本建築学会編　二〇〇二：一七七二）、韓国で活動していた日本人修理技術者らもその会に参加することで学術的な情報交換が図れたことも一因として捉えることができる。

三　一九三〇～一九四〇年代における日本人修理技術者らの韓国での活動

植民地期における韓国の文化財建造物の修理履歴に関する詳細な情報は現存せず、修理史に関する一連の流れは一部の資料から得られた断片的な情報をもとにしか理解することができないのが現状である。しかし、一九三〇年代、一九四〇年代に韓国で活動した修理技術者に関しては杉山の回顧録（杉山信三　一九八四：四三八－四四六）や『清交』をもとに推測・復原することができる。(6) 杉山の回顧録が当時の修理技術者らに関する大まかな情報を提供しているのに対し、忍冬会の同人誌である『清交』（第一号（一九三七年四月）～第二十六号(7)（一九四三年十二月））は凡そ七年間の短い時間ではあるが季刊誌として定期的に刊行されたものなので、韓国における当時の状況も時系列に把握することができる資料である。そのため、本章ではまず『清交』で得られた情報を時間軸（雑誌刊行年月、修理工期など）と修理技術者、工事現場などとの相関関係を理解できるよう可視化することで日本人修理技術者らの韓国での活動について考察する。次いで、杉山の回顧録や他の関係文献を参考とし、補足考察を行う。

三－一　『清交』にみる韓国文化財建造物の修理現場と担当技術者

『清交』全二十六巻のうち十二巻（四六・二％）に韓国関連記事（第三号、第四号、第七号、第八号、第九号、第十一号、第十三号、第十四号、第十五号、第十六号、第二十号、第二十三号）がある。記事の内訳をみると、韓国の修理工事に関する簡略な報告が三件（第八号、第九号、第十五号）、建造物の被災痕跡に関する記事が一件（第十三号）、韓国建築に関する論考が四件（第十五号、第十六号、第二十号、第二十三号）である。その他に修理現場と担当者などに関する情報が第三号、第四号、第七号、第十一号、第十三号、第十四号、第十六号、第二十号に掲載されており、それらの情報を人物ごとに時間軸に沿って羅列・整理したのが図1である。

『清交』から把握できる修理現場は計九箇所（華厳寺覚皇殿、修徳寺大雄殿、平壌大同門、義州統軍亭、清平寺極楽殿、成川東明館、水原蒼龍門、開心寺大雄殿、長安寺四聖殿）である。修理技術者は計二十一名か二十二名で、韓国人の楊澈洙・鄭愚鎮・李漢哲の三名を除くと十八名の

図 1 『清交』にみる 1930 年代～1940 年代の韓国の歴史的建造物の修理技術者の活動

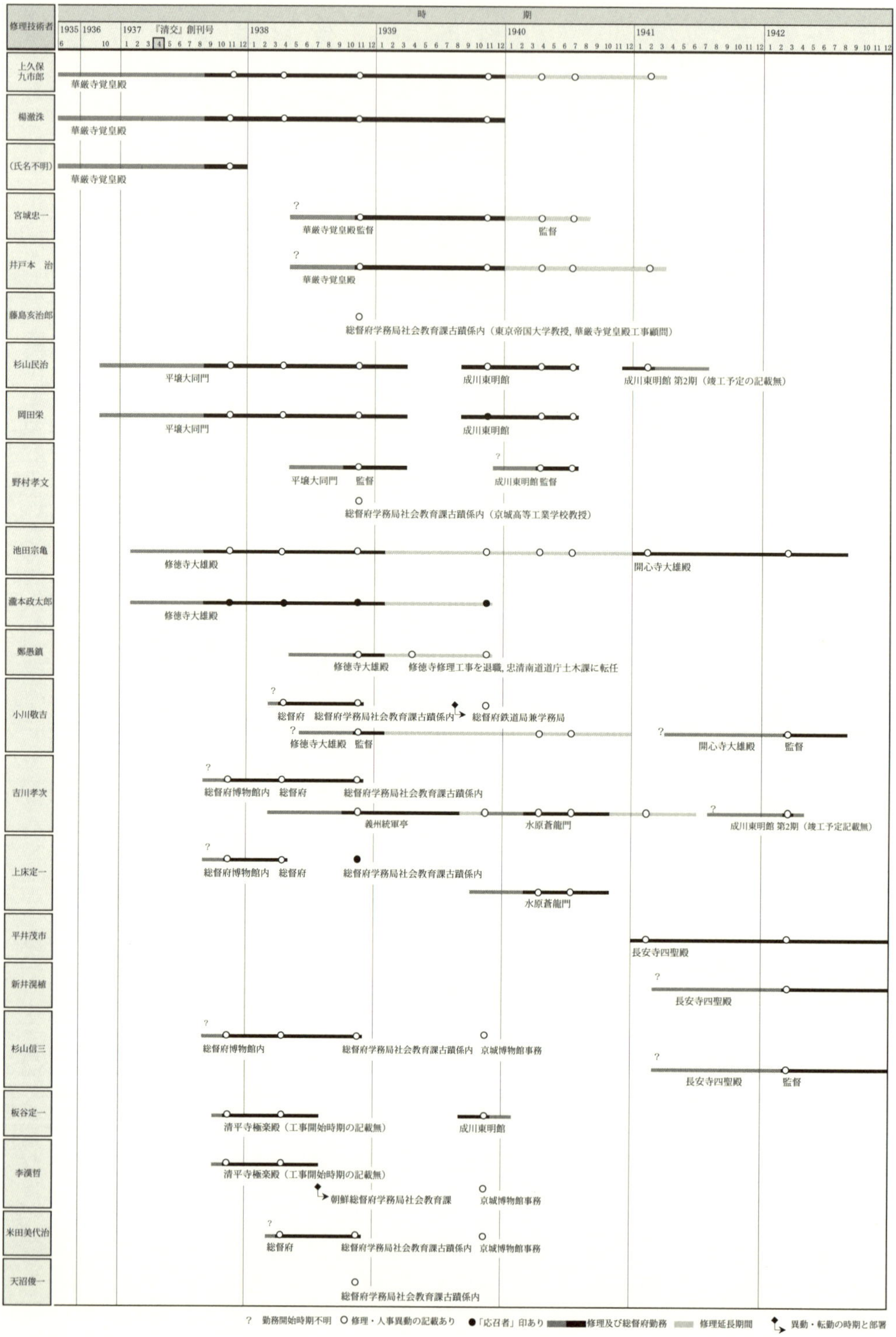

日本人技術者が韓国で活動していたことがわかる。[8]

最も携わった現場が多いのは吉川孝次で三箇所（義州統軍亭・水原蒼龍門・成川東明館）の修理を行ったようである。次いで、小川敬吉・池田宗亀・杉山民治・岡田栄・野村孝文・板谷定一の六名の修理技術者がそれぞれ二箇所の現場を担当したようである。小川敬吉と池田宗亀は修徳寺大雄殿工事現場から開心寺大雄殿現場に異動し、杉山民治・岡田栄・野村孝文は平壌大同門の現場から成川東明館の現場に異動した。一方、成川東明館現場には前の三人以外にも他の現場から吉川孝次と板谷定一が合流し、計五名の修理技術者らが工事に携わった。このように同じ現場にいた技術者が次の現場にも一緒に異動したのは工事時期に合わせたものとして考えられ、工事の途中に他の現場に異動した技術者は特に見当たらない。

他にも宮城忠一・小川敬吉・野村孝文・杉山信三が各現場の修理監督を務めたが、彼らは現場監督だけでなく他の業務も兼任していたこともわかる。野村は京城高等工業学校教授と平壌大同門工事監督を兼任し、小川は修徳寺大雄殿工事監督と朝鮮総督府学務局社会教育課古蹟担当者でもあった。他に藤島亥治郎は東京帝国大学教授でありながら華厳寺覚皇殿工事顧問でもあった。天沼俊一は朝鮮総督府学務局社会教育課古蹟係内に宝物保存関係技術員として名を載せているが（忍冬会　一九三八年一一月：二六―二七）、特に携わった現場に関する情報は見当たらない。

『清交』で言及された最初の韓国文化財建造物修理の例は、華厳寺覚皇殿の工事である。『清交』第三号（一九三七年十一月）にはこの工事の担当者を「上久保九市郎・楊澈洙・他一名」と記載しており、第七号（一九三八年十一月）にこの工事の予定工期を「自昭和十年六月　至昭和十四年十二月」と記しているが、第十三号（一九四〇年四月）には一九四〇年十二月までとなっており、何らかの理由で工期が延びたようである。また、同工事は第十六号（一九四一年二月）では一九四一年三月までとなっており、また延期されたことがわかる。また、修徳寺大雄殿・義州統軍亭・水原蒼龍門の工事でも華厳寺覚皇殿修理工事のように予定工期が延期されていたこともわかる。

『清交』に最後に登場する韓国の文化財建造物の修理工事は長安寺四聖殿である。四聖殿の工事は一九四一年一月に着手し[9]、平井茂市が現場担当者であったようであるが、引き続き、新井滉植と杉山信三が加わり、杉山が監督を務めたことがわかる。『清交』は一九四三年十二月に廃刊となるが、韓国の修理工事に関する情報は第二〇号（一九四二年三月）が最後であり、四聖殿の竣工予定に関する記載もないため、これ以上追跡することはできない。しかし、「小川敬吉氏履歴」（椎田町役場罫紙[10]（A４サイズ、三面）や『小川敬吉資料』（佐賀県立名護屋城博物館所蔵本）所収の幾つかの資料を精査した結果、次のようなことが補足できる。小川は一九四三年一月二十三日に四聖殿の修理監督が解かれており、彼が作成したと思われる原稿草案「長安寺事蹟」や作成者未詳の四月三十日付けの出張日誌（作成年度未詳）には「前工事監督杉山技手に替り小川技手に宝物長安寺四聖殿修理工事監督を江原道庁より委嘱さる（本人には通知もせず電話もかけざる理由がおかしい）」という記述が見られる。監督交替の理由として、同資料には前任の担当者が監督を上手く出来なかったためであると述べられている。

三—二　杉山信三の回顧からみる韓国文化財建造物の修理現場と担当技術者

「保存令」の制定以後、最初に行われた工事としては成仏寺極楽殿及び応真殿の修理工事がある。一九三三年に極楽殿の修理が始められ、一九三四年末にはほぼ終了した。引き続き、一九三五年から応真殿の修理に着手し、一九三七年に工事を完了した。

極楽殿工事の監督は奥埜忠雄で、池田宗亀が助手を務めたが、この人選について杉山（杉山信三　一九八四：四四〇）は「そのことは既述の小川敬吉氏のはからいで、それらの人はすでに日本でそのような工事に携わっていた人であり、その人たちは当時、日本で文部技師であった阪谷良之進氏の推薦によるものであったであろう。」と述べている。

また、応真殿の担当者は帰国した奥埜を継ぎ、池田が監督を引き受けた。助手は米田美代治[11]が務めた。杉山の話によると米田美代治は日本大学で大岡実から建築史を学んだ後、小川敬吉を補助するために朝鮮総督府の内勤として働いていたのである。また、この工事は終戦後に韓国文化財建造物の保存に大きな役割を果たした韓国人の林泉が最初に参加した工事でもある。

前述した修理工事以外にも一九三五年に実施された平壌練光亭の補修があり、平安南道の嘱託として杉山民治が担当した（杉山信三　一九八四：四四一）。

また、杉山信三の回顧では一九三六年に成川東明館について工事が行われ、最初は杉山民治がまわったが、後に吉川孝次に代わったこととなっている。しかし、『清交』第十一号と第十三号・第十四号では一九三八年九月から東明館工事が始まったことになっており、一九四〇年十二月から第二期の工事がスタートしたことが記されている。工事着手時期のズレはあるものの、『清交』の情報から類推すると、現場には杉山民治と岡田栄が配属となり、後に野村孝文が加えられ第一期工事の監督となった。第二期に入ると、最初の担当者は杉山民治であったが、吉川孝次に入れ替わったのではないかと思われる。

他にも『清交』では見当たらない現場として開豊観音寺大雄殿工事（一九三六年）があり、杉山信三によると、現場には京城高等学校を卒業した李漢哲が京畿道嘱託で工事担当となっており、工事指導のため杉山信三が時々出かけていたと述べている（杉山信三　一九八四：四四一）。

また、杉山信三の別の回顧録（杉山信三　一九九三：まえがき）より法隆寺の食堂及細殿の調査を担当していた杉山信三が渡韓し、清平寺極楽殿の保存修理工事の監督を務めたことがわかる。杉山は、阪谷良之進の朝鮮視察の話を聞き、朝鮮で保存工事の人員が足りないことを知り、阪谷に朝鮮行を推薦してもらったという。杉山は、清平寺極楽殿の実測から修理工事設計書作成、工事監督まで勤めたという。

四　結語

本稿は「保存令」制定以降の一九三三年から一九四五年までの間、日本人修理技術者らが韓国でどのような修理工事に携わったかについて考察したものである。資料の不足により、それぞれの修理において日本人修理技術者らが果たした貢献については考察できなかったが、当時韓国で運営されていた修理現場と技術者らの異動状況については明らかにすることができた。

この時期の修理現場は成仏寺極楽殿と応真殿・平壌練光亭・開豊観音寺大雄殿・華厳寺覚皇殿・修徳寺大雄殿・平壌大同門・義州統軍亭・清平寺極楽殿・成川東明館・水原蒼龍門・開心寺大雄殿・長安寺四聖殿の計十三箇所であり、十九名の日本人修理技術者（奥埜忠雄、上久保九市郎・宮城忠一・井戸本治・藤島亥治郎・杉山民治・岡田栄・野村孝文・池田宗亀・瀧本政太郎・小川敬吉・吉川孝次・上床定一・平井茂市・新井滉植・杉山信三・板谷定一・米田美代治・天沼俊一）[12]がこれらの工事に携わったことがわかる。

この時期に韓国で活動した日本人修理技術者のうち、監督を務めたのは宮城忠一（華厳寺覚皇殿）、野村孝文（平壌大同門・成川東明館）、小川敬吉（修徳寺大雄殿・開心寺大雄殿・長安寺四聖殿）、杉山信三（清平寺極楽殿・長安寺四聖殿）である。また、顧問あるいは技術指導者として活躍していたのはそれぞれ藤島亥治郎（華厳寺覚皇殿）と杉山信三（開豊観音寺大雄殿）で、日本から阪谷良之進（文部省宗教局国宝保存科技師）が小川敬吉の企画で清平寺極楽殿と成仏寺極楽殿及応真殿の修理方針の樹立のために朝鮮視察を行った。二箇所以上の修理に携わっている技術者の異動状況をみると、同じ現場にいた技術者は次の現場にも一緒に異動するのが通例であったと考えられるが、多くの技術者の人員を要する場合には例外もあったようである。

半世紀以上の時間が経った今日においては、韓国の文化財建造物保存修理の現場で活躍していた先達らに関する記録を掘り下げることや関係者の証言を得ることは非常に困難な状況となってきた。そのため、現在の文化財建造物の姿がどういうプロセスを経て現れたものであるかは不明な場合が多い。特に、文化財建造物のオーセンティシティをいかに担保するかに関して、韓国では材料より技術の継承が優先されているため、痕跡調査で建造物の変遷履歴を辿ることは難しい。当時の技術者らが導入・採択した修理手法の良し悪しは別として、韓国の文化財保護における彼らの足跡に関する理解の促進は、韓国の文化財建造物が当面している課題解決のための一歩でもある。彼らの韓国での経験が日本の文化財建造物保護においてどのような位置づけができるかについても考察が必要ではあるが、今後の課題として残しておきたい。

註

1 近年まで文化財建造物の修理に関する韓国国内の研究は政策の考察に偏っていたが、清水重敦の研究（清水重敦　二〇〇六：一七一二四）では修理技術者に焦点を当てるだけでなく、初期の技術者らを建築家として捉えている。

2 この報告は佐賀県立名護屋城博物館所蔵の『小川敬吉資料』に所収されており、報告の序文には「（前略）其修理に関する調査の結果を集録して此報告書を作製す。（後略）」と書かれている。報告に関する考察は著者の別稿（金玟淑　二〇〇八：七七一八五）を参照。

3 修理工事報告書の最も早い事例は、一九一三年の平壌普通門修理工事に関する報告の『大正二年度平壌普通門修理紀要』であり、一九一六年〜一九一九年の浮石寺無量寿殿及び祖師堂の修理工事に関する記録が「浮石寺保存工事施業功程」として残っている。二つとも工事監督の木子智隆によって作成されたものである。

4 「宝物建造物修理施行準則」は、日本の「国宝建造物修理施行準則」（文化財保護委員会編集　一九六〇：五二一五五）の記載内容とほとんど同様であり、恐らく日本のものを基に作られたと推定できる。但し、日本では文部大臣に現状変更の許可をもらうようになっているが（第三条）、朝鮮では朝鮮総督の許可制となっている。また修理報告書の提出先も、日本は文部大臣、朝鮮では朝鮮総督と定められている（第四条）。第二条の最後の「右ニ関シテハ遂ニ決定シ難キアルトキハ朝鮮総督ニ具申シテ其ノ指示ヲ待ツベシ」という一文も書き加えられている。

5 現在確認できる資料は「修徳寺大雄殿修理工事取扱手続」と「宝物建造物長安寺四聖殿保存修理工事取扱手続」の二件のみで、両方とも佐賀県立名護屋城博物館所蔵の『小川敬吉資料』に所収されている。同時期の日本での状況をみると、「某寺某堂国宝建造物修理工事執行規定」を定めて工事執行に当たっていたようである（文化財保護委員会編集　一九六〇：五五）。前記した韓国の二件の修理工事取扱手続の詳細内容は著者の別稿（金玟淑　二〇〇八：五九―六九）を参照。

6 田中の研究（田中禎彦　二〇〇九：一〇九）でも保存令時代の修理事業を整理するに当たり、杉山の回顧録と『清交』を活用している。

7 『文建協通信』第一〇〇号（文化財建造物保存技術協会　二〇一〇）に記念特集として『清交』『古建築』『ぶんぎ』をふりかえる」が取り上げられているが、『清交』の韓国関連記事については特に言及されていない。

8 図1の華厳寺覚皇殿の修理技術者として「氏名不明」と記した一名は、『清交』第三号（一九三七年一一月）の記事では「上久保九市郎・楊澈洙・他一名」と記載されており、「他一名」に該当する人である。後の記録でこの工事の担当者として宮城忠一と井戸本治、工事顧問として藤島亥治郎の名が出ていることを勘案すると、「氏名不明」の一名は宮城・井戸本・藤島の三名の中で一人である可能性もあるが、全く別人である可能性も排除できない。

9 杉山信三は四聖殿の修理工事を一九四三年に着手したと書いているが（杉山信三　一九八四：四四四）、小川敬吉の履歴書などを見る限り、一九四三年は工事が竣工した年であると考えた方が妥当であろう。また、『小川敬吉資料』（佐賀県立名護屋城博物館所蔵）所収の資料「宝物建造物長安寺四聖殿保存修理工事取扱手続」の附則には「本手続ハ昭和十三年二月《ママ》　日ヨリ之ヲ施行ス」と書かれているため、早い時点で四聖殿の修理工事の準備が整えられたと考えることができる。

10 この資料は、『修徳寺大雄殿　一九三七年保存修理工事の記録』（徳崇叢林修徳寺、二〇〇三）の編集委員を務められた高正龍先生（立命館大学）よりご教示いただいたものである。

11 米田美代治は当時朝鮮総督府に内勤していたため、米田美代治氏の欠員を補充するという形で、杉山信三が朝鮮総督府に内勤することになった。米田については芹生春菜の論考「米田美代治の研究と生涯」（米田美代治　二〇〇七：二七五―三〇四）が詳しい。

12 天沼俊一の韓国での活動については従来の研究であまり言及されておらず、本稿の三―一でも示した通り、『清交』でも担当現場は不明なため、修理技術者として数えるべきかという課題は残る。

参考文献

伊藤延男・濱島正士・岡田英男・服部文雄他　一九九九『新建築学大系50　歴史的建造物の保存』彰国社
姜賢　二〇〇五『日帝強占期建築文化財保存研究』私家版（ソウル大学学位論文）
金玟淑　二〇〇八『植民地朝鮮における歴史的建造物の保存と修理工事に関する研究──修徳寺大雄殿修理工事を中心として──』私家版（早稲田大学学位論文）
清水重敦　二〇〇六「技術者の系譜からみた日韓の初期文化財建造物修理技術」『日韓における文化財建造物保存の興隆と展開』（第3回日韓文化財建造物保存協力協議会　公開シンポジウム資料集）
杉山信三　一九八四『韓国の中世建築』相模書房
杉山信三　一九九三『阪谷良之進遺著──朝鮮行』、私家版
田中禎彦　二〇〇九『日本植民地における歴史的建造物の調査保存事業──中国東北部（満州国）、朝鮮を中心として──』私家版（京都大学学位論文）
日本建築学会編　二〇〇一『近代日本建築学発達史』下巻、文生書院
忍冬会　一九三七～一九四三『清交』第一号～第二十六号
文化財保護委員会編集　一九六〇『文化財保護の歩み』大蔵省印刷局
文化財建造物保存技術協会　二〇一〇『文建協通信』第一〇〇号
米田美代治　二〇〇七『増補版　朝鮮上代建築の研究』慧文社

韓国の伝統建築小屋組曲材の構造的機能と形式に関する研究

金　柄鎭

はじめに

曲部材(1)は韓国の伝統建築の主要技法に該当し、建築物の空間拡張にはなくてはならない部材であり、屋根構造を構成する際に必要な部材である。本論文では曲部材の考察を通じて時代的な流れを把握し、その比較分析を通じて理論的考察を行う。現在、部材の用語の定義や建築の流れに関する研究は数多く存在しているが、部材間の比較研究の実績はほとんどない。

韓国の木造建築は屋根の形によって、入母屋屋根、切妻屋根、寄棟屋根、方形造に大きく分類される。多くの遺構がある入母屋屋根、切妻屋根、寄棟屋根の三種類の建築物は構造的に異なる特徴を持っているので、使う部材も異なってくる。この三種類の建築物の中では、構造的に同じ役割を果たしている部材でも、形態の違いから異なる部材と考えられているものもある。このような部材は正確な比較分析によって、時代の確定や起源を明らかにする必要がある。入母屋屋根で見られる隅木は外機桁と接合し、その外機桁は衝梁に支持されている。衝梁の発生時期を把握するには外機桁との構造的な関係を確認する必要があり、外機桁、衝梁を一緒に分析する必要がある。衝梁、外機桁の定義や使い方は一般的に知られているが、本論文を通じて入母屋屋根での衝梁の木構造的な機能と時代的な変遷を可視化させることを目指す。また切妻屋根の牛尾梁については、その定義について論じるよりも空間拡張時の実質的な使い方と時代的な流れに関して考察する。退梁は庇を講成する主要部材の中の一つで、空間拡張する上での衝梁、牛尾梁と退梁の比較分析を行う。

研究対象は屋根構造が入母屋屋根で高麗時代（一二世紀）から一九世紀までの主要寺院の仏殿、（儒教の）学校、楼閣、書院の中心建築物、そして仏殿規模以上の建物を研究する。一般家屋は建立年代が正確でないので除いた。また屋根構造の構造要素に重点を置いているのので重層建物も調査対象からは除外する。仏殿を中心に置いたのは現存する木造建築物の中で寺院の建築物が占める比重が非常に大きく、韓国木造建築の流れを把握するのに重要であると考えているからである。

分析に当たっては屋根構造が入母屋屋根、切妻屋根で構成された建物とし、その中でも年代考証が確実な実測調査報告書のあるものを優先し、さらに入母屋屋根、切妻屋根の代表的な建物、すなわち建築史的に重要な建物（国宝、宝物、市県有形文化財）を扱った。切妻屋根の中に牛尾梁がある建物、入母屋屋根の中に退梁がある建物を選別して接合方法とその位置、空間活用方法、部材間の相関関係を比較することで、時代的な変遷やその機能、形式を明らかにする。

二　曲材の分析

二―一　衝梁の構造的機能

側面二間以上の建物で、側面の中に柱があって内部の梁上部にかける部材を衝梁（図1のA）と言う。大梁の方が高い位置にあり他の梁と一緒に水平にかけることができないため、曲がっている梁（衝梁、退梁）を使うのが一般的である。通常1組（2本）であるが、規模によって衝梁が2組（4本）現れることもある（図2のB）。衝梁の架かる位置は側柱と大梁の間となり、柱なので一般的に退梁と衝梁は異なる。つまり、衝梁の機能は側柱を補強し、さらに側面を通る母屋桁などを支持することで屋根と妻の荷重を受けており、柱と梁を連結させる機能を持つ。入母屋造や寄棟造では側面が2間以上で内陣柱が側面の柱と同じ柱筋上に配列されない時にのみ使用される。衝梁頭が大梁の上に載せられる形式で、その終端部は朝鮮中期以後、竜頭の彫刻をする。彫刻がない場合には丹青（彩色）をする。なお入母屋屋根特有の衝梁を持ちながら、切妻屋根となっている建物があり、このことから衝梁としてではなく他の機能として使われていたことが推測される。こうした事例

図1　傳燈寺大雄殿の衝梁

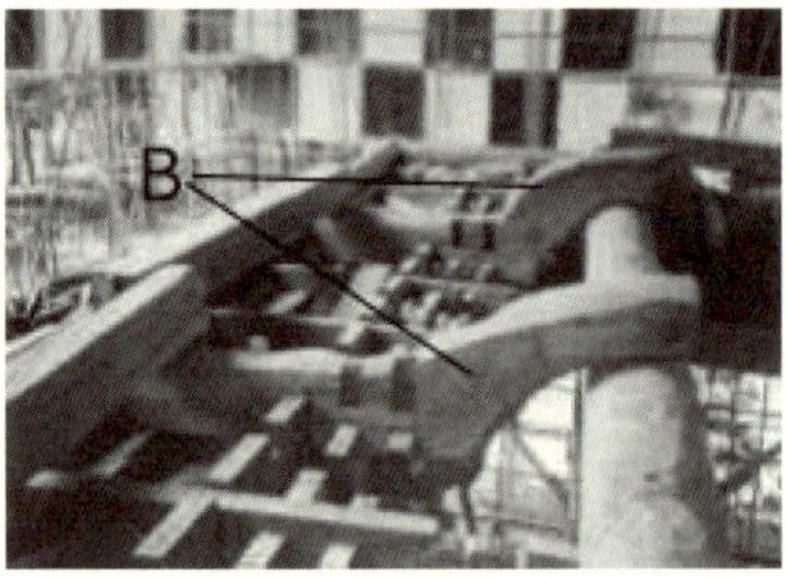

図2　楞伽寺大雄殿の衝梁（2組）

にあてはまる。

二―一―一　平面上で空間拡張をする外機桁の時代的分析

外機桁は母屋桁を建物の側面方向に伸ばして、伸びた母屋桁の終端部に梁を架けて〝ヒ〟字形を作る。外機桁（図３・Ｃ）に建物の側面垂木（図３・Ｅ）が架かり、母屋桁と外機桁が連結する隅の部分の上に隅木を支える。外機桁と大梁（図３・Ｄ）の間は隅木と垂木の終端部が見えるので、概して天井は見えなくなる。外機桁の存在は衝梁（図３・Ａ）の有無と関連があって、鳳停寺大雄殿や浮石寺無量壽殿では隅木と接合した外機桁がなく、衝梁も存在しない。衝梁が１組（２個）である一七世紀から一八世紀までのものは披香亭、定慧寺大雄殿、佛甲寺大雄殿でこれらには外機桁が存在する。松廣寺大雄殿、仙巖寺大雄殿、通度寺大雄殿、雙磎寺大雄殿、佛影寺大雄寶殿、觀龍寺大雄殿、佛會寺大雄殿は一七～一九世紀の建物で２組（４個）の衝梁を持っている。例外的に栗谷寺大雄殿には衝梁がないが、外機桁は存在する。衝梁と外機桁の連結は佛會寺大雄殿の場合のように束（図３・Ｂ）で連結された建物が多い。しかし、連結部材が實肘木になる建物も少数だが存在する。

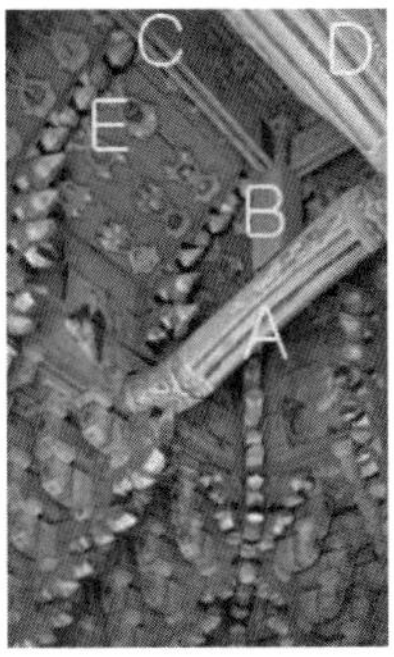

図３　佛會寺の衝梁上束で外機桁と仕口

図４　修徳寺大雄殿

二―二　牛尾梁の機能

牛尾梁（図４のＡ）は朝鮮時代以前の建築に現われる部材であり、高低差がある桁を階段形式で相互連結する部材である。その形態が牛の尾の姿に似ていることが、牛尾梁という名称の由来である。部材自体は小さく、他の梁のように柱を連結する部材ではない。形態的には梁に見えないにもかかわらず、現在は梁の一種として扱われている。牛尾梁は一般的には桁行と梁行で分けられ、本論文ではこれまであまり扱われることのなかった梁行の牛尾梁を分析する。

二―二―一　牛尾梁の時代的分布

現存している年代考証が確実な建物の中で、牛尾梁を使用する建物は多くない。これは牛尾梁の出現後にその簡略化の手法が試みられたため、修徳寺のような牛尾梁が比較的少ないと考えられる。牛尾梁が最初に現れた修徳寺大雄殿から一七世紀の高山寺大雄殿までの間に、牛尾梁の姿は徐々に消えていく。一般的に牛尾梁は切妻造でのみ存在するという通念があるが、それに反して切妻造でない柱心包（疎組）入母屋造である高山寺大雄殿でも牛尾梁がみられる。牛尾梁が接合する位置は桁と桁の間にあって、梁と桁の荷重分配の役割として存在し、高山寺大雄殿の衝梁と類似した構造的機能を果たしている。高山寺大雄殿の正面両隅間を見れば牛尾梁が2個あって大梁があるが、この牛尾梁は衝梁の位置にある。また牛尾梁の大きさでは、その上部に他部材を置いて、屋根荷重を支えるには無理がある。それでは側面への空間拡張が困難になり、この大雄殿では外機桁を用いることができない。外機桁による空間拡張を可能とするために、それを支持する衝梁が必要となる。高山寺大雄殿の牛尾梁は衝梁へ変化する過渡期的な状況を呈しており、牛尾梁が衝梁のモチーフ（motive）となったことはないかと考えられる。

二―三　退梁（繋梁）の構造的機能

退梁は大梁より1段低く置いてあるのが一般的で、退間（庇）がある時に使われる梁の一つである。退梁は柱（側柱）と高柱（身舎柱）の間に渡される部材で、両部材の連結が主な役割である。他に、9梁架（桁が9本）で母屋（下中）桁を受ける部材にも使われる。退梁が一つ使う建物が多いが、2つ使う場合もある。退梁の接合方法には2種類あり、退梁が柱の頭に載せられて水平に身舎柱に差し込む方式と、身舎柱頭で柱の上に積まれた組物と接合される方法がある。これら2方式が同時に使われて、退梁2つで構成される場合もある。この時、普通下の退梁は修荘幅（貫の幅）と同じにし、上の退梁は修荘幅より太くする例が多い。

三　構造方式の比較

三―一　接合方式

退梁または衝梁を使うことは内部柱の使用方法と関係がある。衝梁は内部柱と側柱筋が合う時には使わず、柱筋が合わない時に衝梁は側柱中心線上に設けられ大梁上端にかけられる。

衝梁と退梁が同時に存在するのは10棟の建物で、これらの建物を含めて三種類の曲材は作る方法や寸法に大きく差がないということが分かる。牛尾梁は側面の桁を接合しており、退梁は多少の違いはあるが大部分が柱上端から柱身に架かり、身舎柱がある場合は組物の第2～3提供（手先）から身舎柱までを連結する。多くの衝梁は側柱の大斗から大梁上部まで連結されている。大梁上まで直材を用いても構わないが、屋根荷重を支えるためには大梁に衡梁がかけなければならないと推測される。これは減柱法との関連で、柱を減らすために大梁上に置かれたと考えられる。今まで韓国では退梁と衡梁を似た部材として、牛尾梁だけは異なるものと見られてきた。しかし、本研究によって構造的な部材としての牛尾梁、衡梁、退梁は同性質の部材であるということが確認された。

三―二　空間拡張

入母屋造で構成された鳳停寺大雄殿（図５）は正面３間の側面３間の建物である。側面間と正面間の長さを見比べれば②の庇が正方形でなく長方形（aの長さとbの長さが違う）であることが理解できる。これは①の矢印のように正面の隅間を伸ばしたことを意味する。このように伸ばすことになれば図６の高山寺大雄殿の見上図で見るような45度の角度を持つ隅木を置くことができない。45度の隅木を置くには外機桁が必要不可欠となり、鳳停寺大雄殿では母屋桁を伸ばして外機桁を支持する方法も考えられる。しかし、同時に減柱法によって内部柱を取り除いているために、構造的安全性が確保できない。そのため、外機桁を支持する新たな部材として衡梁が生れたと推測される。入母屋屋根の小屋組を形成するために衡梁を使わなければならず、これは以上で述べたように朝鮮時代以後に現れる。つまり衡梁は空間拡張をするために必要な曲材であり、牛尾梁との類似性を持つ。図６に見られる高山寺大雄殿では空間拡張を行うため、隅木を架けることを考えると、外機桁と衡梁が必須であり、実際に高山寺大雄殿では牛尾梁として曲材が使われているが、その形状は衡梁に近似している。切妻屋根を持つ修徳寺大雄殿の平面は正面３間、側面４間の建築物で、側面４間の第２間には退梁（図７―①）がある退間（庇）である。側面で見れば、退梁は部材の大きさが相対的に小さいことが理解できる。これは穿斗式工法と関連があり、身舎柱に貫通させる方式だと退梁を大きくすることはできない。退梁のみでは修徳寺大雄殿の小屋組の荷重を全て受けることはできない。牛尾梁（図７―②）は桁の離脱防止だけでなく、退梁の

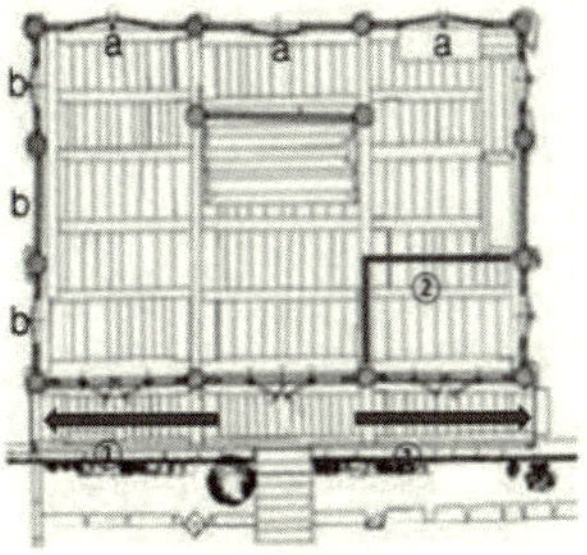

図５　鳳停寺大雄殿

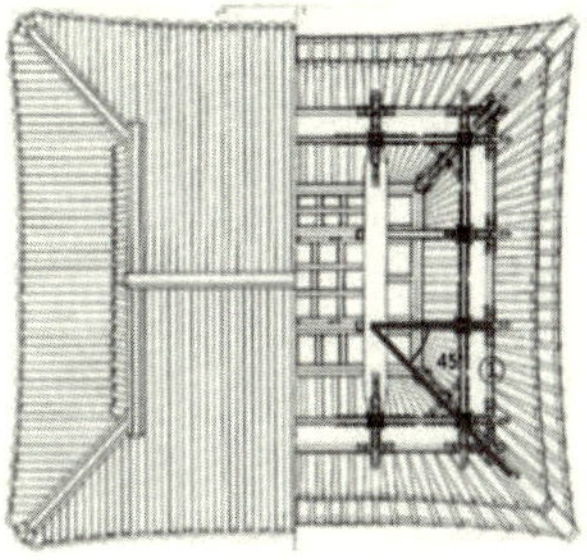

図６　高山寺大雄殿

図７　修徳寺大雄殿

荷重を分散させるために現れたと考えられる。さらに切妻造の側面空間拡張のために高低差を克服できる曲材牛尾梁も使われた。嶺南楼は洗兵館と同じく朝鮮後期翼工建築の特色を備えていながら退柱（外陣柱）と身舎柱を連結するのに衝梁を使う。しかし衝梁終端部は朝鮮後期の仏殿でよく見ることができる龍頭彫刻で装飾した点で技法上の差を見せる。

退梁は銀海寺居祖庵霊山殿の縦断面で見ると両側の退間（庇）を形成しながら屋根荷重を受ける構造体の役割を果たしている。嶺南楼のように退梁は衝梁や牛尾梁のような曲材の形態の材が使われることもあり、開心寺のように実肘木や牛尾梁に似た形態のものも見られる。だが退梁は四方面から自由に一間を形成できる一つの構造体である。これら3曲材の共通点だが最も基本的な空間形成の部材であることである。

三―三　機能的観点

観龍寺薬師殿（図8）を見れば全ての梁はあたかも牛尾梁のような形態を示している。この梁は互いに連結しながら屋根荷重を分散している。これは修徳寺大雄殿で見た牛尾梁（図7）が互いに屋根荷重を分散するのと似ている。梁の終端部を見れば、桁を挟んでいる牛尾梁の最も基本的な姿でもある。現在の韓国で見られる衝梁で切妻造のものは寶物3軒と市道有形文化財4軒である。韓国の衝梁は入母屋造に絶対的に多い。安心寺のような場合は入母屋造から切妻造に変わったという史料が残っていて、寶鏡寺寂光殿と禅雲寺懺堂庵薬師殿の場合、入母屋造からの変化と考えることが一般的なものである。だが、ここで長谷寺下大雄殿が安心寺と異なるのは、長谷寺は小屋組だけ入母屋造から切妻造に変化したことである。安心寺は建物全体が入母屋造から切妻造に変化したことである。そこで長谷寺が持っている衝梁が切妻造の小屋組を持った建物にも適合可能だということをここでは注目しなければならない。安心寺を除いた残りの建物は正確な史料が存在せず、判断するのは危険である。以上より、切妻造の建物は部材の捻じれに対し衝梁があることで、構造的な安全性がより高くなると考えられる。よって牛尾梁と退梁が先に現れ、一七世紀から衝梁が現れたことが理解できる。曲律は3部材がそれぞれ違った特徴を持たず、互いに類似の曲律を持っている。入母屋屋根では衝梁、退梁の部材が一七世紀以後から出てきたことが分かる。

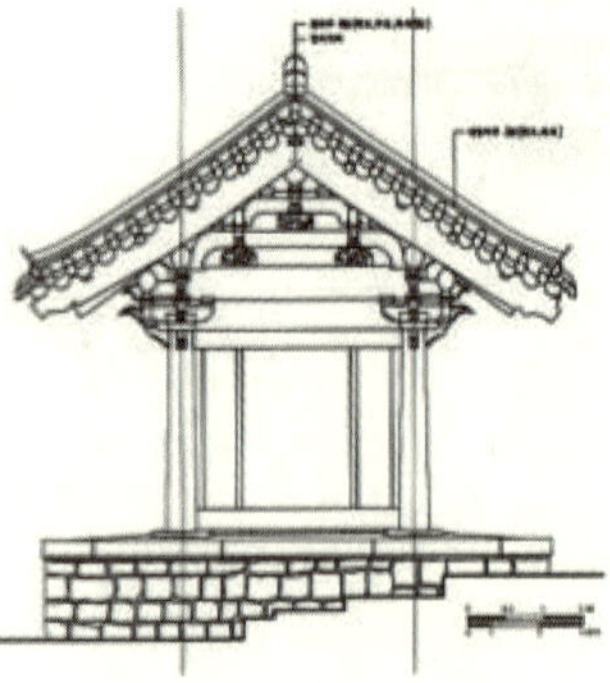

図8　観龍寺薬師殿縦断面図

結論

韓国では衝梁と退梁は同じ曲材として、多くの類似点を持ち空間拡張に使用されると判断され、一方牛尾梁は前二者とは異なる部材と認識されてきた。これに対して本論文を通じて衝梁、牛尾梁、退梁は同じ役割をしていることを証明した。

1　牛尾梁は衝梁のモチーフと見ることができる。時代的には一六世紀までに牛尾梁が現れる。高山寺（朝鮮初期）の牛尾梁は衝梁の姿と似ている。高山寺の牛尾梁を衝梁として見ることもできるが、幅が修荘幅と近似しており牛尾梁と判断される。切妻屋根では一六世紀まで牛尾梁が現れているのは、これ以降古式部材（牛尾梁）が使われなかったためと判断される。衝梁が適用されている入母屋屋根は一七世紀から始まり、牛尾梁と衝梁の関係より一六世紀から一七世紀にかけて木構造の変化が発生したと推測される。

2　牛尾梁、衝梁、退梁は同じ役割を持つ部材で、方向と接合位置により名前が変わることが分かった。当然三部材の形態は非常に似ている。牛尾梁の形は後代に行くほど曲律が小さくなるが、これは衝梁と退梁も同じように曲律が小さくなるのが確認できる。

3　衝梁、牛尾梁、退梁の3部材は名称の終わりには全て「梁」が付く。梁は桁と交差して接合する部材と一般的には定義される。しかし衝梁は梁に接合されるが、桁とはしない、また退梁は柱や梁と接合される場合もあることから、梁に対する正確な定義が必要である。

4　衝梁は庇の長さの拡張のために、使われる外機桁を支える。衝梁は外機桁を受けることの他に、正面両隅間の屋根荷重を支持する役割がより大きい。三部材は拡張された空間の屋根荷重を受ける役割が大きく、これは空間拡張の主要曲材として使用された共通点である。すなわち、基本的な柱間が方1間や方3間という間数の制約なしに縦断拡張や横断拡張を可能にした。

本論文を通じて、韓国伝統建築物が建物種類の違いを超えて空間活用に対して共通点があることが発見された。人が建築物中で生活して、建築物を使うにあたって最も重要な点は小さい空間の中でも最大限の空間活用をすることではないかと考える。これは当然のことであり、曲材だけでなく、他の部材による空間拡張は行われなかったのだろうか。また曲材を利用した空間拡張が韓国のみの現象なのか、木造建築の歴史を持つ日本や中国ではいかなる部材が使われたのかに関心がある。三国の比較研究を通じて各国の建築物が持つ長所の違いは地域の特殊性によるのか、または人間の振舞いによるのか正確にまた研究してみる必要がある。

註

1　本論文で扱う曲部材は入母屋屋根で見られる衝梁（チュンリャン）と切妻屋根に現れる牛尾梁（ウミリャン）、そして入母屋屋根と切妻屋根に共通して見られる退梁（トイリャン：繫梁）の三つの部材である。

参考文献

研究論文

ズ・ザイヒュン　二〇〇一「空間拡張にともなう木構造変化に関する研究」大韓建築学会論文集計画系21冊2号
イ・ヨンノ　二〇〇一「朝鮮時代營建儀軌に記載した衝梁と退梁に関する研究」大韓建築学会論文集計画系17冊12号
裵秉宣　一九九三「多包系切妻屋根に関する研究」高麗大博士学位論文
ヤン・ジェヨン　二〇〇七「朝鮮時代多包式建築架構發達過程に関する研究」高麗大博士学位論文
梁宰瑛　二〇〇八「朝鮮時代多包式建築の柱間計画に関する研究」大韓建築学会24冊2号

修理調査報告書

安東市　二〇〇四「鳳停寺大雄殿」安東市
文化財庁　二〇〇五「修徳寺實測調査報告書」文化財庁
文化財庁　二〇〇〇「廣寒樓實測調査報告書」文化財庁
文化財庁　一九九九「密陽嶺南樓實測調査報告書」文化財庁
文化財庁　二〇〇八「傳燈寺實測調査報告書」文化財庁
文化財庁　二〇〇二「觀龍寺大雄殿實測調査報告書」文化財庁
文化財庁　二〇〇三「楞伽寺大雄殿實測調査報告書」文化財庁
文化財庁　二〇〇一「鎮南舘實測調査報告書」文化財庁
文化財庁　二〇〇二「浮石寺無量壽殿實測調査報告書」文化財庁
文化財庁　二〇〇五「高山寺大雄殿實測調査報告書」文化財庁

書籍

金東賢　一九九三『韓国木造建築の技法』發言
張起仁　一九九三『木造韓国建築大系五』普成閣
張起仁　一九八五『木造韓国建築大系四　韓國建築辭典』普成閣
孫永植　一九八七『韓國城郭の研究』文化公報部 文化財管理局
張慶浩　一九九二『韓國の傳統　建築』文藝出版社
張憲德　二〇〇六『木造建築の構成』文化財保護財團
尹洪璐　二〇〇六『伝統建築の修理と整備』文化財保護財團
文化財研究所　一九八四『韓國の古建築』文化財研究所

執筆者一覧

日本（古代・中世・近世）
河津　優司（かわづ　ゆうじ）
平山　育男（ひらやま　いくお）
米山　勇（よねやま　いさむ）
御船　達雄（みふね　たつお）
坂本　忠規（さかもと　ただのり）
佐々木　昌孝（ささき　まさたか）
小岩　正樹（こいわ　まさき）
米澤　貴紀（よねざわ　たかのり）
岡本　晋作（おかもと　しんさく）
山岸　吉弘（やまぎし　よしひろ）
伏見　唯（ふしみ　ゆい）

日本（近現代）
大森　晃彦（おおもり　あきひこ）
鰺坂　徹（あじさか　とおる）
中谷　礼仁（なかたに　のりひと）
倉方　俊輔（くらかた　しゅんすけ）
山崎　幹泰（やまざき　みきひろ）
小林　徹也（こばやし　てつや）
井川　博文（いかわ　ひろふみ）

東アジア
金　玟淑（キム　ミンスク）
金　柄鎭（キム　ビョンジン）

西アジア
西本　真一（にしもと　しんいち）
柏木　裕之（かしわぎ　ひろゆき）
内田　慶造（うちだ　けいぞう）
遠藤　孝治（えんどう　たかはる）

西　洋
野崎　勉（のざき　つとむ）
太田　敬二（おおた　けいじ）
渡邊　高宏（わたなべ　たかひろ）
奥田　耕一郎（おくだ　こういちろう）

南アジア
黒河内　宏昌（くろこうち　ひろまさ）
Chaiyosh ISAVORAPANT
（チャイヨシ　イサボラパント）
小野　邦彦（おの　くにひこ）

カンボジア
溝口　明則（みぞぐち　あきのり）
佐藤　桂（さとう　かつら）
下田　一太（しもだ　いちた）
SO Sokuntheary（ソ　ソクンテリー）
Kou VET（コウ　ベット）

ベトナム
白井　裕泰（しらい　ひろやす）
六反田　千恵（ろくたんだ　ちえ）
齋藤　潮美（さいとう　しおみ）
林　英昭（はやし　ひであき）
木谷　建太（きたに　けんた）
（いずれも早稲田大学大学院修士課程
または博士後期課程出身者）

中川武先生退任記念論文集刊行委員会

溝口　明則（代表）
白井　裕泰　河津　優司　太田　敬二　中谷　礼仁　米山　勇　柏木　裕之
小野　邦彦　奥田耕一郎　下田　一太　小岩　正樹　林　英昭　伏見　唯

世界建築史論集

中川武先生退任記念論文集 ©

平成二十七年三月　一　日印刷
平成二十七年三月二十日発行

編　者　中川武先生退任記念論文集刊行委員会
発行者　小　菅　勉
印　刷　広研印刷株式会社
製　本　松　岳　社
用　紙　日本大昭和板紙株式会社

中央公論美術出版
東京都中央区京橋二丁目八―七
電話〇三―三五六一―五九九三

製函　株式会社加藤製函所

ISBN 978-4-8055-0738-4